J. P. Brock

Kritik am Feminismus

Warum der Dialog zu scheitern droht

J. P. Brock

Kritik am Feminismus

Warum der Dialog zu scheitern droht

Verlag: BoD · Books on Demand GmbH, Überseering 33, 22297 Hamburg, bod@bod.de

Druck: Libri Plureos GmbH, Friedensallee 273, 22763 Hamburg

ISBN: 978-3-7693-5061-6

Vorwort

Der Feminismus hat gesellschaftliche Fortschritte angestoßen: Frauen arbeiten heute in Berufen, die ihnen früher verschlossen waren, Gewalt in Partnerschaften wird thematisiert, und Gleichberechtigung ist ein zentrales Anliegen öffentlicher Debatten. Gleichzeitig wirft dieser Fortschritt neue Fragen auf – und nicht alle finden im aktuellen Diskurs Gehör. Dieses Buch widmet sich jenen blinden Flecken, die bislang unterbeleuchtet bleiben.

Moderne feministische Strömungen wie der Intersektionale Feminismus beanspruchen, möglichst viele Perspektiven zu integrieren. Doch häufig konzentriert sich der Fokus vor allem auf Frauen und marginalisierte Gruppen, während männliche Perspektiven – trotz eigener Problemlagen – kaum Raum erhalten. Dies liegt nicht an Böswilligkeit, sondern oft an historischen Deutungsmustern und politischen Machtzuschreibungen.

So entsteht ein Spannungsfeld: Während feministische Theorien patriarchale Strukturen aufdecken wollen, fehlt mitunter die Bereitschaft, neue Ungleichheiten kritisch zu prüfen – insbesondere dann, wenn Männer betroffen sind. Während Frauenhäuser staatlich gefördert werden (zurecht), existieren für Männer, die vor häuslicher Gewalt fliehen, in ganz Deutschland nur knapp 50 Schutzplätze. Während junge Frauen in Großbritannien inzwischen im Median mehr verdienen als ihre männlichen Altersgenossen, wird die ökonomische Abwärtsspirale vieler Männer kaum thematisiert.

Zielsetzung des Buches

Es handelt sich bei diesem Buch nicht um eine zwanghafte Ablehnung feministischer Anliegen – einige davon sind legitim und notwendig.

Vielmehr will es zur Pluralität beitragen: Feministische Argumente, die in Mainstream-Publikationen bereits ausführlich behandelt wurden, werden hier bewusst knapp gehalten. Dafür sollen Perspektiven sichtbar werden, die sonst untergehen – etwa die psychische Belastung durch Generalverdacht, Notenbenachteiligung von Jungen oder geschlechtsspezifische Stereotype in der Justiz.

Methodische Anmerkung

Wenn in diesem Buch von "Männern" oder "Frauen" die Rede ist, sind damit keine absoluten Aussagen gemeint. Gemeint sind statistische Häufungen, wiederkehrende Muster oder soziale Konstruktionen. Das Buch erhebt nicht den Anspruch, alle Perspektiven abzubilden. Vielmehr geht es um einen Impuls: Debattenräume zu öffnen, nicht zu schließen.

Warnhinweis zur Einseitigkeit

Die Einseitigkeit des Blickwinkels ist Methode: Ziel ist es, unterrepräsentierte Aspekte zu beleuchten – in vollem Bewusstsein, dass dies selbst eine Verzerrung sein kann. Diese Haltung teilt das Buch mit vielen feministischen Theorien, die ihrerseits bestimmte Erfahrungen in den Mittelpunkt stellen. Ich lade Leserinnen und Leser ein, diese Gedanken nicht als finale Wahrheit zu lesen, sondern als Beitrag zum Dialog.

Feministische Gegenpositionen

Viele der hier kritisierten Missstände – etwa Männer als Gewaltopfer oder die Bildungskrise junger Männer – werden von feministischen Theoretikerinnen durchaus thematisiert. Eine differenzierte Rezeption feministischer Quellen kann helfen, Missverständnisse zu vermeiden. Im Titel steht Kritik am Feminismus, doch ich bezweifle, dass auch nur einer der Kritikpunkte den ganzen Feminismus betrifft. Überwiegend werden wohl der radikale Feminismus und der Hobby-Feminismus auf Social Media kritisiert. An anderen Stellen wird von Mainstream-Feminismus gesprochen. Gemeint ist eine vermutete Mehrheit im Feminismus, ohne jetzt genau zu beleuchten, wer genau. Logisch betrachtet kann man sagen: Wenn ich Umstand A kritisiere und die feministischen Gruppen B und C den Umstand A fördern, dann kritisiere ich wohl auch Gruppe B und C und den Rest nicht. Auch Aussagen wie, "Der Feminismus fördert X und Y", werden wohl nur von einer Mehrheit sprechen und nie von der Gesamtheit. Man muss sich immer vor Augen halten: Es gibt innerhalb des Feminismus zahlreiche Meinungen, die teilweise so weit auseinandergehen, dass die eine Gruppe die andere als antifeministisch ansieht.

Empfehlung zur Selbstreflexion

Abschließend sei daran erinnert, dass Kritik an anderen Gruppen – so berechtigt sie in Teilen sein mag – psychisch belasten kann. Ein dauerhaftes "Victim-Mindset" untergräbt die Fähigkeit zur Selbstwirksamkeit und führt selten zu tragfähigen Lösungen. Studien zeigen: Konstruktive Zielorientierung und ein "Creator Mindset" führen zu mehr Resilienz, Selbstachtung und gesellschaftlicher Anschlussfähigkeit.[1]

Berechtigte Kritik an gesellschaftlichen Gruppen kann leicht als einseitig wahrgenommen werden und in das wechselseitige Spiel von "Victim Card" und Gegenreaktion führen: Wenn eine Seite ihre Opferrolle betont, reagiert die Gegenpartei häufig mit demselben Muster, um ebenfalls Aufmerksamkeit zu erlangen. Dadurch entsteht ein Teufelskreis aus Missverständnis und Misstrauen, der den Dialog erschwert.

Erfahrungsgemäß hilft ein nüchterner, faktenbasierter Zugang, bei dem Statistiken und Studien aus verlässlichen Quellen sorgfältig geprüft werden, um den Fokus auf Sachfragen zu lenken. Gleichzeitig fördert ein bewusster Perspektivenwechsel – das Einnehmen möglicher Gegenpositionen – das Verständnis aller Beteiligten und beugt Polarisation vor. Mein persönlicher Eindruck beim Schreiben dieses Buches war, wie schnell man in eine defensive Haltung verfällt, wenn man auf altbekannte Narrative trifft. Nur durch kontinuierliche

---

[1] https://youtu.be/6w_96Hnz8JM?si=4aOrJAA19owxvOkt

Selbstreflexion und das Bemühen um konstruktive Vorschläge ließ sich eine ausgewogenere Gesprächsbasis schaffen, die individualisierte Erfahrungen anerkennt, ohne sie in kollektive Rollenklischees zu zwängen.

Ich erwähne es hier, weil auch, wenn ich es kritisiere, wird dieses Buch gewisse Muster, allein aus der Thematik und der Debattenkultur, reproduzieren.

Technische Hinweise

Ja, Links sind für ein Buch suboptimal, dafür für ein E-Book ganz praktisch. Ich kann jedem mit der Buchversion nur raten den Link zu fotografieren und mit einem Bild zu Text Programm auszulesen oder ChatGPT kann es auch.

Sollte ein Link nicht funktionieren, lässt sich die Seite oft über ein Web-Archiv — zum Beispiel die Wayback Machine unter https://web.archive.org — abrufen. Stand Mai 2025 sollten alle Links verfügbar sein.

"Aufklärung ist der Ausgang aus der selbstverschuldeten Unmündigkeit. … Habe Mut, dich deines eigenen Verstandes zu bedienen!"

– Kant

I. *Critical Theory* vs. *Traditional Theory*

Vorab: Feministische Bezüge zur *Kritischen Theorie* finden sich sowohl im radikalen Feminismus als auch in der vierten Welle, wenngleich in unterschiedlicher Intensität und Ausprägung.

Z. B. Horkheimer klärt dazu anfänglich erstmal grundlegende Fragen in seinem Buch.[2]

Was ist eine Theorie?

Eine Theorie ist eine geordnete Sammlung von Aussagen über ein Thema; je weniger Grundprinzipien sie benötigt, desto prägnanter ist sie.

Wie wird ihre Gültigkeit geprüft?

Theorie und Beobachtung müssen übereinstimmen; bei Abweichungen sind beide erneut zu prüfen.

Theorie bleibt vorläufig

Deshalb ist jede Theorie eigentlich nur eine vorläufige Annahme – man muss jederzeit bereit sein, sie zu ändern, wenn Schwächen sichtbar werden. Im Endeffekt ist Theorie angesammeltes Wissen, so aufbereitet, dass es hilft, die Welt möglichst präzise zu beschreiben.

Eine Frage, die dieses Buch behandelt, ist, ob wir nicht an einem Punkt sind, wo langsam Schwächen sichtbar werden.

---

[2] https://tinyurl.com/eba3syby

1. Grundlagen und Ursprung

1.1 *Traditional Theory*

Traditional Theory, wie sie Max Horkheimer in seinem Aufsatz "*Traditional and Critical Theory*" (1937) schildert, beschreibt soziale Institutionen weitgehend so, wie sie sind, ohne sie normativ zu bewerten oder zu verändern. In der Tradition des Positivismus geht man davon aus, dass gültiges Wissen aus sinnlich-empirischen, messbaren Fakten gewonnen wird und dass andere Erkenntnisquellen wie Intuition oder Glauben bedeutungslos sind.[3]

1.2 *Critical Theory*

Critical Theory entstand in den 1930er Jahren an der Frankfurter Schule und versteht sich als partizipative, normativ-kritische Praxis, die nicht nur beschreibt, sondern auch emanzipatorisch wirken will. Ziel ist es, die herrschenden Macht- und Herrschaftsverhältnisse aufzudecken und zu transformieren, wobei Wissen selbst als gesellschaftlich vermittelt und interessengeleitet erkannt wird.[4] [5]

2. Macht und Unterdrückung

Critical Theory rückt Macht als grundlegend in den Blick: Gesellschaftliche Strukturen seien nicht neutral, sondern privilegieren bestimmte Gruppen und unterdrücken andere. *Traditional Theory* hingegen neigt dazu, solche Ungleichheiten als gegeben hinzunehmen oder nur deskriptiv zu erfassen, ohne sie normativ zu hinterfragen.

In der kritischen Analyse wird Unterdrückung nicht nur als ökonomische Ausbeutung verstanden, sondern als ein vielschichtiges

---

[3] https://en.wikipedia.org/wiki/Positivism
[4] https://en.wikipedia.org/wiki/Critical_theory
[5] https://plato.stanford.edu/entries/critical-theory/

Geflecht aus Rassismus, Sexismus, Klassendominanz und weiteren Herrschaftsformen.

3. Wert vs. Wahrheit

Traditional Theory propagiert das Ideal der Wertfreiheit (Wertneutralität), das besagt, dass Forschung und Theorie losgelöst von normativen Intentionen und Werten sein sollten.[6]

Critical Theory versteht Forschung stets als von Werten beeinflusst.[7]

Anderseits: Wissenschaftliche Fakten sind immer nur eine mögliche Objektivität. Alle empirischen Erkenntnisse lassen sich falsifizieren und Karl Popper verlangt das auch für Theorien.[8] Wenn sich etwas nicht falsifizieren lässt, ist es auch nicht wissenschaftlich.

4. Objektivität vs. Subjektivität

Traditional Theory strebt eine möglichst objektive und universell gültige Betrachtung von Phänomenen an und stützt sich auf quantifizierbare Methoden und formale Logik.

Critical Theory hingegen argumentiert, dass jegliche "Objektivität" stets durch vorherrschende Diskurse und Machtverhältnisse gefärbt ist und plädiert für eine reflexive Forschung, die die eigene Positionierung und Interessen offenlegt.

---

[6] https://tinyurl.com/3ra65a3j
[7] https://en.wikipedia.org/wiki/Critical_theory
[8] https://plato.stanford.edu/entries/popper/#BasiStatFalsConv

Was das für die Forschung bedeutet?

Susan Haack[9]

In The Feminist Methodology Muddle und späteren Arbeiten kritisiert Haack, dass feministische Methodologien die bewusste Politisierung der Forschung propagieren – sie zielen nicht primär auf unvoreingenommene Erkenntnisgewinnung, sondern auf die aktive Förderung feministischer Ziele. Dies ziehe eine Vermischung von Ehrlicher Untersuchung und getarnter Lobbyarbeit nach sich, vergleichbar mit den Katastrophen von Nazi-Physik oder Sowjet-Biologie.

Pinnick, Koertge & Almeder vs. Anderson[10]

Die Kritik behauptet, feministische Epistemologie sei "politisch korrekt", indem sie politische Kriterien über wissenschaftliche Beweise stellt. Zudem sei sie "tribalistisch", indem sie von einer einheitlichen, "femininen" Denkweise für alle Frauen ausgehe und deren Überlegenheit postuliere.

Entkräftung: Verteidigung durch Elizabeth Anderson

Feministische Epistemologen fordern empirische Überprüfbarkeit und Objektivität durch vielfältige kritische Interaktionen. Politische Werte beeinflussen die Entdeckung von Forschungsfragen, nicht die Wahrheit der Ergebnisse.

Die Idee einer einheitlichen "femininen" Denkweise ist überholt und wird innerhalb der feministischen Forschung abgelehnt. Der Fokus liegt auf einem Methodenpluralismus und der Standpunkt-Theorie, die ein erreichtes Wissen aus marginalisierten Perspektiven betont, ohne automatische Privilegien oder globale Ansprüche.

---

[9] https://papers.ssrn.com/sol3/papers.cfm?abstract_id=3467041
[10] https://public.websites.umich.edu/~eandersn/hownotreview.html

Sandra Harding[11]

Harding selbst macht kein Hehl daraus, dass gutes feministisches Forschen ein explizit emanzipatorisches und politisches Projekt sein muss: In An Invitation to Feminist Research argumentiert sie, objektive Positivmethoden seien Teil patriarchaler Machtverhältnisse, die es aktiv aufzubrechen gelte.

Stanford Encyclopedia of Philosophy[12]

Der Eintrag zu feministischer Erkenntnistheorie betont, dass Feministen Werte und politische Ziele bewusst in ihre Forschung integrieren und neutral-wertfreie Forschungskonzepte ablehnen. Kritiker wie Haack sehen darin jedoch eine Herausforderung wissenschaftlicher Objektivität.

Offizielle Positionen feministischer Wissenschaftspolitik fordern, Wissenschaft und Forschung so zu steuern, dass hierarchische Strukturen aufgebrochen" und genderpolitische Ziele" unterstützt werden – Forschung wird damit zum Instrument emanzipatorischer Agendaarbeit.

Nehmen wir zum Beispiel dieses Buch: Es verfolgt eindeutig eine politische Agenda und präsentiert die Thematik aus einer spürbar einseitigen Perspektive. Natürlich kann kritische Theorie ein nützliches Werkzeug sein, um auf reale Missstände aufmerksam zu machen. Die entscheidende Frage ist jedoch, was passiert, wenn man diese Theorie nicht nur als Werkzeug, sondern als wissenschaftliches Prinzip verabsolutiert. Könnte es dann nicht sein, dass in 40 Jahren jemand vor deiner Tür steht und fragt: Von welcher Unterrepräsentation sprecht ihr eigentlich immer noch? Frauenanliegen sind längst mit dem Faktor 2,25 zu 1 überrepräsentiert.[13]

---

[11] https://books.google.de/books?id=w2gzw6zz4fIC

[12] https://plato.stanford.edu/archIves/sum2023/entries/feminism-epistemology/

[13] https://direct.mit.edu/qss/article/3/1/244/108658/Researching-women-and-men-1996-2020-Is

5. Biologie vs. Sozialisierung

Biologische Ansätze betonen, dass menschliches Verhalten und Identität primär durch genetische und evolutionäre Faktoren determiniert werden.[14] [15] [16]

Sozialisationstheoretische Perspektiven halten dem entgegen, dass Identität und Verhalten in hohem Maße sozial konstruiert werden, etwa durch Kultur, Erziehung und historische Kontexte.[17]

In aktuellen Debatten wird manchmal auch ein integrativer Ansatz gefordert, der biologische und soziale Determinanten als wechselseitig bedingt begreift.

6. Reflexion

Per eigener Logik müsste *Critical Theory* sich selbst hinterfragen, sobald es in einer Position ist, etwas zu bewirken, also aus einer Machtposition. Dass das nicht so gut klappt, sehen wir in diesem Buch vllt. des Öfteren.

II. Sexismus und Feminismus

1. Diskriminierung vs. Benachteiligung

Die Begriffe "Diskriminierung" und "Benachteiligung" werden häufig vermischt, lassen sich jedoch klar unterscheiden:

---

[14] https://pmc.ncbi.nlm.nih.gov/articles/PMC5751942/
[15] https://pmc.ncbi.nlm.nih.gov/articles/PMC10691233/
[16] https://tinyurl.com/4jhwjz7j
[17] https://www.frontiersin.org/journals/psychology/articles/10.3389/fpsyg.2020.00609/full

Diskriminierung

- Diskriminierung bezeichnet eine aktive Ungleichbehandlung oder Herabsetzung von Personen aufgrund eines bestimmten Merkmals (z. B. Geschlecht, Herkunft, Religion).
- Sie kann bewusst oder unbewusst erfolgen und ist oft mit Vorurteilen verbunden.
- Diskriminierung kann rechtlich verfolgt werden, wenn sie gegen Gleichbehandlungs- oder Antidiskriminierungsgesetze verstößt.

Benachteiligung

- Benachteiligung beschreibt eine schlechtere Ausgangslage oder negative Konsequenzen, die sich aus gesellschaftlichen Strukturen oder individuellen Umständen ergeben können.
- Sie muss nicht zwangsläufig mit Diskriminierung verbunden sein, sondern kann auch durch historische, wirtschaftliche oder biologische Faktoren entstehen.
- Eine Benachteiligung kann bestehen, ohne dass eine gezielte Diskriminierung stattgefunden hat.

Diskriminierung ist immer eine Form der Benachteiligung, aber nicht jede Benachteiligung ist auch immer Diskriminierung. Während Diskriminierung oft intentional ist, entsteht Benachteiligung auch durch scheinbar neutrale Regeln – etwa Rentenmodelle oder Care-Arbeit. Diese Dynamik zeigt sich später exemplarisch in der Bildungspolitik oder beim Zugang zu Schutzräumen

Grundgesetzes

Artikel 3 des Grundgesetzes: "Männer und Frauen sind gleichberechtigt. Der Staat fördert die tatsächliche Durchsetzung der Gleichberechtigung von Frauen und Männern und wirkt auf die Beseitigung bestehender Nachteile hin."[18]

---

[18] https://tinyurl.com/5b8f88u3

Strukturelle Benachteiligung erkennen

Um zu prüfen, ob eine Benachteiligung *strukturell* ist, stelle dir folgende Fragen:

Betrifft es ganze Gruppen, nicht Einzelne?

→ Strukturelle Benachteiligung wirkt sich auf *Systemgruppen* aus (z. B. alle Frauen, People of Color, Menschen mit Behinderung).
Beispiel: Wenn in einem Land nur 5 % der Professoren Frauen sind, obwohl 50 % der Absolventen weiblich sind, ist das vllt. ein Systemproblem – kein Einzelfall.

Gibt es eine historische Kontinuität?

→ Die Ungleichheit besteht seit Generationen und ist durch historische Ereignisse (Kolonialismus, Patriarchat, Klassensysteme) geprägt.
Beispiel: Rassistische Wohnungspolitik in den USA ("Redlining") führte zur heutigen Vermögensungleichheit zwischen Schwarzen und weißen Familien.

Ist die Benachteiligung in Institutionen verankert?

→ Gesetze, Regeln oder Praktiken von Behörden, Unternehmen oder Bildungseinrichtungen begünstigen bestimmte Gruppen.
Beispiel: Schulbücher, die nur europäische Perspektiven lehren, benachteiligen Kinder mit Migrationshintergrund indirekt.

Wird die Ungleichheit automatisch reproduziert?

→ Das System sorgt dafür, dass Benachteiligte auch in Zukunft schlechtere Chancen haben ("Teufelskreis").
Beispiel: Kinder aus armen Familien besuchen oft schlechtere Schulen → geringere Bildungsabschlüsse → niedrigere Einkommen.

Gibt es "neutrale" Regeln, die unfair wirken?

→ Vorgaben, die auf den ersten Blick fair erscheinen, benachteiligen bestimmte Gruppen indirekt.

Beispiel: Eine Jobausschreibung verlangt "fließendes Deutsch" für einen Job, bei dem Sprache irrelevant ist → schließt Geflüchtete aus.

Fehlen Daten oder Repräsentation?

→ Betroffene Gruppen sind in Entscheidungspositionen, Medien oder Forschung unterrepräsentiert.

Beispiel: Medizinische Studien testen Medikamente vorwiegend an Männern → Dosierungen wirken bei Frauen oft anders.

Gleichberechtigung

- **Definition:** Jeder Mensch hat die gleichen Rechte, ungeachtet von Geschlecht, Herkunft oder Glauben.[19]
- **Kritische Anmerkung:** Die rechtliche Gleichstellung garantiert nicht automatisch reale Gleichheit im Alltag oder am Arbeitsmarkt. Ohne ergänzende Maßnahmen bleiben Ungleichheiten oft bestehen.

Chancengleichheit[20]

- **Definition:** Chancengleichheit soll sicherstellen, dass niemand aufgrund von Geschlecht, Herkunft oder sozialer Lage benachteiligt wird.
- **EU-Grundrechtecharta (Art. 21):** Diskriminierungen aufgrund des Geschlechts u. a. sind unzulässig.

---

[19] https://tinyurl.com/nhcfta82
[20] https://tinyurl.com/3txtpxd9

Gleichstellung[21]

- **Definition:**[22] "gleiche Rechte, Pflichten und Chancen von Frauen und Männern, Mädchen und Jungen" Weiterhin heißt es sinngemäß: Gleichstellung heißt nicht, dass Frauen und Männer in allen Belangen identisch sein müssen, sondern dass ihre Rechte, Pflichten und Chancen nicht davon abhängen, welches Geschlecht ihnen bei der Geburt zugewiesen wurde. Bei der Geschlechtergleichstellung geht es darum, die Interessen, Bedürfnisse und Prioritäten von Frauen und Männern gleichermaßen zu berücksichtigen – und dabei die Vielfalt innerhalb beider Gruppen anzuerkennen. Gleichstellung ist keine rein "Frauenfrage", sondern betrifft ebenso Männer und sollte beide Geschlechter aktiv einbeziehen. Die Gleichberechtigung von Frauen und Männern ist sowohl eine Frage der Menschenrechte als auch eine grundlegende Voraussetzung und ein Indikator für eine nachhaltige, menschenorientierte Entwicklung und demokratische Gesellschaften.
- **BMFSFJ-Zielsetzung:** "Die Gleichstellung von Frauen und Männern ist eine der zentralen Herausforderungen, um das Leben in unserem Land zukunftsfähig und gerecht zu gestalten. Dafür müssen Frauen und Männer auf dem gesamten Lebensweg die gleichen Chancen erhalten - persönlich, beruflich und familiär." Das ist Chancengleichheit.

Anmerkung

Instrumentalisierung: Gleichstellungspolitik wird mitunter als "weiblicher Bonus" kritisiert, weil sie spezifische Frauenförderung betont statt breiter Familienfreundlichkeit.

---

[21] https://www.bmfsfj.de/bmfsfj/themen/gleichstellung
[22] https://tinyurl.com/bp6ta5ym

Parität[23]

- **Definition:** "Das Wort bedeutet Gleichsetzung, Gleichstellung oder zahlenmäßige Gleichheit. Es wird in unterschiedlichen Bereichen aber für verschiedene Sachverhalte benutzt."

Kritische Anmerkung

- **Freiheitskonflikt:** Vollständige Parität kann als Eingriff in die Wahlfreiheit der Bürger wahrgenommen werden und steht im Spannungsverhältnis zwischen Repräsentationsgerechtigkeit und individueller Autonomie.[24]
- **Geburtendefizit und Fachpräferenzen:** Schon bei der Geburt und bei der Studienwahl existieren Ungleichgewichte, die sich durch Parität nicht einfach nivellieren lassen.

Wir sehen im Grunde einen Konflikt in den Definitionen. Gleichstellung steht für Chancengleichheit. Parität für Gleichstellung und zahlenmäßige Gleichheit. (Ich persönlich werde die Parität nur noch im Sinne von zahlenmäßiger Gleichheit benutzen.)

Chancengleichheit ist aber nicht dasselbe wie zahlenmäßige Gleichheit. Angenommen, wir suchen 6 Leute, die über zwei Meter sind, und es bewerben sich 100 Männer und 3 Frauen. Chancengleichheit wäre, wenn wir 6 aus den 103 random ziehen würden. Zahlenmäßige Gleichheit ist, wenn wir von beiden 3 nehmen. Dann haben die Frauen allerdings eine Chance von 100 % und die Männer von 3 %, genommen zu werden. Diese Chancen sind nicht gleich.

2. Definition von Sexismus

Sexismus wird allgemein als Diskriminierung aufgrund des Geschlechts definiert. Im weitesten Sinne umfasst er alle Vorurteile,

---

[23] https://www.politische-bildung-brandenburg.de/lexikon/paritaet-parite
[24] https://tinyurl.com/mr29cd3u

Stereotypisierungen und Benachteiligungen, die auf der Zugehörigkeit zu einem Geschlecht beruhen.

Laut Wikipedia[25] ist Sexismus ein Oberbegriff für eine breite Palette von Phänomenen – sowohl bewusste als auch unbewusste Diskriminierung, die sich aus sozial geteilten Geschlechtervorurteilen und impliziten Geschlechtertheorien speist. Diese Definition schließt prinzipiell alle Geschlechter ein, da jede Person aufgrund ihres Geschlechts diskriminiert werden kann.

Dabei wird auch unterschieden zwischen:

- **Traditionellem (offenem) Sexismus:** Offene, geschlechtsbezogene Diskriminierung.
- **Modernem Sexismus:** Die Leugnung von Diskriminierung sowie die Ablehnung von Maßnahmen, die auf einen Abbau sozialer Ungleichheiten abzielen.
- **Neosexismus und ambivalentem Sexismus:** Formen, in denen negative Einstellungen und wohlwollende Stereotypisierungen miteinander verknüpft sind.

Allgemeine / Lexikalische Definitionen

Diese Definitionen sind neutral und beschreiben Sexismus als jede Form von geschlechtsbezogener Diskriminierung.

Oxford English Dictionary: *"Prejudice, stereotyping, or discrimination, typically against women, on the basis of sex."*
→ **Bedingungen**: Jede Diskriminierung basierend auf Geschlecht, unabhängig vom Geschlecht der Betroffenen.

Duden: *"Vorstellung, nach der ein Geschlecht von Natur aus überlegen sei, und die [daher für gerechtfertigt gehaltene] Diskriminierung, Unterdrückung, Zurücksetzung, Benachteiligung von*

---

[25] https://de.wikipedia.org/wiki/Sexismus

Menschen, besonders der Frauen, aufgrund ihres Geschlechts"
→ **Bedingungen**: Beide Geschlechter können Opfer von Sexismus sein.

UN-Konvention (CEDAW)

Definition der Diskriminierung von Frauen: jede Unterscheidung, Ausgrenzung oder Einschränkung aufgrund des Geschlechts mit dem Ziel oder der Wirkung, dass Frauen nicht die gleichen politischen, wirtschaftlichen, sozialen, kulturellen oder bürgerlichen Menschenrechte wie Männer genießen können.

3. Verständnis von Sexismus

Sexismus ist im feministischen Diskurs kein bloßes Schimpfwort für individuelle Benachteiligung, sondern ein System, das über Jahrtausende hinweg Machtverhältnisse zementiert hat. Sein Kern liegt im Patriarchat: einem gesellschaftlichen Gefüge, das Männlichkeit zur Norm erhob und Weiblichkeit als Abweichung markierte. Diese Dynamik zeigt sich nicht nur in offener Diskriminierung, sondern auch in unsichtbaren Strukturen – von Lohnungleichheit über Care-Arbeit bis hin zur Unterrepräsentation von Frauen in Führungspositionen. Selbst wenn eine Angela Merkel 16 Jahre lang Deutschland regierte, bleibt Sexismus gegen Frauen ein systemisches Problem. Denn eine Kanzlerin, ein weiblicher Vorstand oder eine Nobelpreisträgerin sind Ausnahmen, keine Belege für einen Machtumbruch. Sie beweisen, dass Frauen Barrieren überwinden können – nicht, dass die Barrieren gefallen sind.

Das Patriarchat wirkt wie ein Fluss, der sich über Jahrhunderte in sein Bett gefurcht hat: Selbst wenn einzelne Steine entfernt werden, fließt das Wasser weiter in dieselbe Richtung. Die Lohnlücke von 16 %, die Dominanz von Männern in DAX-Vorständen oder die Tatsache, dass Frauen noch immer den Großteil der unbezahlten Sorgearbeit leisten – all das sind Nachwirkungen des patriarchalen Erbes. Institutionen, Gesetze und kulturelle Normen tragen die Spuren vergangener Machtverhältnisse, selbst wenn heute formale Gleichheit herrscht.

Doch was bedeutet das für Männer, die sich diskriminiert fühlen? Die feministische Theorie lehnt den Begriff "Sexismus gegen Männer" ab – selbst in extremen Szenarien. Nehmen wir an, in einer Gesellschaft gäbe es flächendeckende Gesetze, die Männern den Zugang zu bestimmten Berufen und öffentlichen Ämtern untersagen und sie in allen Schulen benachteiligen: Feministisch betrachtet wäre dies kein Sexismus, sondern ein reaktiver Machtakt, der sich historisch gegen das Patriarchat richtet. Sexismus bleibt definitionsgemäß an die Aufrechterhaltung männlicher Macht gebunden. Selbst wenn alle Männer in diesem Szenario leiden, fehlt dem Leid die historisch tief verwurzelte strukturelle Verankerung, die Sexismus ausmacht. Die Ausgrenzung wäre hier kein System zur Festigung männlicher Vorherrschaft, sondern eine neue Form von Diskriminierung – vergleichbar mit einem rechtlich sanktionierten Ausschlussregime, das soziale Gruppen gegeneinander ausspielt.

Hier entsteht ein Spannungsfeld: Während der Feminismus intersektionale Diskriminierung (z. B. Rassismus + Sexismus) anerkennt, wird männliches Leid kategorisch aus der Sexismus-Debatte ausgeklammert. Die Begründung ist politisch, nicht logisch: Der Begriff "Sexismus" soll als Werkzeug dienen, um patriarchale Strukturen zu demaskieren – nicht, um alle geschlechtsbezogenen Ungerechtigkeiten zu beschreiben.

3.1 Warum diese Definition bewusst parteiisch ist

Die feministische Definition von Sexismus ist kein wertungsfreies Forschungsinstrument, sondern bewusst politisch zugespitzt: Sie zielt darauf ab, das Patriarchat als Machtgefüge zu entlarven, nicht alle geschlechtsbezogenen Benachteiligungen gleichberechtigt zu behandeln. Würde man männliches Leid ebenfalls unter "Sexismus" fassen, bestünde die Gefahr, Debatten zu verwässern und zentrale feministische Forderungen zu relativieren – etwa mit Einwänden wie "Aber Männer haben es doch auch schwer!".

Indem Sexismus per Definition an männliche Vorherrschaft geknüpft wird, werden Männer pauschal als Täterinnen ausgeschlossen. Das blockiert einen Dialog, der beide Geschlechter als Opfer struktureller Zwänge anerkennt. Selbst wenn Männer in bestimmten Situationen diskriminiert werden – etwa als Opfer häuslicher Gewalt oder durch anhaltende Bildungsbenachteiligung – gelten sie in diesem Narrativ als "Kollateralschäden" eines übergeordneten Herrschaftssystems.

Genau hier liegt das Problem: Die Engführung mag taktisch sinnvoll sein, um feministische Anliegen sichtbar zu machen. Sie führt aber dazu, dass männliches Leid institutionell übersehen oder anderen Machtstrukturen zugeordnet wird. Dabei zeigen empirische Befunde, wie lange manche Benachteiligungen bereits bestehen: So existiert laut Voyer&Voyer (2014) eine schulische Notenlücke zwischen Jungen und Mädchen seit über hundert Jahren. In der Bundesrepublik brauchte es bis 1980, bis die Mädchen die Jungs eingeholt hattem und in etwa gleich häufig das Gymnasium abschlossen – seit 1985 befinden sie sich jedoch ungehindert auf der Überholspur.

Um eine inklusive Gleichstellungspolitik zu erreichen, gehören solch parteiische Definitionen nicht in die Politik.

Andere Kritiken

Prof. Dr. Christian Riecks Kritik unterscheidet sich vermutlich gar nicht so sehr von dem, was ich meine.[26] Wenn es ein Machtgefälle gibt, dann muss es zunächst belegt und anschließend kontinuierlich überprüft werden. Genau auf diesen Punkt gehe ich unter dem Stichwort Indices noch einmal ausführlicher ein.

Auch jede Gegenmaßnahme – so gut gemeint sie auch sein mag – ist letztlich ein Ausdruck von Macht. Was Rieck anspricht, ist im Kern das Prinzip der positiven Diskriminierung. Diese ist nach deutschem und europäischem Recht grundsätzlich zulässig. Der Zweck besteht darin,

---

[26] https://youtu.be/ayxgHMu3bwU?si=lPq5KXHjT3273Rj4

strukturelle Benachteiligungen oder geschlechtsspezifische Sozialisierungsmuster auszugleichen – mit dem Ziel, Gleichberechtigung bzw. Chancengleichheit (oder auch Parität) zu erreichen.

Das klingt zunächst einmal vernünftig und fair – aber: Damit es sich rechtlich und ethisch tatsächlich um positive Diskriminierung handelt, müssen zwei zentrale Bedingungen erfüllt sein:

1. Es besteht eine nachweisbare *Benachteiligung im Vorfeld*;
2. Die Maßnahme führt im Ergebnis zu einer *Verbesserung hinsichtlich der Gleichberechtigung* – und nicht zu einer neuen Form der Benachteiligung.

Nehmen wir z.B. den Bundestag – 1998 ist der Frauenanteil erstmals über 30 % gestiegen und seitdem bewegt er sich zwischen 30 % und 36 %.[27] Wird hier wirklich noch Sozialisierung und Hürden abgebaut oder spiegelt das einfach nur das (jetzige) Interesse von Frauen an Politik wider? Eine Hürde, die durchaus immer real ist, ist Mutter sein und ich bin absolut dafür, dass man Arbeitsbedingungen mütterfreundlicher gestaltet, das hat aber wenig mit Frauenquoten in der Politik zu tun. Gucken wir uns doch mal Parteimitglieder großer Parteien nach Geschlecht an und ihre Sitze im Bundestag.

Partei/Sitze im Bundestag(A)[28]/ Frauenanteil der Mitglieder der Partei(B)[29] [30] (Nutze statista als Quelle da die Daten neuer sind)/realer Anteil[31]/ AxB

- CDU 164 26,6 % 22,6 % 43,6
- CSU 44 21,6 % 25 % 9,5
- AfD 152 18,7 % 11,8 % 28,4
- SPD 120 33,1 % 41,7 % 39,7

---

[27] https://tinyurl.com/39b8axzd
[28] https://tinyurl.com/2wrtxbrt
[29] https://tinyurl.com/3ywx6yvt
[30] https://www.statista.com/statistics/955972/women-share-political-party-members-germany/
[31] https://www.bundestag.de/dokumente/textarchiv/2025/kw09-wahlergebnis-statistik-1055550

- Bündnis 90/Die Grünen 85   42,3 % 61,2 % 36
- Die Linke   64   36,8 % 56,2 % 23,6
- fraktionslos[32]   1   0 %   0 %   0

Summe der Frau, die sich ergeben würde, wenn man die Parteisitze nach dem Frauenanteil der Mitgliedschaft verrechnet (AxB; gerundet vor summieren) ergibt 182. Real sind im Bundestag 204 Frauen.

Für die geringe Frauenquote im Bundestag gibt die Bundesstiftung Gleichstellung folgendes an:[33] Strukturelle Benachteiligungen, veraltete Rollenbilder des 19. Jahrhunderts und der erschwerte Aufstieg von Frauen innerhalb von Parteien, "die oft kulturell stark männlich und von Diskriminierung geprägt sind".

Ich weiß nicht. Für mich sieht es eher nach Interesse minus *Motherhood-Penalty*[34] plus Quoten aus, die zu diesem Ergebnis führen. Mitglied in einer Partei zu werden, hat für mich jetzt keine starken Hürden.[35] [36] [37]

Man könnte einwenden, dass dieses Modell die Wirklichkeit stark vereinfacht – und das stimmt bis zu einem gewissen Grad. Tatsächlich geht es mir hier und an anderen Stellen darum, das Potenzial für Kandidaturen zu ermitteln, bzw. die Größe der Gruppe zu ermitteln, die ins Profil passen: Wenn 20 % aller politisch Interessierten Frauen sind, liegt es nahe, dass auch rund 20 % der Parteieintritte von Frauen stammen. Entspricht dieser Frauenanteil in der Mitgliedschaft den 20 %, folgen daraus wiederum 20 % potenzielle Kandidatinnen – und am Ende würden folgerichtig 20 % der Bundestagssitze von Frauen besetzt. Diese Rechnung beruht auf der grundlegenden Annahme reiner Chancengleichheit. Das ist jetzt nur ein Faktor, der da wirkt, Quoten und

---

[32] https://de.wikipedia.org/wiki/Liste_fraktionsloser_Mitglieder_des_Deutschen_Bundestags
[33] https://tinyurl.com/389r5bfd
[34] https://en.wikipedia.org/wiki/Motherhood_penalty
[35] https://www.cdu-deutschlands.de/mitglied-werden
[36] https://www.spd.de/unterstuetzen/mitglied-werden
[37] https://www.gruene.de/mitglied-werden

Motherhood-Penalty sind andere. Würde meine Vereinfachung die tatsächliche Sitzverteilung vollständig erklären – was sie nicht tut, da ich Faktoren wie die "Motherhood Penalty" oder interne Quoten bislang unberücksichtigt lasse – würde das nicht bedeuten, dass es keine innerparteilichen Benachteiligungen gibt. Vielmehr müsste zwangsläufig mindestens ein weiterer, uns bislang unbekannter positiver Faktor existieren, der etwaige Benachteiligung wieder kompensiert. Das muss logisch so sein, denn es ist an dieser Stelle im Grunde eine Gleichung, und wir kennen Zwischenstand und Endergebnis, und in meinem Spezialfall war Zwischenstand bereits Ergebnis.

Zurück zum Interesse: Man braucht Interesse, ja und das kann sozialisiert sein, aber man weckt kein Interesse mit Quoten, sondern indem man Frauen in der Gesellschaft Politik näher bringt. Und sowas gibt es schon. *Motherhood-Penalty* mag zu Teilen sozialisiert sein, zum Teil aber auch persönliche Präferenz. Der *gender-equality paradox*[38] zeigt im Grunde, je gleichberechtigter Länder sind, desto traditioneller treffen Frauen Entscheidungen. Das bestätigt nicht automatisch traditionelle Rollenbilder, denn auch diese Entscheidung kann durch soziale Einflüsse geprägt sein – es zeigt nur, dass der Druck, sich gegen die eigenen Prioritäten zu entscheiden, mit dem fallenden finanziellen Druck verschwindet. Manche Studien legen wiederum nahe, dass es teilweise biologische Gründe haben könnte.[39] [40] Meine ganze Rechnung beweist jetzt nicht zwingend Diskriminierung, vor allem da Quotenregel Partei interne Angelegenheiten sind, es ist aber ein Kontraargument gegen Gesetzlich festgelegte Quoten, wie man sie glaube in Frankreich bereits hat. Dass es ein diskutables Thema ist, wird auch in der Quelle der Bundesstiftung Gleichstellung weiter unten angesprochen. Ironischerweise nennen sie Art. 3, Abs. 2 GG das Gleichstellungsgebot. "Männer und Frauen sind gleichberechtigt. Der Staat fördert die tatsächliche Durchsetzung der Gleichberechtigung von Frauen und Männern und wirkt auf die Beseitigung bestehender Nachteile hin." Die

---

[38] https://en.wikipedia.org/wiki/Gender-equality_paradox
[39] https://ifstudies.org/blog/of-boys-and-toys
[40] https://pmc.ncbi.nlm.nih.gov/articles/PMC7002030/

Rede dort ist aber von Gleichberechtigung. Und dass Gleichberechtigung nicht Parität, das Anstreben einer 50/50-Quote sein muss, habe ich, glaube ich, recht ausführlich versucht nahezulegen.

Zurück zum Thema: Das Quoten Sozialisierungen auflösen, sollte ebenfalls überprüft werden, ansonsten ist es nur eine Diskriminierung. Im Grunde fehlt es an einer unparteiischen Behörde oder Institution, die für uns sowas überprüft. Vielleicht ist unparteiisch auch nur ein theoretischer Begriff und man kann eher Männerrechtler und Feministen in Parität dort aufstellen.

3.2 Individuelle Verantwortung vs. Sozialisierung

Sobald eine Diskriminierung offenkundig wird, stellt sich sofort die Frage: Wie gehen wir damit um, und wer trägt welche Verantwortung? Inwieweit liegt es am Einzelnen, sein Schicksal selbst in die Hand zu nehmen, und wie sehr sind wir alle von Sozialisierungsprozessen und gesellschaftlichen Strukturen geprägt? Im feministischen Diskurs wird Benachteiligung von Frauen meist entlang genau dieser externen Faktoren erklärt: ungleiche Machtverhältnisse, Rollenbilder, institutionelle Hürden. Jede Betonung individueller Verantwortung wird schnell als Victim Blaming empfunden, weil sie den Blick von den systemischen Ursachen ablenkt.

Bei Männern jedoch wird der Spieß oft umgedreht: Hier liegt der Fokus stärker auf der persönlichen Verantwortung. Wo Frauen auf strukturelle Barrieren verweisen, wird Männern vielfach zugemutet, ihre Lage selbst zu verändern. Diese asymmetrische Erwartungshaltung zeigt, wie ungleich die Deutungsmacht verteilt ist und wie sehr wir nach wie vor in scheinbar "neutralen" Mustern denken, die in Wahrheit ganz konkrete Geschlechterstereotype und -normen reproduzieren.

Beispiele dafür:

- **Gender-Pay-Gap:** Frauen wird mitunter empfohlen, lukrative Berufe oder Führungspositionen anzustreben. Feministische Perspektiven betonen dagegen, dass soziale Erwartungen und strukturelle Hürden bereits früh die Berufswege prägen.
- **Führungspositionen:** Männer dominieren Spitzenpositionen (z. B. 69 % in Deutschland). Eine 50/50-Verteilung wird teils als Ziel ausgegeben, obwohl es objektiv schwer zu sagen ist, was "fair" wäre. Faktoren wie Bildung, IQ-Verteilung und Interessenlagen werden in dieser Debatte kaum differenziert betrachtet – obwohl sie relevante Rollen spielen könnten, ohne allein determinierend zu sein..[41]
- **Care-Arbeit:** Dass Frauen deutlich mehr Sorgearbeit übernehmen, wird teils als freie Entscheidung interpretiert. Gleichzeitig prägen soziale Normen und ökonomische Anreize diese Verteilung – was eine echte Wahlmöglichkeit einschränkt.
- **Sicherheitsverhalten:** Frauen sollen sich im öffentlichen Raum oft besonders vorsichtig verhalten. Dies kann als Verschiebung der Verantwortung gelesen werden, blendet aber nicht aus, dass strukturelle Gefahren real existieren.
  Schönheitsideale: Frauen werden einerseits für ihre Fixierung auf äußere Erscheinung kritisiert, andererseits entstehen diese Normen aus medialen und kulturellen Zuschreibungen, die sich individueller Kontrolle entziehen.
- **Politisches Engagement:** Frauen engagieren sich seltener politisch. Dies wird teils als Desinteresse gewertet, ohne zu berücksichtigen, dass Feindseligkeit im öffentlichen Raum und strukturelle Hürden abschreckend wirken können.

Doppelte Maßstäbe?

Bei Männern hingegen wird seltener nach strukturellen Erklärungen gesucht:

---

[41] https://tinyurl.com/597hymju

- **Incel-Phänomen:** Die Zugehörigkeit zu misogynen Online-Gruppen wird primär als individuelles Versagen gesehen. Gesellschaftliche Ausgrenzung, ökonomische Perspektivlosigkeit oder problematische Männlichkeitsbilder werden dabei selten als Mitursache diskutiert.
- **Männliche Gewalt:** Täterverantwortung steht meist im Vordergrund. Strukturelle oder soziale Hintergründe – wie Erziehung, Gewaltsozialisation oder der Mangel an emotionalen Vorbildern – werden zwar in Einzelfällen thematisiert, aber seltener systematisch.
- **Benachteiligung in Schule und Gesundheit:** Jungen werden im Bildungssystem oft schlechter bewertet, Männer haben eine geringere Lebenserwartung – doch hier wird häufig auf individuelle Defizite verwiesen ("sie leben ungesünder", "sie lernen schlechter"), während strukturelle Fragen kaum eine Rolle spielen.[42]

Die Debatte um Verantwortung ist oft ideologisch aufgeladen. In feministischen Diskursen wird individuelle Verantwortung bei Frauen tendenziell relativiert – mit dem Verweis auf strukturelle Barrieren. Bei Männern hingegen wird sie betont, teils unabhängig von sozialen Rahmenbedingungen. Bei Gewalt gegen Frauen wird es manchmal sogar als Verharmlosung kritisiert.

Ein ausgewogener Blick müsste beide Ebenen – Strukturen und Individuum – für alle Geschlechter mitdenken, ohne in Schutzbehauptungen oder Generalverdacht zu verfallen. Andernfalls entstehen doppelte Standards, die letztlich weder Frauen noch Männern gerecht werden.

---

[42] https://tinyurl.com/vcfkvtf9

4. Definition von Feminismus und historische Funktionen

Feminismus bezeichnet im Kern die Bewegung und Theorie, die sich für die Gleichberechtigung der Frauen einsetzt. Ursprünglich als Reaktion auf die systematische Benachteiligung von Frauen in politischen, ökonomischen und sozialen Bereichen entstanden, war sein Ziel, bestehende Ungleichheiten abzubauen und den Zugang zu gleichen Rechten und Chancen zu ermöglichen.

Historische Funktionen des Feminismus

- **Emanzipatorische Funktion:**
  Die erste Welle kämpfte vor allem für das Frauenwahlrecht und den Zugang zu Bildung und Arbeit.
- **Gleichstellungsanspruch:**
  Die zweite Welle erweiterte den Fokus auf sexuelle Selbstbestimmung, Arbeitsmarktchancen und gesellschaftliche Rollenbilder.

Es sei auch erwähnt, dass Feminismus eine Bewegung ist, der viele verschiedene Gruppen und Ansichten hat. Es gibt keine klassische Hierarchie, auch wenn es durchaus so etwas wie eine Informationshierarchie gibt.

Liberaler Feminismus

- Fokussiert auf rechtliche Gleichstellung und Chancengleichheit.
- Betont individuelle Rechte und Freiheiten.
- Der liberal-feministischer Fokus auf Wahlrecht und Bildung privilegierte zunächst weiße, bürgerliche Frauen. Erst mit der dritten Welle rückten intersektionale Kämpfe – etwa schwarzer Feministinnen wie Audre Lorde – in den Vordergrund. Diese Spannungen prägen bis heute Debatten darüber, wer als 'Opfer' anerkannt wird.

Radikaler Feminismus

- Sieht patriarchale Strukturen als Kern der Unterdrückung von Frauen.
- Kritisiert Geschlechterrollen und -normen.

Sozialistischer Feminismus

- Verbindet Geschlechterungleichheit mit ökonomischen Ungleichheiten.
- Analysiert die Rolle des Kapitalismus in der Unterdrückung von Frauen.

Intersektionaler Feminismus

- Betrachtet die Wechselwirkungen verschiedener Diskriminierungsformen (z. B. Geschlecht, Ethnie, Klasse).
- Betont, dass Frauen unterschiedliche Erfahrungen machen.

5. Kritische Perspektiven

Ein zentraler Kritikpunkt am heutigen Feminismus betrifft seine Selbstwahrnehmung als alleinige Instanz für Gleichberechtigung. Heutzutage wird häufig behauptet, dass der Feminismus allein dafür sorgen könne, dass alle gleichberechtigt werden – doch das ist eher ein Missverständnis der eigentlichen Funktion und Aktionen, die man oft auf Social Media hört. Feminismus treibt die Besserstellung der Frau voran.

5.1 Missverstandene Funktion

Der ursprüngliche Zweck des Feminismus bestand darin, die strukturelle Benachteiligung von Frauen zu überwinden – ein Ziel, das in vielen Bereichen bereits realisiert wurde. Allerdings werden Probleme, die Männer betreffen, in diesem Diskurs meist nicht als integraler Bestandteil des femininen Aufbruchs wahrgenommen und das sind sie offensichtlich auch nicht. Die Gleichberechtigung aller wird hier schlicht als Zugpferd zur Durchsetzung von Fraueninteressen instrumentalisiert. Das ist nicht absolut, weder für Menschen noch für die Aktionen.

5.2 Überkompensation statt Gleichheit

Maßnahmen wie die Erweiterung von Frauenhäusern oder gezielte Hilfsangebote werden als Beweis für den Fortschritt herangezogen. Dabei wird jedoch oft außer Acht gelassen, dass solche Maßnahmen bestehende Benachteiligungen von Männern weiter ausbauen, zumindest im Verhältnis. Anstatt eine ausgewogene Gleichberechtigung herzustellen, resultiert dies in einer relativen Verbesserung der Stellung von Frauen – was den Anspruch auf echte Gleichberechtigung verzerrt.

6. Warum Männerbenachteiligung oft übersehen wird

6.1 Was ist eigentlich Unterdrückung?

Unterdrückung bedeutet, dass eine Person oder Gruppe systematisch daran gehindert wird, ihre Rechte, Freiheiten oder Möglichkeiten voll auszuleben. Das kann durch Gewalt, Gesetze, soziale Normen oder wirtschaftliche Abhängigkeiten geschehen.

Merkmale von Unterdrückung:

- Machtgefälle: Eine Gruppe oder Institution hat die Kontrolle über eine andere.
- Einschränkung von Rechten: Bestimmte Menschen dürfen nicht das tun, was anderen erlaubt ist.
- Erzwungene Anpassung: Die Unterdrückten müssen sich an Regeln halten, die nicht in ihrem Interesse sind.
- Systematische Nachteile: Die betroffene Gruppe hat dauerhaft schlechtere Chancen.

Beispiele für Unterdrückung:

- Politisch: Diktaturen, in denen Oppositionelle verfolgt werden.
- Wirtschaftlich: Niedriglöhne und fehlende soziale Absicherung für bestimmte Gruppen.
- Gesellschaftlich: Diskriminierung aufgrund von Herkunft, Geschlecht oder Religion.

Allerdings wird "Unterdrückung" manchmal auch überstrapaziert – nicht jede Benachteiligung ist automatisch Unterdrückung. Es kommt darauf an, ob eine strukturelle, absichtliche Einschränkung dahintersteckt.

6.2 Diskriminierung als Unterdrückung

Ein zentrales Narrativ behauptet, dass Diskriminierung untrennbar mit Unterdrückung verbunden sei – und da Männer in den meisten Bereichen historisch dominant waren, könne es keine systematische Diskriminierung gegen sie geben. Diese Sichtweise führt dazu, dass männliches Leid oft als "umgekehrter Sexismus" abgetan wird. Der Begriff impliziert, dass das Opfer den Täter diskriminiert, was die Debatte über männliche Benachteiligungen sprachlich und strukturell erschwert.

Allein dieses Narrativ ist bereits problematisch, da es männliche Opfer unsichtbar macht:

- **Ignoranz gegenüber männlicher Benachteiligung**:
  Das Narrativ ignoriert, dass Männer in bestimmten Kontexten benachteiligt werden – etwa in Sorgerechtsstreitigkeiten, bei häuslicher Gewalt oder im Bildungssystem.
- **Fehlende Anerkennung männlicher Opfer**:
  Indem man die Diskriminierung von Männern als "umgekehrten Sexismus" abtut, macht er männliche Opfer unsichtbar und verhindert, dass ihre Bedürfnisse ernst genommen werden.

- **Enges Verständnis von Diskriminierung**:
  Das Narrativ basiert auf einem engen Verständnis von Diskriminierung, das historische Unterdrückung als Voraussetzung betrachtet. Dies ignoriert, dass Diskriminierung auch in anderen Kontexten auftreten kann – etwa durch gesellschaftliche Erwartungen oder institutionelle Strukturen.

Diese Punkte sind nicht als absolut zu verstehen.

6.3 Die normative Last des Patriarchats für Männer

Selten wird bedacht, dass Männer auch durch die normativen Vorgaben des Patriarchats enorm belastet wurden. Historisch gesehen wurden viele gesellschaftliche Normen aus egalitären Ursprüngen übernommen – nicht weil sie ausschließlich zum Nachteil der Frauen geschaffen wurden, sondern weil sie funktional waren und Männer zur Übernahme riskanter Aufgaben verpflichteten.

So haben Männer etwa in über 99 % der Menschheitsgeschichte in Jäger-und-Sammler-Kulturen gelebt, in denen sie als primäre Risikoträger fungierten – eine Rolle, die sich auch im Patriarchat fortsetzte. Diese historische Last zeigt, dass das Patriarchat nicht nur Frauen, sondern auch Männer in rigide Rollen zwang oder konkreter ausgedrückt, nie befreite.

Ein weiterer Punkt ist, dass im Patriarchat Rechte immer auch mit Pflichten einhergehen. Es erscheint widersprüchlich, wenn man überwiegend männliche Führungskräfte als Ausdruck von Diskriminierung betrachtet, während gleichzeitig die Härte in der schulischen Bewertung von Jungen ignoriert wird. Die Realität zeigt, dass das Patriarchat Männer dazu erzieht, hohe Belastungen zu tragen – und aus diesen Belastungen auch Leistungsansprüche folgen.

7. Beispiele für Diskriminierungen von Männer

7.1 Männerhäuser

Ein besonders eindeutiges Beispiel für eine strukturelle Diskriminierung von Männern ist die systematische Weigerung, Männerhäuser in vergleichbarem Umfang wie Frauenhäuser zu schaffen. Studien zeigen, dass auch Männer Opfer von häuslicher Gewalt werden – oft von den Partnerinnen – und dennoch gibt es kaum Schutzangebote für sie.

Bereits im Jahr 2000 wurde die damalige Bundesfamilienministerin Christine Bergmann (SPD) gefragt, ob es Pläne für Männerhäuser gebe. Ihre Antwort lautete: "Nein, ich denke, das ist nicht nötig. Wenn Männer keine Gewalt anwenden, brauchen sie auch keine Zufluchtsorte."[43] Diese Aussage impliziert, dass Männer nur als Täter, aber nicht als Opfer existieren können. Sie offenbart einen Sexismus, der männliche Opfer von Gewalt unsichtbar macht und ihnen die gleiche Hilfe verweigert, die weiblichen Opfern selbstverständlich zusteht.

2004 veröffentlichte das Bundesfamilienministerium die Pilotstudie "Gewalt gegen Männer", die ergab, dass 11 % der befragten Männer angaben, von ihrer Partnerin körperlich angegriffen worden zu sein. Trotz dieser Erkenntnisse hieß es aus dem Ministerium weiterhin: "Das Thema häusliche Gewalt gegen Männer ist keines, das bei uns prioritär bearbeitet wird."

Heute stehen bundesweit 15 Schutzwohnungen für Männer mit 49 Plätzen zur Verfügung (Stand 03.2025), während das BFKM mindestens einen Familienplatz für Männer und ihre Kinder pro 200.000 Einwohner empfiehlt.[44] (Was min. 420 wäre bei 84 Millionen Menschen. Ich gehe davon aus, man hat hier den reellen Bedarf anhand von Anfragen geschätzt. Wenn man davon ausgeht, dass man Männer über das

---

[43] https://tinyurl.com/yfptkcs3
[44] https://www.maennergewaltschutz.de/maennerschutz-und-beratung/bedarf/

Angebot informiert, es entstigmatisiert und Männer dazu kriegt, Hilfe in der Rate wie Frauen anzunehmen, dann wäre bei 20 % Männer Anteil der Opfer und 7700 Plätze für Frauen, eher 1925 Plätze fair. Gehen wir von einer Dunkelziffer von 33 % aus, dann sogar 3850.)

7.1.1 Das ehemalige Familienministerium

Diese Ignoranz ist kein Zufall. Die Weigerung, Männerhäuser zu finanzieren, geschieht in einem politischen Klima, das stark von feministischen Akteuren geprägt ist. Seit 1985 war jede Bundesfamilienministerin weiblich. Damit ist das Ministerium, das für Gleichberechtigung hinsichtlich Familie zuständig ist, seit über 40 Jahren in der Hand einer einzigen Geschlechtsgruppe, überwiegend feministisch.

Die unzureichende Berücksichtigung männlicher Gewaltopfer in politischen Maßnahmen wirft Fragen nach der Ausgewogenheit der Gleichstellungspolitik auf.

7.1.2 Wie lässt sich die politische Zurückhaltung erklären?

Obwohl zahlreiche Studien und Berichte darauf hinweisen, dass auch Männer Opfer häuslicher Gewalt werden, reagiert der Bundestag auf diese Problematik bislang kaum. Es stellt sich die Frage, weshalb auf politischer Ebene keine klaren Impulse zur Verbesserung der Unterstützungsstruktur für betroffene Männer erkennbar sind. Wenn Gleichberechtigung ein zentrales Ziel deutscher Politik ist, warum findet dieses Thema dann so wenig Beachtung?

Ein möglicher Erklärungsansatz liegt in der politischen Einflussnahme etablierter Interessengruppen, etwa aus dem Umfeld der Gleichstellungspolitik, die traditionell auf weibliche Opfer fokussiert ist. Während Frauenhäuser als unverzichtbare Einrichtungen gelten, werden Männerhäuser bis heute nur in begrenztem Umfang unterstützt – trotz vergleichbaren Bedarf. Auch auf konservativer Seite scheint das gesellschaftliche Bild männlicher Opfer wenig Anschluss zu finden, was den politischen Willen zusätzlich schwächen könnte.

Dies führt zu einer strukturellen Benachteiligung männlicher Gewaltopfer. Die ausbleibende Bereitstellung von Schutzräumen für Männer ist nicht bloß Ausdruck institutioneller Trägheit, sondern spiegelt tief verwurzelte normative Vorstellungen über Geschlecht und Verletzlichkeit wider. Auffällig ist dabei, dass gerade dort, wo Gleichberechtigung propagiert wird, bestehende Ungleichgewichte fortgeschrieben werden – etwa durch das Festhalten an geschlechtsspezifischen Versorgungsstrukturen. Die politische Umsetzung scheint bislang nicht in der Lage zu sein, das Prinzip der Gleichbehandlung auf alle Betroffenengruppen gleichermaßen auszuweiten.

7.1.3 Gewalthilfegesetz 2025

Im Januar 2025 wurden im Deutschen Bundestag zwei zentrale Initiativen zum Gewaltschutz verabschiedet:[45]

- **Gesetz zur Stärkung der Strukturen gegen sexuelle Gewalt an Kindern und Jugendlichen**
  Dieser Gesetzentwurf der Bundesregierung zielt darauf ab, den Schutz von Kindern und Jugendlichen vor sexueller Gewalt zu verbessern.
- **Gewalthilfegesetz**
  Eingebracht von den Fraktionen der SPD und Bündnis 90/Die Grünen, fokussiert dieses Gesetz auf den Ausbau und die Sicherstellung von Schutz- und Beratungsangeboten für Betroffene geschlechtsspezifischer und häuslicher Gewalt.

Das Gewalthilfegesetz legt einen individuellen Rechtsanspruch auf Schutz und Beratung fest, nachdem das Hilfesystem entsprechend ausgebaut wurde. Ziel ist es, Frauen und ihre Kinder besser vor

---

[45] https://www.bundestag.de/dokumente/textarchiv/2025/kw05-de-sexuelle-gewalt-1042042

geschlechtsspezifischer und häuslicher Gewalt zu schützen und ihnen Unterstützung zu bieten.

Von männlichen Opfern ist in dem Gesetz nicht die Rede – war es anfänglich, ging aber der CDU/CSU zu weit[46] (Dorothee Bär von der CSU hätte ich in diesem Kontext gerne zitiert, doch stimmt der Untertitel nicht mit dem Gesagten überein, weshalb ich davon absehe. Wer mag, kann sich ihre Rede angucken, ist in der Fußnote verlinkt.[47]) – eine Fortsetzung der bestehenden Praxis, in der Hilfsangebote fast ausschließlich für Frauen vorgesehen sind. Damit wird eine strukturelle Ungleichbehandlung weiter ausgebaut.

Mediale Reaktionen fielen unterschiedlich aus. Der Deutschlandfunk kritisierte: "... Für männliche Opfer häuslicher Gewalt gilt das aber nicht. Auch transfeindliche Gewalt bleibt im Gesetz außen vor."[48] Ein anderes Beispiel ist die Reaktion der Journalistin Anja Reschke,[49] die das Scheitern des geplanten Gewaltschutzgesetzes kritisierte – nicht etwa wegen der fehlenden Unterstützung für männliche Opfer im Gewalthilfegesetz, sondern weil ihrer Ansicht nach notwendige Maßnahmen gegen männliche Täter im Gewaltschutzgesetz nicht umgesetzt wurden.

7.2 Antidiskriminierungsstelle des Bundes (ADS)

Gemäß § 27 und § 29 AGG hat die Antidiskriminierungsstelle des Bundes den Auftrag, den Diskriminierungsschutz zu stärken, insbesondere durch die Förderung der Zusammenarbeit zwischen verschiedenen Akteuren – etwa Organisationen – und durch die Sensibilisierung der Öffentlichkeit. Dennoch zeigen Beispiele, wie Manndat und ihr Interesse an männliche Diskriminierungsfälle,

---

[46] https://www.deutschlandfunk.de/gewalthilfegesetz-100.html
[47] https://tinyurl.com/bd5zfxzs
[48] https://www.deutschlandfunk.de/gewalthilfegesetz-100.html
[49] https://www.instagram.com/reel/DHA8KrnsQ9O/

insbesondere im Bildungsbereich, dass diese nach Manndat von der ADS nicht ausreichend berücksichtigt werden:

Offener Brief an die ADS (27.01.2014):[50]

Ein sich selbst als "feminismuskritisch" sehender Verein, manndat, der sich für die Beseitigung von Benachteiligungen von Jungen, Vätern und Männern einsetzt, kritisierte in einem offenen Brief die Haltung der ADS. Der Brief weist darauf hin, dass Jungen bei gleichen Schulleistungen systematisch schlechtere Noten erhalten und seltener an höhere Schulen empfohlen werden als Mädchen. Trotz mehrerer unabhängiger Studien, unter anderem des Bundesbildungsministeriums, lehnt die ADS das Anliegen mit wechselnden Begründungen ab – einmal mit der Aussage, das AGG gelte nicht für Jungen im Bildungsbereich, ein anderes Mal müsse erst auf eigene Studien gewartet werden.

Bildungspolitik und geschlechtsspezifische Fördermaßnahmen

Im Bildungsbereich zeigen sich ebenfalls klare Hinweise auf eine einseitige Förderung:

Benotung Differenzen:

Zahlreiche Studien, darunter die Meta-Analyse von Voyer & Voyer (2014), belegen, dass Mädchen bei identischen fachspezifischen Kompetenzen im Durchschnitt um ca. 0,39 Standardabweichungen (Cohen's d) besser bewertet werden als Jungen (Schulformen, die zum Studium zulassen). Diese Differenz wird als systematische Verzerrung wahrgenommen, die langfristig Auswirkungen auf den Bildungsweg und die beruflichen Chancen von Jungen haben kann.

Ungleiches Förderangebot:

---

[50] https://manndat.de/jungen/antidiskriminierungsstelle-fuer-jungen-nicht-zustaendig.html

44

Ein eklatantes Beispiel findet sich in der staatlich geförderten Bildungsförderung: Auf etwa 94 MINT-Mädchenförderprojekte kommen lediglich vier staatlich unterstützte Jungenleseförderprojekte, von denen nur eines direkt von einem Bildungsministerium getragen wird. Diese Diskrepanz führt zu einer massiven Bildungsbenachteiligung von Jungen, was nicht nur durch das Rollenbild erklärt werden kann, sondern auch durch den gezielten Ausschluss männlicher Anliegen aus der statistischen Erfassung. (Stand 2012)[51]

Statistische Verzerrung:

Die meisten Bildungsstatistiken von Bund und Ländern erfassen ausschließlich Mädchen- und Frauendaten, während die Datenlage zu Jungen oft durch indirekte Berechnungen erschwert wird. Dies verstärkt den Eindruck, dass nur die Belange von Mädchen im Fokus stehen – ein Vorgehen, das gegen die Prinzipien des Gender Mainstreaming verstößt.

Auswirkungen am Beispiel England

In England hat sich der erste Pay-Gap zu Ungunsten junger Männer offenbart. Neue Forschungsergebnisse aus Großbritannien zeigen, dass junge Frauen (16 bis 24 Jahre) in Vollzeit jetzt durchschnittlich £2.200 mehr im Jahr verdienen als ihre männlichen Altersgenossen – ein deutlicher Umkehrschlag gegenüber vor zwei Jahren, als Männer noch besser bezahlt wurden. Laut dem Centre for Social Justice (CSJ) spiegelt dieser Wandel eine zunehmende Krise bei Jungen und jungen Männern wider, die in Bildung, Karrierechancen und Einkommen zunehmend ins Hintertreffen geraten. So beträgt das durchschnittliche Jahresgehalt junger Frauen etwa £26.500, während das der Männer bei £24.300 liegt – ein Male-Pay-Gap von 9.

Die Studie zeigt zudem, dass seit Beginn der Pandemie die Zahl der 16- bis 24-jährigen Männer, die als "NEET" (nicht in Bildung, Beschäftigung oder Ausbildung) gelten, um 40 % gestiegen ist, im

---

[51] https://jungenleseliste.de/stand-der-jungenleseforderung-in-den-bundeslandern/

Vergleich zu nur 7 % bei jungen Frauen. Miriam Cates, Senior Fellow beim CSJ, führt diesen Trend unter anderem auf den Rückgang traditionell männlich geprägter Industrien wie der Fertigung zurück, in denen stabile und gut bezahlte Jobs für Nicht-Universitätsabsolventen zunehmend verschwinden.

Probleme beginnen jedoch schon früh im Leben: Bereits im Alter von fünf Jahren erreichen 74 % der Mädchen ihre frühen Lernziele, während es bei Jungen nur 60 % sind. Bis zum A-Level schneiden Mädchen um mehr als eineinhalb Noten besser ab, und Jungen werden doppelt so häufig von der Schule ausgeschlossen. Andy Burnham, der Labour Mayor von Greater Manchester, warnt, dass junge Männer in ihren Teenagerjahren zunehmend die Hoffnung verlieren, wenn sie nicht dem traditionellen Weg von der Schule zur Universität folgen.

Angesichts stagnierenden Wirtschaftswachstums stehen Politik und Wirtschaft in Großbritannien vor der dringenden Aufgabe, Barrieren für männliche Beteiligung, Kompetenzentwicklung und Karrierechancen abzubauen. Wird dieser Trend nicht umgekehrt, drohen nicht nur Störungen am Arbeitsmarkt, sondern auch langfristige gesellschaftliche Probleme, die mit der Enttäuschung junger Männer einhergehen.[52]

Politische Doppelmoral und fehlende Einbeziehung

Die oben geschilderten Beispiele zeigen eine auffallende politische Doppelmoral:

Fehlende Zusammenarbeit:

Die ADS arbeitet häufiger mit Frauenrechtsorganisationen zusammen, während Anfragen von Männerrechtsorganisationen wiederholt abgelehnt werden. Dies verdeutlicht, dass es sein könnte, dass männliche Anliegen in der Praxis systematisch ausgeklammert werden.

---

[52] https://tinyurl.com/3kmsfptp

Unzulässiger Ermessensgebrauch(?):

Die ADS beruft sich auf Ermessensspielräume, um die Zuständigkeit für Jungenbenachteiligungen abzulehnen. Dabei wird das Gesetz (z. B. §29 AGG) so interpretiert, dass nur konkrete Einzelfälle relevant seien – ein Vorgehen, das zu einer Ungleichbehandlung führt. Dadurch wird männliche Bildungsdiskriminierung bewusst vernachlässigt.

Ähnlich sieht es der Manndat mit Gleichstellungsbeauftragten.[53] [54] [55]

(Ich kann das persönlich nicht beurteilen.)

Politische Passivität:

Trotz eindeutiger Daten – etwa der deutlich höheren Jugendarbeitslosigkeit unter Jungen (ein Male-Gap von 20 in manchen Regionen sogar über 40) – bleibt der Bundestag in dieser Frage eher passiv.[56]

(Quelle für die Entwicklung bis 2019)[57]

2025 sind es 11 % unter den Mädchen und 15 % unter den Jungen, also ein Male-Gap von 36 deutschlandweit.[58]

7.3 Der Fall Zaunegger gegen Deutschland (2009)

Im Jahr 2009 brachte der Fall Zaunegger gegen Deutschland einen entscheidenden Aspekt der geschlechtsspezifischen Diskriminierung im Familienrecht in die öffentliche Diskussion. Unverheiratete Väter, vertreten durch Herrn Zaunegger, klagten vor dem Europäischen

---

[53] https://tinyurl.com/mr47f2vv
[54] https://tinyurl.com/bdf2n9nt
[55] https://tinyurl.com/bdd7225z
[56] https://manndat.de/jungen/antidiskriminierungsstelle-fuer-jungen-nicht-zustaendig.html
[57] https://tinyurl.com/3u99wpra
[58] https://www.instagram.com/p/DH_K_MsKUu8/

Gerichtshof, dass die damalige Gesetzgebung zum Sorgerecht sie systematisch benachteiligte. Der Gerichtshof befand, dass unverheiratete Väter durch die bestehende Rechtslage diskriminiert wurden, und zwang Deutschland, die Regelungen anzupassen.

2014 wurde daraufhin eine Reform umgesetzt, die die Rechte unverheirateter Väter stärkte und somit eine diskriminierungsfreie Sorgerechtsregelung anstrebte. Auffallend ist, dass diese Problematik von den zuständigen Experten bis zu diesem Zeitpunkt weitgehend übersehen wurde.

7.4 Indexe die Benachteiligungen errechnen

7.4.1 A simplified approach to measuring national gender inequality[59]

Feministen messen die Benachteiligungen von Frauen, Männerrechtler die von Männern. Es gibt wenig dazu, dass versucht beide Gruppen transparent zu vergleichen, um eine faire und differenzierte Sachlage darzustellen. Hier jedoch haben wir so einen Versuch. Ihre Konklusion ist:

Unsere vereinfachte Maßzahl zur Erfassung von Geschlechterungleichheit korreliert gut mit nationalen Unterschieden in der menschlichen Entwicklung und spricht für ihre Validität und Nützlichkeit. Sie liefert offenbar ein differenzierteres Bild der Ungleichheit als häufig verwendete Kennzahlen wie der Global Gender Gap Index (GGGI). Wir behaupten nicht unbedingt, dass Indizes wie der GGGI nicht genutzt werden sollten, sondern dass die Aufnahme des BIGI in entsprechenden Studien zusätzliche und andere Informationen liefert und so eine vollständigere Beurteilung der Geschlechtergleichheit ermöglicht.

---

[59] https://journals.plos.org/plosone/article?id=10.1371/journal.pone.0205349

Unsere Gesamtergebnisse legen nahe, dass viele Länder heute ein historisch hohes Niveau an Geschlechterparität erreicht haben. Dennoch reicht die Behebung der Geschlechterungleichheit allein nicht aus, damit alle Menschen ihr volles Potenzial entfalten können; eine vollständige Geschlechterparität bedeutet nicht zwangsläufig, dass sowohl Männer als auch Frauen überall gleichermaßen Chancen haben, da beide in unterschiedlichen Bereichen mangelnde Möglichkeiten erfahren können.

International können Verbesserungen in der Geschlechterparität erzielt werden, indem man sich in den am wenigsten entwickelten Ländern auf Bildung konzentriert und in mittel und hoch entwickelten Staaten auf präventive Gesundheitsmaßnahmen, etwa im Hinblick auf Drogen- und Alkoholmissbrauch.

Kurzfassung der BIGI-Ergebnisse (2012–2016) für Europa und Deutschland

Die Basic Index of Gender Inequality (BIGI)–Analyse für 134 Länder (Daten 2012–2016) zeigt, dass in 91 von 131 Ländern Männer im Durchschnitt stärker benachteiligt sind als Frauen (BIGI < 0). Unter den sehr hoch entwickelten Staaten (HDI > 0,8), zu denen Deutschland gehört, weichen die Werte typischerweise zugunsten von Frauen ab, d. h. Männer sind dort insgesamt mehr benachteiligt. Für Deutschland weist der durchschnittliche BIGI-Wert (2012–2016) eine negative Abweichung von etwa − 2 % auf, was die kombinierte Wirkung kürzerer gesunder Lebenserwartung, etwas geringerer Lebenszufriedenheit für Männer reflektiert. Diese Daten belegen, dass Männer in zahlreichen hoch entwickelten Staaten bereits mehr Benachteiligungen erfahren und dass die öffentliche Debatte diese Aspekte oft unzureichend berücksichtigt.

Natürlich gibt es Kritik am BIGI, wie es sie an allen Indexen gibt, die versuchen, repräsentativ die Benachteiligung einer Gruppe aufzuzeigen.

7.4.2 Gender Development Index

Der Gender Development Index (GDI) misst geschlechtsspezifische Lücken in zentralen Dimensionen menschlicher Entwicklung – Gesundheit, Bildung und Einkommen – indem er das Verhältnis des Human Development Index (HDI) von Frauen zum HDI von Männern berechnet. Für Deutschland lag der GDI zuletzt bei 0,968 (Stand 2018), was bedeutet, dass Frauen im Durchschnitt 96,8 % der menschlichen Entwicklungsleistungen von Männern erreichen. Damit rangiert Deutschland im Mittelfeld (Platz 72) der UN-Mitgliedsstaaten und zeigt eine verbleibende Lücke von knapp 3,2 % zugunsten der Männer.[60]

7.4.3 Andere Indexe

Es gibt noch andere Indizes wie GII[61] oder *Global Gender Gap Report*[62] (GGGR), aber diese sind spezifisch auf Frauenthemen ausgerichtet oder betreiben Trunkierung und zeigen Männerbenachteiligungen gar nicht erst an.

Gender Equality Index (GEI)[63]

Zusätzlich habe ich mir den GEI angeschaut. Für Bildung hat er einen Score von 57,1. Man schaut sich hier nur die tertiäre Bildung an.

Was sagt der OECD zum tertiären Bereich: Fast nach allen verfügbaren Maßstäben erzielen Mädchen und Frauen bessere Bildungsergebnisse als Jungen und Männer, und in vielen Fällen wächst diese Lücke weiter. Dies zeigt sich in den geschlechtsspezifischen Unterschieden beim Bildungsstand. In allen OECD-Mitgliedsländern sind Frauen im Alter von 25–34 Jahren genauso häufig oder häufiger als ihre männlichen Altersgenossen im Besitz einer tertiären Qualifikation (54 %

---

[60] https://de.wikipedia.org/wiki/Index_der_geschlechtsspezifischen_Entwicklung
[61] https://de.wikipedia.org/wiki/Index_der_geschlechtsspezifischen_Ungleichheit
[62] https://de.wikipedia.org/wiki/Global_Gender_Gap_Report
[63] https://eige.europa.eu/gender-equality-index/2024/DE

gegenüber im Durchschnitt 41 % über alle OECD-Länder). In Deutschland liegt die tertiäre Bildungsabschlussquote bei Frauen bei 41 % und bei Männern bei 36 %, womit die Lücke deutlich kleiner ist als im OECD-Durchschnitt.[64]

Man könnte jetzt meinen, er würde die Benachteiligung von Männern anzeigen. Nein, er zeigt Ungleichheiten auf und verrechnet sie nicht gegenüber den Geschlechtern. Hier geht es nicht um Benachteiligung, sondern um Geschlechterrollen.

7.4.4 Was fehlt?

Ein aussagekräftiger Gleichstellungsindex muss fair, umfassend und realitätsnah sein. Bestehende Modelle wie der GDI oder BIGI sind im Kern bereits richtungsweisend, doch vernachlässigen sie wesentliche Lebensumstände: In keinem der gängigen Indizes wird das Familieneinkommen adäquat abgebildet, obwohl gerade Haushaltsbündnisse und Steuerregelungen – Stichwort Ehegattensplitting – die finanzielle Realität stark prägen.

Ein möglicher Lösungsansatz wäre, das gemeinsame Einkommen rechnerisch gerecht zwischen beiden Partnern aufzuteilen: Dadurch entstünden zwei Werte, die als Ober- und Untergrenze fungieren und so den Spielraum des Haushaltseinkommens transparent machen. Auf dieser Basis ließen sich dann – analog zu gängigen Bildungs- oder Partizipationskennzahlen – Indikatoren für Zeitaufwand und Teilhabe ermitteln. Gerade in Ländern mit bildungspolitischen Hürden für Frauen liefert dieses Verfahren valide Ergebnisse. In Deutschland jedoch führt es derzeit zu scheinbaren Benachteiligungen der Frauen, weil Jungen im Schnitt mehr Zeit in schulische Leistungen investieren und dabei schlechtere Abschlüsse erzielen. Hier wäre es sinnvoller, nicht Zeitaufwand, sondern direkt Bildungsabschlüsse als Maßstab zu nehmen.

---

[64] https://tinyurl.com/2s4bbw4u

Es fehlt auch eine unparteiische Instanz, die Indikatorentwicklung, Datenerhebung und Auswertung zuverlässig koordiniert. Vllt. wäre das Statistische Bundesamt ein Kandidat für die Umsetzung, unterstützt von einem neutral besetzten Expertengremium aus Vertreterinnen und Vertretern von Frauen- und Männerrechtsorganisationen. Gemeinsam könnten sie systematisch Benachteiligungen identifizieren, geeignete Messgrößen definieren und schließlich einen Index publizieren, der den tatsächlichen Stand der Gleichberechtigung in all ihren Facetten abbildet.

8. Macht in Demokratien durch Netzwerke

In Demokratien ist Macht seltener auf einzelne Personen konzentriert als vielmehr in Vernetzungen von Akteuren, Institutionen und transnationalen Bündnissen gebunden. Feministische Netzwerke—von transnationalen Gender-Mainstreaming-Allianzen bis zu spezialisierten Policy-Netzwerken in Regierungen und Universitäten — haben dadurch eine überproportionale Deutungshoheit erlangt, die Themen und Diskurse besetzt. Männliche Benachteiligungen (z. B. Bildungs-, Gesundheits- und Justiznachteile) bleiben hingegen mangels vergleichbarer Advocacy-Netzwerke weitgehend unsichtbar, wodurch sich in diesen Bereuíchen ein anhaltendes Machtgefälle zugunsten der gut vernetzten feministischen Akteure erklärt.

8.1 Machtnetzwerke in Demokratien

8.1.1 Theoretische Grundlagen

- Demokratien zeichnen sich dadurch aus, dass Entscheidungsmacht über **große "Winning Coalitions"** verteilt ist, die öffentliche Güter erwarten, im Gegensatz zu autokratischen Systemen mit kleinen Cliquen privater Begünstigungen.[65]

---

[65] https://en.wikipedia.org/wiki/Selectorate_theory

- Michael Manns Ansatz betont vier sich überschneidende Machtnetzwerke—ideologisch, ökonomisch, militärisch und politisch—die in Demokratien dynamisch interagieren und so dezentrale Kontrolle ermöglichen.[66]

8.1.2 Netzwerk- und Policy-Analyse

- **Feministische Außenpolitiken** (FFP) haben frauen- und genderpolitisch informierte Außenpolitik und Regierungsführung in den Vordergrund der internationalen Politik gerückt. Die Quelle beschreibt, wie insbesondere Netzwerke im Globalen Süden die Grundlagen und Wege geschaffen haben, damit geschlechterinklusive und feministisch informierte Außenpolitik und Governance gedeihen können. Dabei zeigt es, dass solche Politiken auf dem Wissensfundament transnationaler feministischer Netzwerke beruhen.[67]
- **Soziale Netzwerkanalyse** hebt hervor, dass nicht nur formale Ämter zählen, sondern informelle Verbindungen in Medien, NGOs und Think-Tanks die Agenda-Setting-Macht bündeln. Wer Sichtbarkeit hat, hat Deutungsmacht.[68]

8.2 Feministische Netzwerke als Deutungshoheit

8.2.1 Transnationale Gender-Mainstreaming Allianzen

Die Verbreitung von Gender-Mainstreaming-Mechanismen in EU und UN wurde maßgeblich durch transnationale Feministen-Netzwerke vorangetrieben.[69]

---

[66] https://academic.oup.com/isq/article-abstract/45/1/27/1792550
[67] https://bristoluniversitypressdigital.com/edcollchap/book/9781529239492/ch005.xml
[68] https://wac.colostate.edu/docs/books/positionality/chapter6.pdf
[69] https://academic.oup.com/isq/article-abstract/45/1/27/1792550

8.2.2 Politische Netzwerke und Think-Tanks

- Das CAWP-Projekt der Rutgers University dokumentiert, wie Women's Political Power durch koordinierte Netzwerke in US-Bundesstaaten steigt — überparteilich und multiracial.[70]
- Der Wilson Center–Leitfaden zu "Women's Political Networks" zeigt Best Practices, wie Netzwerke Frauen bei Wahlen und im Regierungsalltag stützen.[71]

8.2.3 Interne GE-Einheiten in Organisationen

Interne Gender Equality Units an Universitäten nutzen Netzwerke, um Forschung, Lehre und Verwaltung auf geschlechtergerechte Praktiken umzustellen ("internal networks supporting GE processes").[72]

8.3 Männliche Benachteiligung und fehlende Netzwerke

8.3.1 Fehlende Advocacy-Bündnisse

Im Gegensatz zu feministischen Allianzen existieren kaum transnationale oder policy-orientierte Netzwerke, die Männer-Nachteile systematisch thematisieren und politisch vertreten.

8.3.2 Medien-Vernetzung

Feministische Medienproduktionen schaffen partizipative Plattformen, auf denen Gender-Themen prominent verhandelt werden,[73] während männliche Opfer und Benachteiligte kaum thematisiert werden. (z.B. [74])

---

[70] https://cawp.rutgers.edu/news-media/press-releases/rethinking-womens-political-power
[71] https://tinyurl.com/53vppx5z
[72] https://academic.oup.com/sp/advance-article/doi/10.1093/sp/jxae019/7900929
[73] https://tinyurl.com/mwk7pj58
[74] https://www.kas.de/en/single-title/-/content/frauen-maenner-und-kaum-unterschiede

8.4 Warum Netzwerke Macht generieren

8.4.1 Ressourcenmobilisierung

Eng vernetzte Akteure können Gelder, Expertisen und politische Unterstützung effizient bündeln und so Gesetzgebungsprozesse und öffentliche Wahrnehmung prägen.[75]

8.4.2 Agenda-Setting und Diskurskontrolle

Netzwerke bestimmen, welche Themen auf die Agenda kommen. Feministische Gender-Mainstreaming-Allianzen haben dadurch Debatten über Männerbenachteiligungen sowie Gewaltprävention für Jungen und Männer weitgehend verhindert.[76] Nicht zwangsläufig aus Böswilligkeit, eher als Nebenprodukt der eigenen Interessenvertretung und weil es kein ernstzunehmendes Gegengewicht gibt.

8.4.3 Netzwerke versus Einzelpositionen

Macht in Demokratien liegt weniger in formalen Ämtern als in der Fähigkeit, kooperative **Netzwerke** aus NGOs, Medien und Politik zu knüpfen und zu aktivieren.[77]

8.5 Fazit

Die Dominanz feministischer Netzwerke erklärt, warum männliche Benachteiligungen trotz empirischer Evidenz kaum Teil des öffentlichen Diskurses werden. Ohne vergleichbare Advocacy- und Policy-Netzwerke für Männer bleibt ein öffentliches Interessensgefälle bestehen. Eine ausgewogene politische Landschaft müsste daher Männer-Netzwerke aufbauen und stärken, um Themen wie Jungenbildung,

---

[75] https://bristoluniversitypressdigital.com/edcollchap/book/9781529239492/ch005.xml
[76] https://academic.oup.com/isq/article-abstract/45/1/27/1792550
[77] https://wac.colostate.edu/docs/books/positionality/chapter6.pdf

Männergesundheit und männliche Opferrechte auf Augenhöhe zu verhandeln. Ebenfalls sollte man jegliche Dämonisierungen von Männern kritisieren. Diese erzeugen bzw. erweitern einen Empathie-Bias, der die Menschen daran hindert, Probleme von Männern ernst zu nehmen.

9. Macht in Partnerschaften

9.1 Begriffe: Hard Power vs. Soft Power

- **Hard Power** bezeichnet direkte Machtmittel: formale Autorität, Geld, rechtliche oder physische Zwangsmittel (vgl. französisch-raven'sche Machtquellen).[78]
- **Soft Power** umfasst subtile Einflussformen: soziale Belohnungen oder Sanktionen, emotionale Überzeugung, moralische Deutungshoheit und indirekte Manipulation innerhalb von Beziehungen.[79] (Also nicht nur: Netzwerke sind ebenfalls als Soft Power zu verstehen.)

9.2 Theoretische Grundlagen

9.2.1 Erwartungszustandstheorie

Frauen in als "high status" deklarierten Gruppen nahmen zwar legitime Autorität wahr, zögerten jedoch, sie aggressiv durchzusetzen – ein Hinweis auf zurückhaltende, aber vorhandene Soft Power. Um fair zu sein, sollte man erwähnen, dass wenn sie versuchen, Hard Power einzusetzen, kommt das bei der Gruppe, vor allem bei Männern, weniger gut an, als wenn es ein Mann tut.[80]

---

[78] https://tinyurl.com/5fzpvm7c
[79] https://tinyurl.com/2k68fd53
[80] https://tinyurl.com/5ajn69kn

9.2.2 Sozialpsychologische Perspektive

Macht ist das zentrale Organisationsprinzip sozialer Interaktionen und bleibt in engen Beziehungen permanent wirksam; dabei nutzen Partner, insbesondere Frauen, relationalen Einfluss, um Entscheidungen in finanzielle, sexuelle oder familiäre Fragen hineinzuziehen.[81]

9.3 Alltags- und Beziehungsentscheidungen

9.3.1 Haushalt und Familie

Untersuchungen in Bangladesch zeigen, dass Frauen bei Fragen zu Familienplanung und Haushaltsausgaben zwar formal oft nur "mitentscheiden", de facto aber über weiche Einflusskanäle den Ausschlag geben – mehr Autonomie der Frau führte nicht zwangsläufig zu einer verbesserten reproduktiven Gesundheit.[82]

9.3.2 Partnerschaft und Intimität

- Körner & Schütz fanden in einer Studie mit 181 Paaren, dass das subjektive Gefühl persönlicher Handlungsfreiheit / Entscheidungsmacht signifikant mit Beziehungszufriedenheit korreliert – und obwohl Männer mehr *Hard Power* hatten, hat dass das Glücklichsein nicht gemindert. Indiez darauf, dass die subjektive Empfindung *Soft Power* berücksichtigt.[83]
- Die Myth of Mutuality-Studie zeigt, dass Paare zwar ideologisch gegenseitige Gleichheit betonen, in der Praxis Frauen häufiger "die Schlüsselfragen" unauffällig lenken, z. B. durch emotionale Appelle und Versprechen.[84]

---

[81] https://tinyurl.com/5fzpvm7c

[82] https://pmc.ncbi.nlm.nih.gov/articles/PMC5680601/

[83] https://neurosciencenews.com/power-dynamics-happiness-relationships-18829/

[84] https://journals.sagepub.com/doi/10.1177/08912432241230555

9.3.3 Einflussstile und Kommunikation

- Frauen nutzen häufiger **kommunal-orientierte** Einflussstrategien (z. B. Kooperation, Beziehungsaufbau), während Männer direktere Taktiken bevorzugen; beide Geschlechter erreichen, vergleichbar oft, ihre Ziele.[85]
- Traditionelle Geschlechterrollen verankern in Frauen oft die Erwartung, "emotionale Managerin" und damit zentrale Vermittlerin im Beziehungsalltag zu sein.[86]

9.4 Hard Power gleich Einkommen

Einkommen lässt sich zuverlässig erheben und gilt als Proxy dafür, wer "zahlungsfähig" ist und somit ökonomische Bedingungen diktiert (z. B. Hypotheken, größere Anschaffungen). Auch wenn Geld formal beiden Partnern gehört, erhöht ein höheres Einzel- oder Familieneinkommen die **moralische Legitimität**, über größere Ausgaben zu entscheiden.

9.5 Soft Power: Kontrolle der Ausgaben im Haushalt

- **NielsenIQ (2024)**: Frauen haben weltweit einen Einfluss von **70–80 %** auf alle Konsumausgaben, besonders auf alltägliche und diskretionäre Ausgaben.[87]
- **Girlpower Marketing** berichtet, dass Frauen in den USA **85 %** der Kaufentscheidungen kontrollieren, darunter Lebensmittel, Kleidung und Gesundheitsausgaben.[88]

---

[85] https://en.wikipedia.org/wiki/Expectation_states_theory
[86] https://tinyurl.com/bdhmjwrv
[87] https://tinyurl.com/3zvd258h
[88] https://girlpowermarketing.com/statistics-purchasing-power-women/

9.6 Gesamtbilanz der Entscheidungsgewalt[89]

- Eine **Pew Research**–Erhebung fand, dass in **43 %** der heterosexuellen Paare die Frau in mehr Bereichen die Entscheidungen trifft, in **26 %** der Mann dominante Rolle innehat und **31 %** gleichberechtigt entscheiden.
- In Dual-Income-Haushalten bleibt dieses Muster stabil: Frauen haben häufiger die Oberhand, unabhängig davon, wer mehr verdient.

9.7 Fazit

Es scheint so, als existierten zahlreiche Studien, die belegen, dass Frauen in vielen "normalen Fragen" des Alltags – von Haushaltsentscheidungen bis zu intimen Beziehungsdynamiken – oft mehr Soft Power besitzen als Männer. Diese Forschungsergebnisse entkräften das gängige Narrativ einer ausschließlich männlich dominierten Machtstruktur und heben die Bedeutung subtiler, relationaler Einflussstrategien hervor. Formale Gleichheit erfordert daher nicht nur Kritik an der Hard Power Verteilung, sondern auch ein Bewusstsein für Soft Power innerhalb von Beziehungen.

10. Gleichstellungsüberblick

10.1 Historische Entwicklung

Gleichstellungsarbeit entstand in einer Zeit, wo Frauen wirklich strukturelle Nachteile hatten (z. B. 1950–1970: Wahlrecht, Bildung, Eigentumsrechte). In Deutschland steht im Grundgesetz Art. 3 Abs. 2 Satz 2: "Männer und Frauen sind gleichberechtigt. Der Staat fördert die tatsächliche Durchsetzung der Gleichberechtigung von Frauen und Männern und wirkt auf die Beseitigung bestehender Nachteile hin."[90]

---

[89] https://tinyurl.com/bdhah3tk
[90] https://tinyurl.com/3yjehnmb

In Praxis und Politik jedoch wurde dieser Satz fast immer nur auf Frauen angewandt. Selbst als Frauen keine systematischen Nachteile mehr hatten (z. B. in der Bildung[91]), blieb das Paradigma bestehen.

10.2 Institutioneller Selbstschutz

Institutionen wie Gleichstellungsstellen, Förderprogramme oder spezialisierte Lehrstühle verfolgen in der Regel eine bestimmte Agenda – und ihr Fortbestehen hängt oft davon ab, dass das zugrunde liegende Problem weiterhin als relevant gilt. Wenn das Problem gelöst ist, verlieren sie Budget, Macht und Jobs. Macht führt zu Machtmissbrauch und es muss nicht einmal irgendeine böse Absicht dahinterstecken. Wenn ein Problem gelöst ist, richtet sich der Fokus – aus Gewohnheit und durch das vorherrschende politische Narrativ – erneut auf das nächste Frauenthema. So kommt es, dass ich häufiger von der angeblich auf männliches Wohlbefinden ausgerichteten Raumtemperatur gehört habe als von der systematischen Benachteiligung von Jungen bei Schulnoten. Es fehlt hier an Kontrollmechanismen und, wie bereits gesagt, an einem fairen und aussagekräftigen Index, der die Richtung angibt, wo es überhaupt in Richtung Gleichberechtigung geht, für jedes Thema einzeln und für die Gesamtheit der Gesellschaft.

10.3 Warum dürfen sie es?

Weil es kein Gegengewicht gibt.

- Es gibt keine mächtigen Männerlobbygruppen.
- Jungen und Männer sind politisch schwach organisiert.
- Viele Männer sehen sich selbst gar nicht als "Opfer", sondern schlucken die Nachteile ("Selber Schuld" / "Da musst du halt härter arbeiten").
- Zudem schrecken viele Politiker, Unileitungen etc. davor zurück, Männerprobleme offen anzusprechen – aus Sorge, als "frauenfeindlich" wahrgenommen zu werden. Ein Beispiel, auf das

---

[91] https://tinyurl.com/2vkx9pp8 Kapitel 5.1

ich später noch detaillierter eingehen werde, veranschaulicht diese Dynamik besonders gut: An einer Universität wurde eine geplante Veranstaltung zum International Men's Day abgesagt, die auf die hohe Suizidrate unter Männern aufmerksam machen sollte – unter anderem auch, weil ein Kommilitone sich das Leben genommen hatte. Rund 200 Studierende, mehrheitlich aus dem feministischen Spektrum, hatten gegen die Veranstaltung protestiert und Unterschriften gesammelt. Die Veranstalltung wurde abgesagt und obwohl es über 1000 Gegenunterschriften gab, blieb die Absage bestehen. Die Frage stellt sich: Warum konnte eine kleinere Gruppe sich durchsetzen? Eine mögliche Erklärung – und hier betrete ich bewusst den Bereich der Spekulation – liegt in den strukturellen Machtverhältnissen. Hinter den 200 Protestierenden steht womöglich ein gut organisiertes und vernetztes Netzwerk. Wird eine Universitätsleitung öffentlich als "frauenfeindlich" gebrandmarkt, drohen nicht nur Reputationsverluste, sondern im schlimmsten Fall auch berufliche Konsequenzen. Für eine leitende Person könnte dies bedeuten, ihre Stelle zu verlieren – und unter Umständen keine neue mehr im universitären Betrieb zu finden. Natürlich lässt sich von außen nicht mit Sicherheit sagen, welche Faktoren konkret zu der Entscheidung führten. Dennoch zeigt dieses Beispiel, wie reale oder gefühlte soziale Druckmechanismen wirken können – und warum Männeranliegen im öffentlichen Diskurs oft kaum Gehör finden.

10.5 Wie die Reaktion darauf läuft

Statt diese Wahrnehmung ernst zu nehmen, wird sie sehr oft abgewertet oder lächerlich gemacht, nach dem Muster:

- Das ist Mimimi![92]
- Ihr weint nur, weil ihr eure Privilegien verliert![93]
- Jetzt merkt ihr mal, wie sich Frauen immer gefühlt haben!

---

[92] https://tinyurl.com/3tjjkejb
[93] https://www.instagram.com/p/DI-6fiyuIIs/

- Als Männer könnt ihr gar nicht diskriminiert werden.[94]
- Werden Männer stärker als Frauen diskriminiert? Forumsdiskussion – Angeheftet wurden nur Antworten, die in das feministische Narrativ passen, liest man aber weiter, dann kommen viele, die es bejahen.[95]
- Artikel wie: "Es ist das Patriarchat, das Männern wie Frauen schadet."[96] Es beginnt vielversprechend und macht auf reale Benachteiligungen von Männern aufmerksam. Im weiteren Verlauf verliert sich die Autorin jedoch in feministischen Erzählmustern, wobei die Männerprobleme immer weiter in den Hintergrund rücken. Wirkliche Gleichberechtigung ist längst noch nicht erreicht. Der zugrunde liegende Gedanke stimmt – nur in einer anderen Hinsicht, als sie argumentiert. Absolute Gleichberechtigung bleibt ein unerreichbares Ideal: Man könnte jeden Lebensbereich bis ins Kleinste analysieren – etwa die Deckenhöhe in Wohnräumen –, um theoretisch Häuser für Frauen zehn Zentimeter niedriger zu bauen und dadurch Heizkosten zu sparen. Selbst nachdem man theoretisch alles angepasst hat, können sich Prioritäten verschieben oder ganz neue Themen, etwa durch den technologischen Fortschritt wie KI, entstehen. Gleichberechtigung ist somit ein ewiger fortwährender Prozess. Auch die zitierte GGGR-Studie liefert keinen Zeitpunkt dafür, ab wann Gleichberechtigung erreicht ist, sondern lediglich eine Prognose, wann die untersuchten Benachteiligungen von Frauen angeglichen sein könnten – und es erfasst von vornherein keine Männerbenachteiligungen. Ursprünglich begann die Argumentation mit dem Thema Diskriminierung von Männern, doch bald nutzte man das Schlagwort "Gleichberechtigung", um den Fokus ausschließlich auf Frauenprobleme zu lenken. Anstatt alle Anliegen gleichermaßen zu betrachten und Lösungen für alle Betroffenen zu entwickeln, rückten fortan fast ausschließlich Frauenfragen in den Vordergrund. Am Ende bleibt das Patriarchat als Sündenbock übrig – und damit

---

[94] https://tinyurl.com/bddjmsfs
[95] https://tinyurl.com/5cvn98j4
[96] https://mads.de/feminismus-als-problem-wieso-sich-maenner-benachteiligt-fuehlen/

scheinbar als Heilmittel der Feminismus. Doch wer die Gleichberechtigung ernst meint, muss sich allen Diskriminierungsformen gleichermaßen widmen. Feminismus ist, wie ihr eigener Text zeigt, parteiisch.

So und anders wird jede ernsthafte Debatte über männliche Benachteiligung im Keim erstickt.

10.6 Das Patriarchat ist schuld[97]

Ein bekanntes Narrativ:

- Obwohl Männer historisch häufig als "Mächtige", "Privilegierte" oder "Unterdrücker" galten, hat das in der heutigen Lebenswirklichkeit der meisten Menschen längst keine Relevanz mehr – doch darauf wird keine Rücksicht genommen.
- Darum wird jede Klage über die heutigen Benachteiligungen nicht als neue Probleme gesehen, sondern als gerechte Strafe oder Heulen über verlorene Vorherrschaft oder selbstverschuldet abgetan.

Kurz gesagt:

Männer dürfen in diesem Weltbild definitionsgemäß keine Opfer sein. Allerdings, allein diese Idee, ist bereits Sexismus.

10.7 Warum das gefährlich ist

Wenn die Hälfte einer Bevölkerungsgruppe strukturelle Nachteile erlebt, aber keine Möglichkeit hat, das gesellschaftlich auszudrücken, entsteht:

- politische Entfremdung
- Radikalisierungstendenzen (z. B. bei jungen Männern)

---

[97] https://tinyurl.com/bddjmsfs

- massive psychische Probleme (z. B. Depressionen, Suizide – Suizidrate Männer zu Frauen: 3:1 oder schlimmer)
- Und niemand redet ehrlich darüber, weil Männer weiterhin in der öffentlichen Wahrnehmung "keine Schwäche zeigen" dürfen.

Ein perfekter Teufelskreis. Männer, die Diskriminierung erleben, werden durch gesellschaftliche Abwertung doppelt diskriminiert.

10.8 Lösungsansatz

Solange Männer nicht kollektiv politischen Druck aufbauen (wie Frauenbewegungen das ab den 60ern gemacht haben), ändert sich nichts, denn solange wird Gleichstellung = "Frauenförderung" bleiben – auch wenn das de facto Sexismus gegen Jungen und Männer ist.

11. Gleichberechtigung – Was denken wir?

Es gibt mittlerweile solide Umfragen, die zeigen:

Rund 50 % der Männer (variiert je nach Land und Studie etwas)[98] [99] fühlen sich benachteiligt oder unfair behandelt, insbesondere bei Themen wie:

- Bildung
- Sorgerecht
- Gleichstellungspolitik
- gesellschaftlicher Erwartungsdruck
- Dating (Ich wollte es fast nicht aufschreiben, weil der Feminismus hier immer nur frauenhassende Datingcoach einblendet, aber doch, es uns Männern wichtig und Hypergamie ist ein veraltetes Rollenbild, das die Jungs zurecht kritisieren. Und Teile des Feminismus versuchen es mit *bare minimum* zu verteidigen.)

---

[98] https://tinyurl.com/34v2vyzw
[99] https://www.20min.ch/story/jeder-zweite-mann-fuehlt-sich-diskriminiert-358528104146

Ipsos Studie[100]

- Jüngere Generationen (Gen Z & Millennials) zeigen sich weniger glücklicklich mit Geschlechtergleichstellungspolitik als ältere (Gen X, Babyboomer).
- Es bestehen starke Meinungsunterschiede zwischen Männern und Frauen innerhalb der jungen Generationen.
- Die Vorstellung, Männer würden durch Gleichstellung benachteiligt, ist besonders bei jungen Männern verbreitet.

Zentrale Ergebnisse (weltweit, 31 Länder):

Einstellung zur Gleichstellung

- 60 % der Männer aus Gen Z finden, dass Gleichstellung Männer diskriminiert (vs. 40 % der Gen Z-Frauen).
- 57 % (Gen Z) / 60 % (Millennials) meinen, es sei bereits genug für Frauenrechte getan worden, vs. 43 % der Babyboomer.
- 54–57 % der Jüngeren denken, dass von Männern zu viel erwartet wird, um Gleichstellung zu fördern.

Rollenbild und Männlichkeit

- 31 % der Gen Z-Männer glauben, dass ein Mann, der sich um Kinder kümmert, weniger männlich sei.
- Nur 11 % der Babyboomer-Männer teilen diese Meinung

Langfristige Trends (24-Länder-Durchschnitt, 2019–2024):

- Zustimmung zu "von Männern wird zu viel erwartet": 41 % (2019) → 52 % (2023/24)
- Zustimmung zu "Gleichstellung ist weit genug gegangen": 41 % (2019) → 54 % (2023/24)

---

[100] https://tinyurl.com/yt7hy8m2

- Anteil derer, die sich als Feministen bezeichnen:
  33 % (2019) → 39 % (2023/24)

Männliche Verbündete & Handlungsspielraum

- 65 % glauben, Gleichstellung braucht aktive Unterstützung durch Männer.
- 64 % denken, sie können persönlich zur Gleichstellung beitragen.

Führungskräfte & Geschlecht

- Keine Präferenz beim Geschlecht der Führungskraft (Politik/Beruf):
  → ~70 % neutral, wenn Erfahrung mit beiden Geschlechtern vorliegt.
- Wer nur Männer/Frauen erlebt hat, tendiert zur Präferenz für das vertraute Geschlecht.
- Eigenes Geschlecht bevorzugt:
  → 22 % der Frauen wollen weibliche Chefs, 26 % der Männer männliche.

Fähigkeiten von Politikern (w/m)

Mehrheit glaubt: beide Geschlechter gleich kompetent in:

- Wirtschaft (43 %)
- Sicherheit (43 %)
- Kriminalitätsbekämpfung (42 %)
- Unternehmensführung (55 %)

12. Fazit

Der Feminismus hat historisch maßgeblich dazu beigetragen, strukturelle Benachteiligungen von Frauen sichtbar zu machen und abzubauen – etwa durch das Frauenwahlrecht, die Öffnung von Bildungs- und Berufschancen oder die Bekämpfung von Gewalt. Diese

Errungenschaften sind unbestritten und bleiben in vielen Teilen der Welt auch heute noch relevant.

Doch der moderne feministische Diskurs zeigt Schwächen, wenn es darum geht, systematische Benachteiligungen von Männern anzuerkennen oder zu adressieren. Was das Adressieren oder Lösen dieser Probleme angeht, ist der Feminismus aber auch gar nicht zuständig.

Es fehlt eine Bewegung, die Männeranliegen aufgreift und über echte Soft Power verfügt. Eine solche Bewegung aus der politischen Mitte könnte genau hier ansetzen – vielleicht wären Quoten ein hilfreicher Ansatzpunkt.

Institutionen, die wiederum Gleichberechtigung fördern sollen – wie die Antidiskriminierungsstelle des Bundes – agieren oft einseitig und reproduzieren damit vielleicht selbst Ungleichbehandlung.

II. Die Männerrechtsbewegungen

1. Vertreter der Männerrechtsbewegung

Die Männerrechtsbewegung (MRM) ist eine heterogene Strömung, die sich für die Rechte und Anliegen von Männern einsetzt. Ihre Vertreter kommen aus unterschiedlichen gesellschaftlichen und politischen Lagern. Zu den prägendsten Figuren gehören:

- **Warren Farrell**: Ehemaliges Mitglied der National Organization for Women (NOW), das sich später von der feministischen Bewegung distanzierte und Bücher wie *The Myth of Male Power* verfasste. Er argumentiert, dass Männer ebenso systematische Benachteiligungen erleben wie Frauen.
- **Paul Elam**: Gründer der Website *A Voice for Men*, eine der bekanntesten Plattformen für Männerrechtsaktivismus. Seine

Positionen sind teils umstritten, da er eine aggressive Rhetorik gegenüber dem Feminismus pflegt.

- **Christina Hoff Sommers**: Selbst Feministin, aber Kritikerin des modernen Feminismus, die für eine "equity feminism"-Position eintritt und in *The War Against Boys How Misguided Feminism Is Harming Our Young Men*[101] darlegt, wie Bildungssysteme Jungen benachteiligen. In ihrem Buch zeigt Christina Hoff Sommers, dass trotz gängiger Annahmen amerikanische Jungen in Lesen und Schreiben hinter Mädchen zurückbleiben und seltener ein Studium aufnehmen. Dennoch konzentrieren sich die bekanntesten Studien und Experten fast ausschließlich auf eine angebliche "Mädchenkrise", die es so nicht mehr gab. Diese übertriebene Darstellung hat zu tiefgreifenden Veränderungen in Schulen, Politik und Erziehung geführt – oft zum Nachteil der Jungen. Sommers kritisiert, dass der Feminismus die Probleme von Mädchen künstlich aufbläht, während die wachsenden Herausforderungen junger Männer ignoriert werden. Heute ist, was sie vor bereits 21 Jahren gesagt hat, zumindest anerkannt, aber die Leistungen der Jungen sind auch weiter gefallen.
- **Karen Straughan**: YouTuberin und Bloggerin, die feministische Mythen über Geschlechterungleichheit hinterfragt.
- **Erin Pizzey** war eine britische Aktivistin und Feministin, die in den 1970er Jahren das weltweit erste Frauenhaus gründete. Ihre Arbeit gegen häusliche Gewalt führte sie zu der Erkenntnis, dass Gewalt oft wechselseitig ist (dass ihre Beobachtung völlig korrekt ist, zeige ich später in dem Kapitel zu Gewalt) – Frauen waren also ebenso fähig zur Gewalt wie Männer. Diese Sichtweise brachte sie in direkten Konflikt mit der feministischen Bewegung, von der sie berichtet, dass ihr dabei Mord- und Bombendrohungen, insbesondere von militanten Feministinnen, zugeschickt wurden. Diese Drohungen sowie systematische Ausgrenzung führten dazu, dass sie ins Exil gehen musste, während ihre ursprünglichen

---

[101] https://www.amazon.com/WAR-AGAINST-BOYS-Misguided-Feminism/dp/0684849577

Beiträge zur Frauenhausbewegung aus der offiziellen Geschichte gelöscht wurden.[102] [103] [104]

2. Missverständnisse der Männerrechtsbewegung

Die Männerrechtsbewegung wird oft als antifeministisch oder gar misogyn dargestellt. Diese Wahrnehmung basiert auf mehreren Faktoren:

- Vermischung mit extremen Randgruppen: Einige Gruppen innerhalb der MRM verwenden radikale, frauenfeindliche Rhetorik, wodurch die gesamte Bewegung in ein schlechtes Licht gerät.
- Missverständnisse über die Anliegen der Bewegung: Während Feministen oft für Gleichstellung eintreten, betonen Männerrechtler häufig, dass Gleichberechtigung nicht bedeutet, dass Männer keine spezifischen Nachteile erleben.
- Mediale Darstellung: Medienberichte über Männerrechtsbewegungen fokussieren sich oft auf polarisierende Aussagen einzelner Aktivisten und ignorieren moderate oder akademische Stimmen.
- Fehlende Differenzierung: Viele Kritiker setzen Männerrechtler mit der "Red-Pill"-Bewegung oder dem "Inceldom" gleich, obwohl es klare Unterschiede gibt.

Vielleicht habe ich das schon einmal erwähnt, aber nicht alle Menschen sind gleich – jeder ist ein Individuum.

---

[102] https://tinyurl.com/5n8er2au
[103] https://en.wikipedia.org/wiki/Erin_Pizzey
[104] https://search.worldcat.org/de/title/829180547

3. Warum Männerrechte nicht antifeministisch sein müssen

Ein weitverbreitetes Narrativ besagt, dass Männerrechte und Feminismus unvereinbar seien. Tatsächlich gibt es jedoch zahlreiche Schnittstellen:

- **Gemeinsame Ziele**: Beide Bewegungen kämpfen gegen starre Geschlechterrollen. Feministen kritisieren z. B. das "Patriarchat", das auch Männer dazu zwingt, in traditionellen Rollen zu verharren.
- **Geschlechterdiskriminierung betrifft beide Seiten**: Während feministische Anliegen oft auf Benachteiligungen von Frauen fokussieren, zeigt die MRM auf, dass Männer ebenfalls strukturelle Nachteile erleben (z. B. im Familienrecht oder Bildungsbereich).
- **Potenzial für Zusammenarbeit**: Feminismus und Männerrechtsbewegung könnten gemeinsam an Themen wie häuslicher Gewalt, geschlechtergerechte Bildungspolitik oder psychische Gesundheit arbeiten.
- **"Gleichberechtigung" vs. "Chancengleichheit" vs. "Parität"**: Viele Männerrechtler fordern Gleichberechtigung im juristischen Sinne, während einige feministische Strömungen sich für Parität einsetzen. Vllt. trifft man sich ja bei Chancengleichheit?

4. Fazit

Die Männerrechtsbewegung ist eine diverse Strömung mit legitimen Anliegen, die oft missverstanden oder absichtlich falsch dargestellt wird. Anstatt Feminismus und Männerrechte als Gegensätze zu betrachten, wäre es sinnvoll, die Schnittmengen beider Bewegungen zu erkennen und gemeinsame Lösungsansätze zu entwickeln.

III Ein wenig Geschichte

1. Egalitäre Gesellschaften

Vor 30.000 Jahren, irgendwo in der eisigen Tundra Sibiriens: Eine Gruppe von Jägern und Sammlern teilt die Beute eines erlegten Mammuts. Unter ihnen ist Anuka, eine junge Frau mit zerfurchter Haut und durchtrainierten Armen. Sie hat den Speer geworfen, der das Tier traf – nicht weil sie es musste, sondern weil sie die beste Werferin der Gruppe ist. Ihr Bruder Kiran, der eigentlich für die Jagd zuständig ist, bleibt heute am Lagerfeuer und hütet die Kinder. Es ist kein Akt der Rebellion, sondern reine Pragmatik: Kiran hat sich beim Stolpern über eine Baumwurzel den Knöchel verstaucht, Anuka ist schneller.

So funktionierten egalitäre Gesellschaften: **Flexibilität statt Dogma**. Archäologen fanden in Peru das Grab einer 9.000 Jahre alten Jägerin, umgeben von Steinspitzen und den Knochen eines Riesenfaultiers. Die Steinzeit war kein feministisches Utopia, aber auch kein Patriarchat. Sie war ein Kampf ums Überlebens, in dem sich Rollen nach Notwendigkeit, nicht nach Geschlecht richteten.[105]

Warum schreibe ich immer noch "Männer jagen, Frauen sammeln"?

Eine Studie (Anderson et al., 2023) behauptet zwar, diese Aufteilung sei ein Mythos – weil Frauen in einigen Gruppen auch jagen. Aber eine genauere Überprüfung zeigt: In den meisten Jäger-Sammler-Gesellschaften sind Männer die Hauptjäger. (Statt in 80 % aller Gemeinschaften jagten auch Frauen eher 5,5 % oder 13,5 % je nach Fragestellung) Frauen sammeln häufiger oder jagen kleinere Tiere, besonders wenn sie Kinder versorgen (Venkataraman et al., 2024).[106] [107]

---

[105] https://tinyurl.com/y5m6uexa
[106] https://www.sciencedirect.com/science/article/abs/pii/S1090513824000497
[107] https://www.vivekvenkataraman.com/blog/2023/7/5/debunking-a-debunking

1.1 Die Biologie der Graswurzel

Doch warum jagten dann überhaupt häufiger Männer?[108] Die Antwort liegt in der Evolution und Kultur, nicht in der Unterdrückung:

- **Testosteron** machte Männer risikobereiter – ein Überlebensvorteil, wenn es darum ging, ein Nashorn zu umkreisen oder in unbekanntes Territorium vorzudringen.
- **Muskelmasse**: Ein durchschnittlicher Steinzeitmann konnte mehr Kraft aufbringen als eine Frau – entscheidend beim Speerwurf oder beim Tragen schwerer Beute.[109]

Doch diese Unterschiede waren Statistiken, nicht Schicksal.

Viele Jäger-Sammler-Gruppen zeigen eine bemerkenswerte Flexibilität in den Jagdstrategien der Frauen. Forschende stellten fest, dass Frauen insgesamt anpassungsfähiger als Männer agieren: "Sowohl bei der Wahl der Waffen als auch bei den Jagdstrategien setzen Frauen eine größere Vielfalt an Optionen ein". Ein Beispiel dafür sind die Akha, eine ethnische Gruppe aus Südostasien, deren Frauen mit Netzen, Speeren, Macheten und Armbrüsten jagen. Ähnlich verhält es sich bei den Agta, einer Sammelbezeichnung für indigene Völker auf den Philippinen: Während einige Frauen ausschließlich Messer zur Jagd verwenden, setzen andere Pfeil und Bogen ein oder kombinieren verschiedene Waffen.[110]

In einem anderen Artikel heißt es wiederum: Das Forschungsteam untersuchte zudem die Frage, ob anatomische und physiologische Unterschiede zwischen Männern und Frauen, Frauen daran hinderten, zu jagen. Sie stellten fest, dass Männer bei Aktivitäten, die Schnelligkeit und Kraft erfordern – wie Sprinten und Werfen – im Vorteil sind. Frauen hingegen haben einen Vorteil bei Aktivitäten, die Ausdauer erfordern, wie beispielsweise beim Langstreckenlauf. Beide Fähigkeiten waren in

---

[108] https://science.orf.at/stories/3220047/
[109] https://tinyurl.com/42sy8e8b
[110] https://tinyurl.com/y5m6uexa

der Jagd der Urzeit von entscheidender Bedeutung.[111] Diese Aussage lässt sich jedoch relativieren. Betrachtet man heutige sportliche Leistungen, zeigt sich, dass Männer im Marathonlauf im Durchschnitt etwa elf Prozent schneller sind. Erst bei noch längeren Distanzen gleichen Frauen diesen Unterschied aus und übertreffen Männer schließlich in der Ausdauerleistung.[112] D.h. dass Frauen nicht überall in der Ausdauerjagd durch Ausdauer punkten konnten.

- Bis zu 40 Stunden bei der Jagd auf eine große Kudu-Antilope[113]
- Bis zu 35 km bei der Jagd auf Antilopen wie Kudus in der Kalahari-Wüste[114]
- Mehrere Stunden, oft vom Sonnenaufgang bis zum Nachmittag, hält das Tier bis Sonnenuntergang aus, dann überlebt es[115]

1.2 Der stille Preis der Jagd

Doch die Steinzeit war kein Paradies. Während Feministen heute gern die "Gleichheit" dieser Zeit beschwören, gab es durchaus einen blutigen Tribut, den vor allem Männer zahlten:

- **Genetisches Erbe**: DNA-Analysen zeigen, dass sich in der Steinzeit mehr **Frauen lebten** als Männer. Warum? Weil viele Männer starben – ein stummer Beleg für asymmetrische Risiken.[116]
- Jagd kann tödlich ausgehen[117] [118] [119]
- Neben Jagen scheint für Menschen und Neandertaler Gewalt untereinander eine Haupttodesursache zu sein.[120] [121] Die meisten

[111] https://phys.org/news/2023-10-prehistoric-gender-roles-women-hunters.html
[112] https://tinyurl.com/bdhmwc3s
[113] https://www.markus-bussmann.com/2013/07/ausdauerjagd.html
[114] https://deutsch.wikibrief.org/wiki/Persistence_hunting
[115] https://de.wikipedia.org/wiki/Hetzjagd
[116] https://www.biomedcentral.com/about/press-centre/science-press-releases/24-sep-2014-
[117] https://de.wikipedia.org/wiki/Hadza
[118] https://tinyurl.com/yth5zyk2
[119] https://johnhawks.net/weblog/high-adult-mortality-in-some-contemporary-hunter-gatherers/
[120] https://www.sciencedirect.com/science/article/abs/pii/S030544031200297X
[121] https://tinyurl.com/33uxucc3

Streitigkeiten entstehen dort eher durch Auseinandersetzungen um Frauenraub und die Wahrung des "guten Rufs" innerhalb der Gemeinschaft. Oft liegt der Ursprung in dem Verdacht, dass jemand schwarze Magie praktiziert oder gegen moralische Normen verstoßen hat. Solche Konflikte können mitunter blutig enden.[122] In seltenen Fällen geht man davon aus, dass es sich um einen Konflikt mit einer anderen Gruppe handelt.[123] Beobachtungen moderner Jäger- und Sammlergemeinschaften legen nah, dass noch Krankheiten als häufige Ursache in Frage kommt.[124]

Bücher wie ‚Die Erfindung der Ungleichheit' romantisieren diese Zeit als ‚goldenes Zeitalter der Gleichheit'. Doch sie ignorieren, dass die pragmatische Rollenverteilung kein bewusster Akt der Emanzipation war, sondern ein Überlebensmechanismus – mit hohen Kosten: Viele Männer starben jung durch Jagdunfälle oder gewaltsame Konflikte, oft ausgelöst durch Rivalität untereinander oder den Druck, als Versorger zu bestehen. Gleichzeitig profitierten die Gruppen davon, dass Frauen je nach Situation jagten, sammelten oder Kinder betreuten – eine Flexibilität, die keinem modernen Ideal entsprach, aber das Überleben sicherte.

2. Das Patriarchat

2.1 Die Saat der Ungleichheit

Vor 10.000 Jahren, im Fruchtbaren Halbmond, zerkrümelt ein Bauer namens Kurush erstmals Weizenkörner zwischen seinen Händen. Er ahnt nicht, dass er damit eine Revolution auslöst: **Ackerbau**. Mit den ersten Ernten kam die erste Erbdebatte: *Wem gehört das Land? Wer beerbt mich?*

---

[122] https://de.wikipedia.org/wiki/J%C3%A4ger_und_Sammler
[123] https://tinyurl.com/y7tjhmc7
[124] https://johnhawks.net/weblog/high-adult-mortality-in-some-contemporary-hunter-gatherers/

Die Antwort war brutal einfach: Nur Kinder, deren Vaterschaft garantiert war, durften erben. Und wie garantierte man das? Indem man Frauen kontrollierte. Im Codex Hammurapi, einer der ältesten Gesetzessammlungen (1750 v. Chr.), wurde festgeschrieben: "*Gesetzt, die Gattin eines Mannes ist ertappt worden, wie sie bei einem anderen Manne gelegen hat, so wird man sie (beide) binden und ins Wasser werfen. Gesetzt, der Gatte will seine Gattin leben lassen, so wird der König seinen Sklaven (auch) am Leben lassen.*"[125] Es war keine Moral, sondern Ökonomie – der Schutz von Erblinien.

2.2 Die Hofquote

Springen wir ins mittelalterliche Europa: Heinrich, ein Leibeigener im Rheinland des 12. Jahrhunderts, steht vor seinem abgebrannten Hof. Die Ernte ist vernichtet, doch die Hofquote – die jährliche Abgabe an den Grundherrn – bleibt. Heinrich weiß: Wenn er die Quote nicht erfüllt, verliert er sein Land. Seine Tochter Gisela wird an den Herrn verheiratet, sein Sohn Konrad als Knecht verkauft.

Die Ironie? Frauen wie Gisela waren von der Hofquote befreit – nicht aus Privileg, sondern weil sie rechtlich als "unmündig" galten. Die Last der Verantwortung lag auf den Männern, die im Gegenzug keine Macht erhielten. Ein System, das Männer zu Schuldsklaven und Frauen zu Verhandlungsmasse degradierte. Das ist keine Ausnahme, Frauen wurden in der Regel weniger hart oder gar nicht bestraft, außer bei Ehebruch, unsittlichem Verhalten und Hexerei.

2.3 Kanonenfutter: Die vergessenen Opfer der Kriege

Im Schlamm der Schlacht von Waterloo (1815) liegt Jean-Luc, ein 19-jähriger französischer Soldat. Neben ihm verbluten 50.000 Männer in neun Stunden – ein Blutbad, das keine Frau teilen musste. Jean-Lucs

---

[125] https://www.koeblergerhard.de/Fontes/CodexHammurapi_de.htm

Schwester Marie arbeitet derweil in einer Pariser Munitionsfabrik. Sie verdient ein Drittel eines Mannes, aber ihr Leben ist sicher.

Dieses Muster zieht sich durch die Geschichte:

- **Antike**: In der Schlacht von Cannae (216 v. Chr.) sterben 50.000 Römer – ausschließlich Männer.
- **Industrialisierung**: In den englischen Bergwerken des 19. Jahrhunderts sind 90 % der Todesopfer Männer. Jungen sterben in Schächten, Mädchen weben zu Hause.
- **Moderne**: Noch heute ist die Suizidrate bei Männern fast **3-mal höher** als bei Frauen – ein stummer Hilfeschrei.
- **Heute**: 96 % der tödlichen Arbeitsunfälle trifft Männer

Patriarchat war kein Geschenk an Männer – es war ein Teufelspakt. Männer durften "herrschen", solange sie sich opferten. Ein Bauer, der seine Frau "kontrollierte", war selbst ein Sklave des Feudalherrn.

3. Antike Paradoxien: Rom und Sparta

3.1 Livia Drusilla

Rom, 14 n. Chr.: Livia, Witwe des Kaisers Augustus, steht im Marmorsaal ihres Palastes. Vor ihr türmen sich Papyrusrollen – Steuerlisten, Berichte aus den Provinzen, Bittschriften von Senatoren. Offiziell hat Livia kein Amt. Inoffiziell entscheidet sie über die Nachfolge ihres Sohnes Tiberius, verwaltet den patrimonium Caesaris (kaiserliche Schatzkammer) und lässt Tempel bauen, die ihren Namen tragen. Als sie stirbt, wird sie zur Göttin erklärt – eine Ehre, die nur wenigen Männern zuteil wird.

Doch Livia war keine Ausnahme. Im Schatten der Toga herrschten Frauen wie:

- **Eumachia**: Die "Wollkönigin" von Pompeji, die ein öffentliches Gebäude stiftete – ihre Inschrift (*"Eumachia, Tochter des Lucius, für das Volk"*) prangt noch heute am Eingang.
- **Turia**: Eine Römerin, die im 1. Jahrhundert v. Chr. vor Gericht zog, um das Erbe ihres ermordeten Vaters zu sichern.

Feministen betonen die rechtliche Unmündigkeit römischer Frauen, (da Männer Politik machten,) ignorieren aber, dass der Haushalt ein Machtzentrum war. Wer Vorräte, Sklaven und Kinder kontrollierte, kontrollierte die Familie – und damit eine Keimzelle der römischen Macht. Römische Frauen waren weder machtlos noch gleichberechtigt. Ihr Einfluss war unsichtbar, aber real – gebunden an Familie, Reichtum und die Fähigkeit, gesellschaftliche Normen geschickt zu umgehen. Livia, Eumachia und Turia stehen für eine "stille Macht", die die Geschichte Roms mit prägte, aber selten in Inschriften oder Chroniken festgehalten wurde.

Vergleichen wir das antike Rom mit der heutigen matrilinearen Mosuo-Gesellschaft in China – die oft als matriarchal beschrieben wird – so liegt der primäre Unterschied in der Erbfolge. Bei den Mosuo erfolgt die Abstammung über die mütterliche Linie, und der biologische Vater übernimmt keine Verantwortung für seine eigenen Kinder. Stattdessen zieht er die Kinder seiner Schwester mit auf, da diese zur weiblichen Linie seiner Familie gehören. Abgesehen davon gibt es einige interessante Parallelen: In beiden Systemen spielt die Frau eine zentrale Rolle im häuslichen Bereich als Frau des Hauses, während die Männer vornehmlich in der Politik oder in öffentlichen Sphären aktiv sind und eine ähnliche Arbeitsteilung vorherrscht wie auch in patriarchal geprägten Gesellschaften. Natürlich ist diese Darstellung vereinfacht – die Mosuo-Gesellschaft umfasst etwa 50.000 Menschen, während Rom als antikes Weltreich eine ganz andere kulturelle und strukturelle Komplexität aufwies.[126]

---

[126] https://en.wikipedia.org/wiki/Mosuo

3.2 Sparta

Sparta, 480 v. Chr.: Lysandra, 18, trainiert Speerwurf im Olivenhain. Neben ihr übt eine Gruppe junger Frauen den Sprint – nicht aus Freude, sondern weil der Staat es befiehlt. Sparta braucht starke Mütter, die gesunde Söhne gebären. Lysandra darf Land besitzen, Ernten verwalten und im Gymnasium trainieren. Ihr Bruder Leonidas hingegen lebt seit seinem 7. Lebensjahr in der Kaserne. Er darf erst mit 30 heiraten, kann nur heimlich seine Frau besuchen und stirbt später bei den Thermopylen – ein Held, den niemand fragte, ob er es sein wollte.

Das spartanische Paradox: Ausgerechnet eine Militärdiktatur gewährte Frauen mehr Freiheit als das "demokratische" Athen. Spartas Frauen waren keine Feministinnen, sie waren wichtig für die Gesellschaft.

4. Fazit

Das Patriarchat ist die Wiege unserer Zivilisation, die Demokratie und Menschenrechte hervorbrachte, aber auch was die Feministen sagen. Vor allem ist es aber Geschichte in unserem Breitengrad. Lernt daraus, aber hört auf zu versuchen, jedes Unrecht darauf zurückzuführen oder neues damit zu begründen.

VI. Bildung und Schulwesen[127]

Mehrere Studien deuten darauf hin, dass Jungen in vielen Schulsystemen systematisch benachteiligt werden. Diese Benachteiligung manifestiert sich in verschiedenen Aspekten, die weit über individuelle Leistungen hinausgehen.

---

[127] https://tinyurl.com/53kksf68

Spiegel[128]

Der Spiegel meldete gerade, dass 2023 55 % der Abiturienten weiblich sind. Den ersten Abschluss nach der 9. Klasse holten wiederum 59 % der Jungs. 56 % der Wiederholer sind männlich. 15 % der Männer bis 24 haben keine abgeschlossene Berufsausbildung und bei den Mädels sind es 11 %. Das ist im Grund auch keine neue Entwicklung, denn Mädels führen das Gymnasium seit 1980 an.[129] Die Reaktionen könnten kaum unterschiedlicher sein: Manche äußern grundsätzliches Unbehagen an dieser Entwicklung, andere sehen vor allem ein "Frauenproblem" und fragen, warum Frauen dann schlechter bezahlt werden oder seltener in die begehrten CEO-Positionen aufrücken. Wieder andere nehmen in Kauf, dass aus Jungen mit Leseschwierigkeiten potenzielle Langzeitarbeitslose, Incel-Anhänger, suizidgefährdete Menschen, Wohnungslose, Red-Pill-Anhänger oder Anhänger extremistischer Gruppierungen hervorgehen – nicht selten aus Frust über den Überhang männlicher Führungskräfte etc. Auch dies lässt sich als eine Facette feministischer Debatten deuten, wenngleich nicht alle Feministen diese Perspektive teilen.

Meta-Analyse von Voyer & Voyer (2014)[130]

Die Meta-Analyse von Voyer & Voyer (2014) fasst zusammen, dass Mädchen in schulischen Noten durchgängig besser abschneiden als Jungen. Dieser Geschlechtsunterschied zeigt sich über verschiedene Fächer hinweg und ist in allen Altersstufen sowie sozioökonomischen Gruppen erkennbar. Die durchschnittliche Effektstärke (d = 0,23) deutet auf einen stabilen, aber kleinen bis moderaten Vorsprung der Mädchen hin. Besonders ausgeprägt ist dieser Unterschied in Schulformen mit direkter Hochschulzulassung (z. B. Gymnasien), wo die Effektstärke auf d = 0,39 ansteigt – ein Hinweis darauf, dass schulische Leistungsanforderungen oder Selektionsmechanismen den

---

[128] https://www.instagram.com/p/DH_K_MsKUu8/
[129] https://tinyurl.com/y6vn686s
[130] https://psycnet.apa.org/record/2014-15035-001

Geschlechtereffekt verstärken. Selbst an Universitäten bleibt der Vorsprung der Frauen mit d = 0,21 bestehen, wenn auch etwas reduziert.

Die Analyse umfasste Daten aus über 30 Ländern und untersuchte Studien, die zwischen 1914 und 2011 veröffentlicht wurden. Die Ergebnisse deuten darauf hin, dass der Notenvorsprung von Mädchen ein robustes, langfristiges Phänomen ist, das sich über fast ein Jahrhundert hinweg und in unterschiedlichen kulturellen Kontexten bestätigt. Als mögliche Gründe werden unter anderem Unterschiede in Motivation, Lernverhalten und sozialer Prägung diskutiert.

Geschlechtsspezifische Benotung

- **Italienische Studie (2022)[131]**
  Jungen erhalten bei gleichen Leistungen in Mathematik und Sprachen schlechtere Noten als Mädchen. Die Studie analysierte 38.957 Schüler der 10. Klasse und zeigte, dass Lehrkräfte Mädchen systematisch um durchschnittlich **0,4 Notenpunkte** bevorzugten.
- **OECD-Bericht (2015)[132]**
  In über 60 Ländern werden Mädchen systematisch besser benotet als Jungen, selbst bei gleichen Kompetenzen.

Stereotypisierung und selbsterfüllende Prophezeiungen

Studien der Universität Kent (2013)[133]
Fünf Studien belegen, dass Kinder ab 7 Jahren internalisieren, dass Jungen "schlechtere Schüler" seien. Diese Stereotype führen zu realen Leistungsdefiziten:

- **Studie 1: Mädchen ab 4 Jahren und Jungen ab 7 Jahren**
  glaubten, dass Erwachsene glauben, dass Jungen schlechter als Mädchen in der Schule sind

---

[131] https://www.tandfonline.com/doi/full/10.1080/01425692.2022.2122942
[132] https://www.bbc.com/news/education-31751672
[133] https://srcd.onlinelibrary.wiley.com/doi/10.1111/cdev.12079

- **Studie 2:** Manipulierte Stereotypenbedrohung, indem Kindern gesagt wurde, dass Jungs schlechter in der Schule seien. Dies **verschlechterte die Leistung der Jungen**, nicht aber die der Mädchen
- **Studie 3**: Wirkte dem Stereotyp entgegen, indem vermittelt wurde, dass **Jungen und Mädchen gleich gut abschneiden**. Dadurch **verbesserte sich die Leistung der Jungen**, ohne die der Mädchen zu beeinflussen

Zusätzliche Schwierigkeiten[134]

- Schule ist nicht an die Bedürfnisse von Jungs angepasst[135]
- Jungs haben öfter ADHS[136]
- Förderprogramme konzentrieren sich überwiegend auf Mädchen[137]

Indikator	Mädchen/Frauen	Jungen/Männer
Notenvorsprung Mädchen (d-Wert, Gesamt)	0,23	N/A
Notenvorsprung Mädchen (d-Wert, Gymnasium)	0,39	N/A

---

[134] https://boys-up.de/jungen-im-bildungsabseits/
[135] https://youtu.be/ZuAaD33vW5k?si=spUQGGIliUZ3hJ7-
[136] https://pmc.ncbi.nlm.nih.gov/articles/PMC3101894/
[137] https://tinyurl.com/mrxffrsb Kapitel 5.1

Abiturientenanteil	55 %	45 %
Abi-Gap	-	22
Erster Abschluss nach 9. Klasse	41 %	59 %
Wiederholer	44 %	56 %
Grade-Repeater-Gap	-	27,2
NEET-Rate (16-24 Jahre, England)	7 %	40 %
Förderprojekte (2012)	94	4
Support-Level-Gap	-	2250
Schulabbrecher[138]	10,4 %	15,2 %
Dropout-Gap	-	46,2

---

[138] https://tinyurl.com/8sv7zu25

Zur Funktionsweise der Gaps: Sie ähneln dem Gender-Pay-Gap. Ich habe bereits festgelegt, ob ein höherer oder niedrigerer Wert als positiv zu bewerten ist – z. B. mehr Förderung und weniger Schulabbrüche sind jeweils positiv. Da Jungen in beiden Kategorien die schlechteren Werte aufweisen, liegt der Gap bei beiden Indikatoren auf der Seite der Jungen.

The War Against Boys: How Misguided Feminism Is Harming Our Young Men

Christina Hoff Sommers ist eine konservative Philosophin und prominente Vertreterin des sogenannten "Equity Feminism". In The War Against Boys (2000) vertritt sie die These, dass radikale Formen des Feminismus das Bildungssystem in den USA (und darüber hinaus) so stark beeinflusst hätten, dass Jungen systematisch benachteiligt würden.

- Mädchen seien durch feministische Ideologien zur "privilegierten Geschlechterelite" aufgestiegen.
- Jungen hingegen würden schulisch abgehängt, diszipliniert und moralisch delegitimiert – "einfach weil sie Jungen sind".
- Die Lösung sieht sie in einer Rückkehr zu traditionellen Werten, Disziplin, Autorität und biologisch begründeten Geschlechterrollen.

Kontext zum Stand der Bildung in den USA

Highschoolschulabbrecher in den USA in %[139]					
	80	90	2000	2010	2020
Jungs	15,1	11,9	12	8,5	6,2
Mädchen	13,8	11,8	9,9	6,3	4,4

---

[139] https://www.smartick.com/data/charted-high-school-dropout-rates-in-the-united-states/

Dropout-Gap	9,4	0,8	21,2	34,9	40,9

Der Dropout-Gap ist der relative Unterschied zwischen den Raten. Wir sehen, dass mit sinkender Basisrate und relativ konstanter Differenz von ein bis zwei Prozent der Dropout-Gap steigt und damit auch das nominale Verhältnis von Männern zu Frauen. Demnach kommen auf 100 Abbrüche bei Frauen ganze 141 Abbrüche bei Männern. Was uns die Zahlen sagen ist, dass gesamtgesellschaftlich das Problem abnimmt, geschlechtsspezifisch aber zunimmt.

Andere Quellen zum Collegeabschluss. Frauen haben Männer da in den 90ern überholt.[140] Mehr Daten, aber nur bis 2010.[141]

Highschoolabschlüsse haben keine großen Unterschiede.[142]

Zentrale Kritikpunkte an Sommers' Buch laut Robert Menzies

Ideologisch motiviert

- Das Buch sei ideologisch motiviert und durchdrungen von moralischem Absolutismus, biologischem Determinismus und einem elitären Konservatismus, der nostalgisch auf eine "bessere" Vergangenheit zurückblickt.
- Sommers ist Fellow des rechtskonservativen American Enterprise Institute, was ihre politische Ausrichtung unterstreicht.
- ➢ Ich denke, dass stimmt soweit.

Surrealität der Darstellung

- Die Darstellung der feministischen Einflussnahme wirke überzogen, karikaturesk und stellenweise surreal.

---

[140] https://tinyurl.com/mtvbpvdn
[141] https://tinyurl.com/582wnh7v
[142] https://tinyurl.com/2zp498sf

- Die Vorstellung eines schulischen "Matriarchats", das gezielt Jungen unterdrückt, sei eine Dramatisierung, die sich nicht mit der Realität decke.
- ➢ Ich weiß nicht, wie surreal oder real ihre Darstellung ist. Was aber durchaus real war und ist, ist das Problem und dass die Leistung der Jungen schlechter ist, als die der Mädchen. Das habe ich für Deutschland schon untermauert und jetzt für die USA.

Scheinbare Wissenschaftlichkeit

- Sommers greift auf eine Auswahl von Studien und "Atrocity Tales" zurück, ohne systematische oder ausgewogene Forschung.
- Besonders ihre Angriffe auf Carol Gilligan seien vitriolisch und basierten auf einer undifferenzierten Ablehnung jeglicher genderkultureller Theorieansätze.
- Textstelle: Die ersten drei Kapitel legen Sommers' Hauptthese dar, die von der vermeintlichen Tyrannei der Geschlechtergleichstellung handelt. Sie führt eine Fülle von Quellen an, um zu belegen, dass Jungen Opfer einer von Feministinnen kontrollierten staatlichen Bildungsmaschinerie seien. Laut Sommers hat ein politisch korrekter Zirkel autoritärer Wohltäter …
- ➢ Also, was Frau Sommer da beschreibt, klingt ein bisschen nach Wokeness. Um 2000 vllt. noch in den Kinderschuhen, aber mittlerweile durchaus nichts Neues. Ich kann dazu ein interessantes Video empfehlen.[143]
- … verkörpert durch Organisationen wie die American Association of University Women, das Wellesley Center for Research on Women und das Women's Educational Equity Act Equity Resource Center – die Männlichkeit in den Schulen, wie auch anderswo, belagert. Unterschiedliche grausame Beispiele werden selektiv herangezogen, um zu schildern, wie gleichstellungsbesessene und "Gender"-begeistete Akademiker, Forschende und Entscheidungsträger sich verschworen hätten, junge Männer als kulturell defizitär und von Natur aus missbräuchlich darzustellen,

---

[143] https://youtu.be/sABcWG9OHOk?si=l5Q1DeWXxfkWn2pV

und wie sie Jungen zum Ziel niederträchtiger Gehirnwäschemethoden gemacht hätten, die eine ganze Generation von Männern in einen Zustand androgynen Unvermögens stürzen sollen.

> Ja, auch hier. Das ist ebenfalls kein Randphänomen elitärer Zirkel mehr, dessen Existenz man einfach leugnen kann. Man sieht es regelmäßig auf Social Media. Wir haben #killallmen, #menaretrash, Bär-vs.-Mann und junge Männer, die in Reels über Männer reden, als wäre böse die grundlegendste Eigenschaft, die Männer beschreibt.

Biologischer Essentialismus

- Sommers' These, dass geschlechtsspezifisches Verhalten biologisch festgelegt sei ("boys will be boys"), spiegele denselben Essentialismus wider, den sie selbst den Feministinnen vorwirft – nur aus entgegengesetzter Richtung (biologisch statt kulturell begründet).

> Sommer ist nicht die Einzige, die um diese Zeit so argumentiert hat. In Deutschland gab es zum Beispiel Vera F. Birkenbihl, und diese Frau war regelrecht eine wandelnde Quellensammlung. Auch war Frau Birkenbihl's Argumentation meiner Einschätzung nach weniger ideologisch, wenn überhaupt.[144] [145] Manchmal ist die Unterscheidung zwischen kulturell und biologisch nicht zielführend – etwa dann, wenn die entscheidende Frage lautet: Was hilft Jungen am meisten? In solchen Fällen liefert oft der Ist-Zustand selbst die besten Hinweise auf wirksame Ansätze.

Instrumentalisierung des Themas

- Das Buch sei kein neutraler Beitrag zur Bildungspolitik, sondern ein Instrument des "new right male agenda", also ein Teil einer

---

[144] https://youtu.be/FLlc45TDx5I?si=S9dV8cabs9Lznxbc
[145] https://youtu.be/7A0ZfAoKPrA?si=4s6SiFGyZyG31EHi

politischen Rückzugsbewegung gegen feministische Errungenschaften.

- Es sei Teil einer breiteren "Backlash"-Literatur, die versucht, den Gleichstellungsdiskurs zurückzudrehen.

➤ Ich persönlich halte mich bewusst aus der Frage heraus, ob die Angleichung der Geschlechter durch Sozialisierung grundsätzlich gut oder schlecht ist. Letztlich ist es weder bewiesen noch widerlegt – und vermutlich werden wir es erst wissen, wenn eine Gesellschaft diesen Zustand über längere Zeit realisiert und sich daran angepasst hat. Gleichzeitig gibt es Hinweise, die skeptisch stimmen: Das sogenannte Gender-Equality-Paradox[146] oder dass Frauen in egalitäreren Gesellschaften teils unzufriedener sind – etwa, wenn Männer den gesamten Haushalt übernehmen (und dies bei Frauen Schuldgefühle auslöst).[147] Auch der globale Trend der weiblichen psychischen Gesundheit zeigt nach unten.[148] Studien deuten darauf hin, dass konservative Frauen im Schnitt glücklicher sind als liberale (37 % vs. 12 %).[149] Natürlich gibt es Gegenstudien, Erklärungsansätze und auch Forschung, die positive Effekte von Gleichstellung belegt. Deshalb habe ich im Rahmen des Buches bewusst versucht darauf verzichtet, ein eindeutiges Urteil zugunsten traditioneller oder progressiver Rollenbilder zu fällen. Vielleicht liegt die Antwort auch darin, dass man seine eigene Lebensweise wählen kann – ohne die ständige ideologische Suggestion von rechts oder links.

Vernachlässigung struktureller Probleme

- Sommers ignoriere soziale, ökonomische und rassistische Ungleichheiten und fokussiere sich allein auf eine moralische Krise der Jungen.

---

[146] https://tinyurl.com/2p3p3wd8
[147] https://tinyurl.com/39ycxr5t
[148] https://www.science.org/doi/10.1126/sciadv.adt1646
[149] https://tinyurl.com/2p2sry6k

- Ursachen wie Armut, Rassismus, Heterosexismus oder systematische Benachteiligung werden komplett ausgeblendet.
- ➤ Das ist auch nicht das Thema des Buches, wie es scheint und logisch, erstmal irrelevant für die geschlechtervergleichende Betrachtung, denn diese Gegebenheiten werden bei Jungs und Mädchen wohl in ähnlichen Mengen zu finden sein. Also, man kann sich das angucken, aber der Vergleich zwischen Jungs und Mädchen und dass Jungs schlechter dastehen, ist meistens konstant (nur Michigan, aber ich fand die Tabelle übersichtlich).[150] Eine andere Quelle zeigt das Verhältnis von Männern zu Frauen, die einen Bachelor abschließen und wir sehen, dass das Verhältnis da am schlimmsten ist, wo ich jetzt am meisten Rassismus vermuten würde. Vllt. weil die Förderung der Frauen gut funktioniert?

Frauenanteil mit Bachlor[151]

- Schwarze Menschen: 65,2 %
- Menschen lateinamerikanischer Herkunft: 62,3 %
- Weiße Menschen: 57,3 %
- Asiaten: 55,3 %
- Eine andere Quelle spricht von 38 % aller schwarzen Frauen und 26 % der schwarzen Männer. Was immer noch ein Verhältnis von 59,4 % Frauen ist, während das Verhältnis für alle bei 56 % liegt.[152]
- ➤ Wie sieht die Singlerate dazu aus?

Singleraten (25–54 Jahre)[153]

- Schwarze Männer: 55 %
- Schwarze Frauen: 62 %
- Lateinamerikaner: 38 %
- Weiße: 33 %
- Asiaten: 29 %

---

[150] https://www.mlive.com/news/kalamazoo/2012/04/a_closer_look_at_the_gender_ga.html
[151] https://www.rsfjournal.org/content/11/1/154
[152] https://tinyurl.com/4wskhkxm
[153] https://tinyurl.com/b76r2dr9

Doppelstandards in der Argumentation

- Während Sommers feministische Theorien als ideologisch und anti-männlich abtut, betreibt sie selbst eine ideologische Agenda – und zwar im Namen "wahrer" Gleichberechtigung, jedoch mit konservativ-hierarchischen Geschlechterrollen.
- Zitat: "Sommers's arch-conservative politics of nostalgia, her hierarchical vision of gender relations, her caricature of 'gender feminism' as anti-male, and her identification with the 'men's rights' movement are all the more accentuated by her professed allegiance to 'real' feminist values."
- Ihre Verurteilung von (‚radikalen' und ‚autoritären' Versionen) des Feminismus im Namen der Frauen und im Auftrag der Männer ist lediglich eine weitere ermüdende Ausführung dieses chronisch wiederkehrenden Themas in der anti-feministischen Literatur. Letztlich ist The War against Boys – abgesehen davon, dass es die Aufmerksamkeit auf Jungen statt auf Männer richtet und eine einfallsreiche Kritik an der liberalen Bildung als frauenfeindliches Establishment übt – am besten als eines von vielen Gegenreaktionsbüchern zu sehen, die in den letzten zehn Jahren den akademischen und populären Markt überschwemmt haben. Wenn Sommers also bloß alte Argumente neu aufbereitet, warum sollten Feministinnen und sozialrechtliche Wissenschaftler überhaupt auf The War against Boys und ähnliche Publikationen achten? Warum sollten wir diesem politisch veralteten, wissenschaftlich fragwürdigen und entschieden androzentristischen Pamphlet Raum auf den Seiten des Canadian Journal of Women and the Law und anderen progressiven akademischen Foren geben? Meiner Ansicht nach ist der eigentliche Inhalt von The War against Boys, die Strenge von Sommers' Forschung und die Qualität ihrer Wissenschaftlichkeit letztlich zweitrangig – vielleicht sogar vollständig irrelevant für den unbestreitbaren Status dieses Buches als zeitgenössisches feministisches Anliegen. Die wirkliche Wirkung und die damit verbundene Gefahr von Sommers' Schriften liegen

vielmehr in ihrem instrumentellen und symbolischen Wert als ideologisches Medium der neuen rechten Männeragenda.

➢ Zusammengefasst könnte man sagen: Sie macht im Grunde dasselbe wie der Feminismus – nur in die entgegengesetzte Richtung. Und daraus folgt dann: Also sollten wir sie canceln. Natürlich ist das jetzt ein etwas zugespitztes Beispiel, aber es war nun mal das erste, das mir begegnet ist. Meine Reaktion darauf ist vielleicht etwas scharf – zumal oder gerade weil ich die tatsächlichen Zustände an amerikanischen Universitäten oder Schulen nicht aus erster Hand kenne und darauf nicht eingehen kann. Trotzdem erinnert mich das stark an das, was in dem oben empfohlenen YouTube-Video dargestellt wird. Und wenn wir heute, rund 20 Jahre später, Bilanz ziehen, dann scheint der Grundtrend sich fortgesetzt zu haben.

Leaky Pipeline

Unter dem Schlagwort "Leaky Pipeline" versteht man das stetige Absinken des Frauenanteils in Wissenschaft und Forschung entlang der Qualifizierungsstufen und Karriereetappen. Trotz steigender Bildungsabschlüsse von Frauen, vielfältiger Förderprogramme, Gleichstellungspolitiken und spezieller Initiativen im MINT-Bereich – etwa Mentoring und Gender Mainstreaming – lässt sich in vielen Disziplinen nach wie vor ein vergleichsweise niedriger Frauenanteil beobachten. Man verweist auf weiterhin bestehende strukturelle Ungleichheiten zwischen Männern und Frauen.[154]

Promotionen

Ende 2023 waren in Deutschland 204 900 Promovierende an Hochschulen eingeschrieben – 400 Personen bzw. 0,2 % weniger als 2022. Laut Destatis lag der Frauenanteil unverändert bei 47,22 % (98 800), der Männeranteil bei 51,78 % (106 100).[155]

---

[154] https://www.uni-paderborn.de/gleichstellung/genderportal/gender-glossar/leaky-pipeline
[155] https://www.destatis.de/DE/Presse/Pressemitteilungen/2024/08/PD24_315_213.html

Wenn man den Männerüberschuss bei Promovierenden isoliert auf biologische und demografische Effekte zurückführt, erhält man:

1. **Pipeline-Verlust durch Mutterschaft** wurde von mir auf einen Männer-Vorteil von **+1,0 PP** gesetzt
2. **Demografische Kohorte** im typischen Promovierenden-Alter (25–34 Jahre) ergibt einen Männer-Vorteil von **+3,4 PP**.
3. **Kognitive Spitzenvarianz** (*Greater-Male-Variability*) führt zu einem Männer-Vorteil von **+33,3 PP**.

Zusammen ergibt das einen ~37,2 PP Männer-Vorteil → prognostizierter Männeranteil ≈ **68,6** % vs. Frauen ≈ 31,4 %, und was wir real haben, sind 54 % Männer bei Promotionen in Deutschland.

1. Pipeline-Verlust durch Mutterschaft

- **68,4 %** der Frauen im Alter von 20–75 Jahren sind Mütter (Mikrozensus 2022: 20,3 Mio. von 29,7 Mio. Frauen).[156]
- 7–8 % der aktiven Doktoranden in den USA haben Kinder[157]
- 13–14 % der 25.000 Frauen in den USA, die ihren PhD abschließen, sind Mütter[158]
- In Deutschland sind 16,7 % der promovierenden Frauen Mütter[159]
- 42 % der Mütter und 15 % der Väter in den USA geben innerhalb von drei Jahren nach der Geburt eines Kindes eine Vollzeitbeschäftigung im MINT-Bereich auf[160]
- Eine weitere Studie aus dem Jahr 2011 ergab, dass verheiratete Frauen mit Kindern nach dem PhD-Abschluss etwa 35 Prozent weniger wahrscheinlich eine Tenure-Track-Position antreten als verheiratete Männer mit Kindern
- Darüber hinaus erreichen sie zu 27 Prozent seltener eine Tenure[161]

---

[156] https://tinyurl.com/mwapmasu
[157] https://journals.indianapolis.iu.edu/index.php/advancesinsocialwork/article/download/23220/23016
[158] https://ijds.org/Volume15/IJDSv15p089-110Mirick5906.pdf
[159] https://tinyurl.com/yc8v3wry
[160] https://tinyurl.com/53ysyae5
[161] https://www.bu.edu/articles/2019/pregnant-and-phd/

- Die Abbrecherquote unter allen Doktoranden ist in Nordamerika hoch – Schätzungen zufolge brechen 40 % bis 50 % ihr Studium ab.[162]
- Kinder vor der Tätigkeit als Postdoktorand zu bekommen, führt bei Männern zu einer 19-prozentigen Wahrscheinlichkeit, das Studium abzubrechen, im Vergleich zu 32 Prozent bei Frauen. Neue Kinder nach Beginn der Postdoktorandenarbeit führen zu einem Unterschied von 20 Prozent bei Männern und 41 Prozent bei Frauen.[163]
- Kürzlich gewordene Mütter haben nahezu dreimal so häufig ihre Karriere im MINT-Bereich aufgegeben wie Väter oder kinderlose Kollegen.[164]

Anscheinend ist es aufgrund der komplexen Wechselwirkungen verschiedener Faktoren schwierig, einen genauen Prozentsatz des "Pipeline-Abbruchs" zu isolieren, der ausschließlich auf die Mutterschaft zurückzuführen ist. Oft wird erwähnt, dass die Mutterschaft den sogenannten Pipeline-Leak zwar nicht vollständig erklärt, aber einen (großen) Anteil daran hat. Gemeint ist in den unteren akademischen Ebenen signifikant, in Professur und Tenure wird es kein bis weniger.[165] Ironischerweise würde ich jetzt, um gegen Frauenquoten zu argumentieren, mehr Elternquoten vorschlagen, aber ich bin da wohl nicht der Erste, der darauf gekommen ist. Quoten sind auch nicht das einzige Problem. Elternsein, insbesondere für Mütter, erschwert die Forschungsarbeit und es gibt hier strukturelle Hürden, die abgebaut werden sollten. Man kann auch hier eine Diskussion über Sozialisierung und eine biologisch erklärbare Präferenz der Frau, die Mutterschaft vorzuziehen, führen, und man wird wieder zu keinem Ergebnis kommen. Auch die Gesamtrate der Elternschaft legt nicht gerade nahe, dass die Studenten finden, dass das eine gute Lebensphase ist, um Kinder zu bekommen.

---

[162] https://tinyurl.com/bdhy459j
[163] https://pmc.ncbi.nlm.nih.gov/articles/PMC3939045/
[164] https://awis.org/resource/motherhood-causing-critical-leak-stem-pipeline/
[165] https://www.sciencedirect.com/science/article/pii/S0277539524001407?#s0120

Da ich hier keine verwendbaren Daten gefunden habe, nehme ich einfach + 1 PP also 50,5 % vs. 49,5 % Männervorteil um die Rechnung einmal zu demonstrieren, aber es ist doch ein bisschen mehr als das.

2. Demografische Kohorte (25–34 Jahre)

Zielgruppe Promovierender: Meist Alter **25–34 Jahre**.
2022 lebten in Deutschland in dieser Altersgruppe:[166]

Männer: 5.485.485; Frauen: 5.112.229; Gesamt: 10.597.714

Männeranteil: 5.485.485 / (5.485.485 + 5.112.229) $\approx$ **51,76 %** $\rightarrow$ **+3,4 PP** Männer-Vorteil.

3. Kognitive Spitzenvarianz (*Greater-Male-Variability*)[167]

- Meta-Analysen bestätigen, dass Männer in kognitiven Tests eine höhere Varianz aufweisen (Variabilitätshypothese). Im oben verlinkten Wikipedia-Artikel finden sich zahlreiche Studien dazu: Einige führen die Unterschiede auf biologische Ursachen zurück, andere heben vor allem soziologische Faktoren hervor – und bis heute bleibt umstritten, in welchem Maß jeder dieser Erklärungsansätze zutrifft.
- PhD-Studenten haben einen IQ von 125.[168] [169] Ab 125 kommen auf 2 Männer eine Frau mit diesem IQ.[170] Was 67 vs. 33 repräsentiert oder **+ 33,3 PP**.

Ok, ich würde ja gerne dazu neigen, es einfach zu addieren, aber dann fehlt die Überlappung.

- 666/333 x 517/483 x 505/495 = 2.184

---

[166] https://ugeo.urbistat.com/AdminStat/de/de/demografia/eta/deutschland/276/1
[167] https://en.wikipedia.org/wiki/Variability_hypothesis
[168] https://academiainsider.com/iq-phd/
[169] https://www.religjournal.com/pdf/ijrr10001.pdf
[170] https://tinyurl.com/3pjs5wtk

➢ 2.184 + 1 = 3.184
➢ 1 / 3.184 = **0.314**
➢ 0.314 x 2.184 = **0.686**
➢ 68,6 % vs. 31,4 %

Die **biologisch-demografische Prognose** von **68,6 %** für Männer liegt damit ein bisschen über den tatsächlich **54 %** und könnte eine Unterrepräsentation von Männern darstellen. Gründe dafür könnten sein, dass strukturelle Benachteiligungen von Jungen im Schulsystem übersehen und parallel gezielt Mädchen gefördert wurden sowie dass an manchen Universitäten bei begrenzten Plätzen und gleicher Qualifikation Frauen bevorzugt aufgenommen werden.[171] [172] [173]

Die Variabilität der Extreme

Die vorangegangene Betrachtung der Verteilung von Promovierenden in Deutschland und die Herleitung einer Prognose von 68,6 % männlichen Promovierenden (auf Basis demografischer Verschiebungen, des Pipeline-Verlusts durch Mutterschaft und der kognitiven Spitzenvarianz) wirft wichtige Fragen auf. Insbesondere der Faktor der *Greater-Male-Variability*, der einen erheblichen Anteil an der prognostizierten Diskrepanz hat, bedarf wahrscheinlich weiterer Erläuterungen, um Missverständnisse zu vermeiden.

Was verbirgt sich hinter *Greater-Male-Variability*?

Greater-Male-Variability beschreibt die empirisch belegte Tatsache, dass bei Männern die Streuung in bestimmten kognitiven Fähigkeiten – etwa bei standardisierten Intelligenztests (IQ-Tests) – größer ist als bei Frauen. Wichtig ist: Dies bedeutet nicht, dass Männer im Durchschnitt intelligenter sind; die Mittelwerte beider Gruppen können sehr ähnlich oder identisch sein. Vielmehr zeigen sich bei Männern häufiger extreme

---

[171] https://tinyurl.com/478uw9kk
[172] https://www.uni-due.de/physik/gleichstellung/gleichstellungsmassnahmen.php
[173] https://tinyurl.com/c2z7rcae

Werte (sowohl sehr niedrige als auch sehr hohe), während Frauen tendenziell stärker um den Mittelwert herum gruppiert sind.

In der psychometrischen Forschung ist die Existenz dieser Verteilung weitgehend anerkannt.[174] Zahlreiche Meta-Analysen und Einzelstudien belegen, dass männliche Stichproben bei IQ-Tests höhere Variationsbreiten aufweisen. Die Debatte dreht sich eher darum, welche Ursachen (biologische vs. soziale) dieser größeren Streuung zugrunde liegen und welche Implikationen sich daraus für Bildung und Forschung ergeben. Das ist für unsere Berechnung allerdings irrelevant.

Warum ist *Greater-Male-Variability* für unsere Prognose relevant?

Für die Abschätzung der erwarteten Geschlechterverteilung bei Promotionen zählt zunächst nur die aktuell beobachtete Verteilung, unabhängig von der Begründung, warum es so ist.. Ein einfaches Rechenbeispiel macht das Prinzip deutlich: Stelle dir zwei Gruppen vor, A und B. Gruppe A ist doppelt so groß wie Gruppe B. Beide würfeln mit fairen Würfeln. Mathematisch ist zu erwarten, dass Gruppe A annähernd doppelt so viele "Sechsen" wirft wie Gruppe B – ohne Rücksicht darauf, warum Gruppe A eigentlich größer ist. Dieser Effekt entsteht allein durch die unterschiedliche Gruppengröße und den Zufallsprozess.

Überträgt man dieses Konzept auf IQ-Verteilungen, versteht man, warum ein IQ von 125 in absoluten Zahlen bei Männern häufiger vorkommt, sobald in der Ausgangspopulation mehr Männer vertreten sind. Tatsächlich zeigen Analysen, dass ab einem IQ-Cutoff von 125 eine Ratio von ca. 2 : 1 zugunsten von Männern entsteht. Dies heißt: Unter denjenigen, die wirklich "extrem hohe" IQ-Werte ($\geq$ 125) erzielen, sind etwa doppelt so viele Männer wie Frauen zu finden.

---

[174] https://tinyurl.com/2u53d65p

Warum ein bloßer Blick auf Chancengleichheit ohne Berücksichtigung der Variabilität irreführend wäre

Eine rein "ideale" Annahme, die von einer 50:50-Verteilung bei gleicher Qualifikation ausgeht, ignoriert die tatsächliche Verteilung von kognitiven Spitzenprofilen. Die höhere Varianz bei Männern führt dazu, dass sich an den Rändern (IQ $\geq$ 125) mehr Männer ansammeln, und somit auch die Auswahlpools für Promotionsstipendien und -stellen eine andere Basis haben.

Kritik

Diese Argumentation wird in der Regel an einigen Punkten kritisiert, also gehen wir auf einige Punkte ein.

- **Verkürzte Darstellung**
  - ➢ Absolut, deswegen und aus anderen Gründen müsste die aktuelle Verteilung regelmäßig neu ermittelt werden.
- **Biologie vs. Sozialisation**
  - ➢ Mathematisch für den Istzustand irrelevant, allerdings ist Soziologie einer der anderen Gründe, warum die Verteilung regelmäßig neu ermittelt werden muss.
- **Reduzierung von Erfolg auf IQ**
  - ➢ Absolut nein. Ich bin absolut dafür, alle relevanten, messbaren und verrechenbaren Eigenschaften zu berücksichtigen, um ein möglichst repräsentatives Profil zu bekommen.
- **Abweichung in der IQ Erfassung, Methodik etc.**
  - ➢ Absolut, das hier ist nur eine vereinfachte Annäherung. Wenn man das in der Praxis anwenden will, braucht man wohl qualitative und repräsentative Daten und jemand, der Wahrscheinlichkeitsrechnung beherrscht.
- **Mathematik ist potenziell simplifizierend**
  - ➢ Je größer die Grundmenge, desto näher wird man an das kommen, was fair im Verständnis von Chancengleichheit sein sollte. Und man kann durchaus andere Eigenschaften berücksichtigen. Es ist nicht zu erwarten, dass es perfekt sein

wird; allein der Wahrscheinlichkeitsexperte wird wohl einen Bereich und keinen Punkt errechnen. Auch wird es Eigenschaften geben, die sich nicht so einfach messen und verrechnen lassen. Allerdings glaube ich, dass das, was hier herausgefunden wird, eben fairer ist, als wenn man es ignoriert.

- **Vllt. Kritik an meinem Verständnis von Chancengleichheit**
  - ➢ Im Grunde wurde dies bereits erklärt, als es um die Diskussion um die 2-Meter Menschen ging, und das Prinzip ist hier nicht sonderlich anders. Wenn man zwei Gruppen hat, in der einen 2000 Leute und in der anderen 1000, und nun sollen 300 Personen für bestimmte Projekte ausgewählt werden, dann ist Chancengleichheit, wenn diese 300 Personen zufällig aus der Gesamtmenge von 3000 Personen ausgewählt werden. Was hingegen keine Chancengleichheit darstellt, ist die automatische Auswahl von 150 Personen aus jeder Gruppe, nur um eine zahlenmäßige Gleichheit herzustellen. Chancengleichheit bezieht sich hier auf die gleiche Möglichkeit des Zugangs zum Auswahlpool, der die realen Verteilungen und Proportionen der Gesamtpopulation widerspiegelt.
- **Quoten**
  - ➢ Mit Quoten hat diese Abhandlung nichts zu tun. Auf das Thema Quoten gehe ich in einem anderen Kapitel näher ein. Hier wurden Quoten nur kurz erwähnt, um sie als möglichen Grund für Abweichungen vom Erwartungswert zu benennen. Ein Punkt ist vllt. erwähnenswert, das was hier als fair bezeichnet wurde, muss nicht dasselbe fair sein, wovon ich im Kontext von Quoten spreche, denn da kann Sozialisierung eine Rolle spielen.

Professur

Ende 2023 waren in Deutschland 51 873 hauptberufliche Professorinnen und Professoren beschäftigt, davon 29 % Frauen (ca. 14 934) und 71 % Männer (ca. 36 939).[175] Auch hier ließe sich das

---

[175] https://tinyurl.com/38tpxxvm

bekannte Spiel wiederholen: Allein Mutterschaft erklärt den Geschlechterunterschied nicht, während die größere IQ-Varianz bei Männern – vorausgesetzt, der durchschnittliche IQ läge etwas über 125 – einen erheblichen Beitrag leisten würde. Berücksichtigt man beide Faktoren, steht man erneut vor der Frage, welcher Anteil auf Sozialisierung und welcher auf biologische Ursachen zurückzuführen ist.

Fazit

Die gesammelten Ergebnisse zeigen, dass das Bildungssystem – obwohl standardisierte Tests oft keine signifikanten Geschlechterunterschiede aufweisen – in der alltäglichen Benotung systematisch Jungen benachteiligt. Diese Benachteiligung äußert sich in niedrigeren Noten, höheren Dropout-Raten und langfristig geringeren Berufschancen sowie einem reduzierten Selbstwertgefühl. Die zahlreichen Studien unterstreichen, dass es sich hierbei um ein strukturelles Problem handelt, das tief in den kulturell geprägten Bewertungsnormen des Schulwesens verankert ist. Diese systematische Benachteiligung von Jungen widerspricht den Prinzipien eines ausgewogenen Bildungssystems und hat weitreichende negative Folgen für die Zukunftschancen und das Selbstbewusstsein der betroffenen Schüler.

VII. Wirtschaft, Arbeitsmarkt und Berufswelt

Auch im Arbeitsmarkt zeigen sich spezifische Herausforderungen für Männer, die oft im Widerspruch zu den geförderten Strukturen und Erwartungen stehen. Genauere Analysen zeigen, dass der unbereinigte Gender-Pay-Gap in Deutschland 2024 bei etwa 16 % liegt, sich nach Berücksichtigung von Beruf, Bildung und Arbeitszeit jedoch auf rund 6 % reduziert. Teillücken entstehen u. a. durch unterschiedliche Verhandlungsbereitschaft, Karriereunterbrechungen infolge von Elternzeiten und subtile Diskriminierung bei Beförderungen. Paradoxerweise schwindet die Lücke in Ländern mit hoher Lohngleichheit kaum. In einigen Fällen verdienen Frauen pro Stunde mehr als Männer (Luxemburg 2023: −0,9 %).[176] Gleichzeitig zeigen Metaanalysen, dass Frauen im Mittel stärkere Präferenzen für menschenbezogene Tätigkeiten haben (d = 0,93), während Männer sich mehr für "Dinge" interessieren.[177]. Diese Präferenzen bleiben auch nach gezielten MINT-Förderprogrammen stabil und nehmen in egalitären Staaten sogar zu (Gender-Equality-Paradox).[178] Der technologische Strukturwandel benachteiligt vor allem junge Männer: In Großbritannien verdienen Vollzeit-Frauen (16–24) im Schnitt £2.200 mehr als Männer, während ihre NEET-Rate um 40 % gestiegen ist.[179] Während die Quote früherer Schulabgänge in der EU insgesamt rückläufig ist und 2023 bei 9,5 % lag, verzeichnete Deutschland im gleichen Zeitraum einen Anstieg: Von 9,8 % im Jahr 2013 stieg die Quote um 3 Prozentpunkte auf 12,8 % – deutlich über dem EU-Ziel von unter 9 %. Besonders auffällig ist der geschlechtsspezifische Unterschied: Mit 15,2 % liegt die Quote junger Männer um 4,8 Prozentpunkte über der, der jungen Frauen (10,4 %). Dieser Unterschied hat sich seit 2013, als er noch bei 0,9 Prozentpunkten lag, mehr als verfünffacht – vor allem aufgrund des deutlichen Anstiegs bei jungen Männern. Auch beim Migrationshintergrund zeigen sich erhebliche Disparitäten: Während 2023 9,7 % der in Deutschland geborenen 18- bis 24-Jährigen die Schule frühzeitig verließen, lag der Anteil bei im Ausland Geborenen mit 29,4 % rund dreimal so hoch. Besonders stark betroffen waren junge Menschen, die außerhalb der EU geboren wurden – mit einer Quote von 33,5 %.[180] Frauen arbeiten im Schnitt 34,3 h, Männer 40,2 h pro Woche. Trotz egalitärer Rhetorik bleibt in den meisten EU-Haushalten der Mann Hauptverdiener; Hypergamie verstärkt Rollenzwänge.

[176] https://unric.org/en/gender-equality-smaller-pay-gaps-in-belgium-italy-and-luxembourg/
[177] https://pubmed.ncbi.nlm.nih.gov/19883140/
[178] https://journals.sagepub.com/doi/10.1177/0956797617741719
[179] https://www.centreforsocialjustice.org.uk/library/lost-boys
[180] https://tinyurl.com/8sv7zu25

1. Einführung

Ökonomische Ungleichheiten lassen sich nicht monokausal auf Diskriminierung zurückführen, sondern resultieren aus dem Zusammenwirken individueller Präferenzen, historischer Rollenvorgaben und aktueller Arbeitsmarktbedingungen. Während feministische Diskurse häufig strukturelle Benachteiligung von Frauen thematisieren, leiden bildungsferne Männer unter Arbeitsplatzverlust durch Automatisierung und Ausbildungsdefiziten. Um eine faire Debatte zu ermöglichen, müssen wir untersuchen, wer unter welchen Umständen verliert oder gewinnt – und welche politischen Maßnahmen beiden Gruppen gerecht werden können.

2. Weibliche Führungskräfte

Werfen wir erst einmal einen Blick auf die Verteilung weiblicher Führungskräfte. Im Jahr 2022 war nur knapp jede dritte Führungsposition von Frauen besetzt (28,9 Prozent). In akademischen Berufen, zum Beispiel bei Ärzten, Juristen oder Lehrkräften, lag der Frauenanteil mit 49,5 Prozent deutlich höher. Ein Trend, der schon länger anhält: Seit den 1990er-Jahren hat sich der Anteil von Frauen in akademischen Berufen deutlich erhöht – ein ziemlicher Unterschied im Vergleich zur allgemeinen Entwicklung weiblicher Führungskräfte. Besonders hoch ist der Anteil an weiblichen Führungskräften im öffentlichen Dienst (43 Prozent) und bei NGOs (42 Prozent). Bei kleinen und mittelständischen Unternehmen sind die Chefs hingegen meist männlich – der Frauenanteil liegt hier bei nur 16 Prozent.[181]

Der Punkt, der eindeutig außerhalb der *Greater-Male-Variability* und *Motherhood-Penalty* liegt, ist KMU mit 16 %.

---

[181] https://www.academics.de/ratgeber/weibliche-fuehrungskraefte

Wie viele Führungskräfte gibt es? Eine Frage der Definition.

- 2013 waren in der deutschen Privatwirtschaft schätzungsweise etwas mehr als vier Millionen angestellte Führungskräfte beschäftigt, von denen 29 % Frauen waren.[182]
- Im Berichtsjahr 2017 gab die Beschäftigungsstatistik rund 1.118.000 Führungskräfte und 749.000 Aufsichtskräfte an, während die Mikrozensus-Hochrechnungen 1.167.000 in Führungsfunktionen und 1.048.000 in Aufsichtsfunktionen auswiesen.[183]

Mehr Daten:

- Im Jahr 2022 gehörten mit 3,1 Millionen Betrieben rund 99,3 % aller Unternehmen zur Gruppe der kleinen und mittleren Unternehmen (KMU).[184]
- Es zeigt sich, dass der Anteil der eigentümer- und familiengeführten Unternehmen im Berichtsjahr 2014 bei 93,6 % liegt. (An allen Unternehmen.)[185]
- Private Unternehmen und Betriebe insgesamt 3.228.000[186]
- Familienkontrollierte Unternehmen 2.919.000
- Eigentümergeführte Familienunternehmen 2.838.000
- Im Jahr 2023 wurden in Deutschland rund 602.000 kleine und mittlere Unternehmen (KMU) von Frauen geführt, was einem Anteil von 15,8 % entspricht. Die Basis aller KMU sind hier 3,8 Millionen.[187]
- Der bislang nur geringfügige Anstieg des Frauenanteils im Unternehmertum erklärt sich vor allem dadurch, dass Frauen insgesamt seltener ein eigenes Unternehmen gründen – und dieser Trend zuletzt sogar rückläufig war. Für viele bleibt die klassische

[182] https://tinyurl.com/ynk2w52s
[183] https://tinyurl.com/mz7vtu3e
[184] https://tinyurl.com/3ef2tekb
[185] https://tinyurl.com/msxnj4a8
[186] https://tinyurl.com/mrukw9tm
[187] https://tinyurl.com/mtw8h9v6

Anstellung attraktiver als das Unternehmertum, sodass sich Frauen häufig gegen den Schritt in die Selbstständigkeit entscheiden.

- In frauengeführten mittelständischen Unternehmen beträgt der Frauenanteil in Führungspositionen im Mittel 77 %.
- In männergeführten KMU liegt der Frauenanteil in Führungspositionen bei nur 16 %.
- Der "Unternehmer-Gender-Pay-Gap" lag 2017 bei 44 %.[188]

Ein großer Teil des Problems der geringen Frauenquote in Führungspositionen scheint in kleinen und mittelständischen Unternehmen (KMU) zu liegen. Diese Unternehmen machen den überwiegenden Teil der Wirtschaft aus, werden aber häufig übersehen, wenn es um Gleichstellungsfragen geht. Um hier für mehr Ausgewogenheit zu sorgen, wären mehr Unternehmensgründungen durch Frauen ein wirkungsvoller Hebel. Studien zeigen, dass Frauen in Führungsrollen tendenziell häufiger andere Frauen fördern – ein Effekt der sogenannten Homosozialität. Alternativ müsste man versuchen, bestehende Strukturen zu verändern, etwa indem man männlichen Entscheidern bewusst macht, wie stark ihre Führungskräftewahl durch homosoziale Präferenzen geprägt ist – also durch die Neigung, ähnliche Personen (in diesem Fall: Männer) zu bevorzugen. Es bleibt allerdings fraglich, wie wirksam Appelle gegen diese tief verankerten, oft unbewussten Muster sein können – und ob der nachhaltigere Weg nicht doch darin liegt, mehr weibliche Netzwerke und Gründungsstrukturen zu stärken.

3. Fehlende Fördermaßnahmen

In Branchen, die traditionell von Frauen dominiert werden – etwa in Erziehung, Pflege oder Sozialarbeit – fehlen häufig gezielte Fördermaßnahmen für Männer. Es gibt seltener Männerquoten oder spezielle Programme, die männliche Fachkräfte unterstützen.[189] Dies führt dazu, dass Männer, die in diesen Bereichen tätig werden möchten,

---

[188] https://tinyurl.com/umzb482r
[189] https://life-online.de/die-auswertung-fuer-den-girlsday-und-boysday-2024-ist-da/

häufig auf strukturelle Hürden stoßen, die sie benachteiligen, allerdings ist es die letzten Jahren auch besser geworden, so ist der Anteil männlicher Erzieher zwischen 2012 und 2022 von 4,2 auf 7,9 % gestiegen.[190]

Deutschland nimmt bei der Förderung von Geschlechtergleichstellung weltweit eine Spitzenposition ein.[191]

4. Erwartungsdruck

Männer stehen im Berufsleben häufig unter erheblichem Erwartungsdruck. Gesellschaftlich wird von ihnen verlangt, sich als "self-made" zu beweisen – also Erfolg allein durch eigene Leistung zu erzielen. Diese Vorstellung, kombiniert mit dem Anspruch, sich über den Beruf zu definieren, führt bei vielen Männern zu einer enormen inneren Anspannung. Nicht selten treibt sie das bis an die Grenze der Belastbarkeit. Wie aktuelle Umfragen zeigen, sind es bei Männern vor allem selbst auferlegte Anforderungen, die Stress verursachen – weniger äußere Faktoren wie Chefs oder Kollegen. Dieser Wunsch nach Perfektion im Job kann langfristig zu Burnout und psychischen Erkrankungen führen.

Auch wenn Männer sich seltener selbst als "sehr gestresst" einstufen als Frauen, sind die Folgen beruflichen Drucks für sie dennoch gravierend: Dauerstress, emotionale Erschöpfung und hohe Fehlzeiten wegen psychischer Belastungen nehmen stetig zu.

Und doch: Frauen sind insgesamt häufiger starkem Stress ausgesetzt (20 % zu 11 % laut Forsa) – vor allem wegen der Doppelbelastung durch Beruf und Familie. Sie kämpfen nicht nur mit eigenen Ansprüchen, sondern auch mit gesellschaftlichen Rollenerwartungen: Karriere, Care-Arbeit, perfekte Freizeit – alles gleichzeitig. Kein Wunder also, dass

---

[190] https://tinyurl.com/3pbh7dv4
[191] https://donortracker.org/donor_profiles/germany/gender

Frauen öfter an Anpassungsstörungen, Burnout und Depressionen leiden.[192]

5. Struktureller Wandel

Der strukturelle Wandel in den Volkswirtschaften – der Übergang von industriellen zu dienstleistungs- und wissensbasierten Sektoren – trifft Männer in traditionellen Industriezweigen oft härter als Frauen. Während Unternehmen vermehrt auf hoch qualifizierte Fachkräfte setzen, werden Männer, die in klassischen Industrieberufen arbeiten, durch den Wandel benachteiligt. Dieser Wandel führt zu Arbeitsplatzverlusten und einer Verschiebung der Arbeitsmarktnachfrage, die Männer in vielen Regionen vor große Herausforderungen stellt.[193]

6. Gender-Pay-Gap

6.1 Unbereinigt vs. bereinigt

Der unbereinigte Gender-Pay-Gap gibt die allgemeine Differenz im durchschnittlichen Bruttostundenlohn an – in Deutschland waren das 2024 rund 16 % weniger für Frauen. Berücksichtigt man Bildung, Berufserfahrung, Branche und Arbeitszeit, bleibt ein bereinigter Pay-Gap von ca. 6 %, der als obere Grenze unmittelbarer Diskriminierung gilt.[194]

6.2 Erklärungsfaktoren[195]

- Als unbereinigter Indikator vermittelt der Gender-Pay-Gap ein Gesamtbild der Einkommensunterschiede zwischen Männern und Frauen. Tatsächlich lassen sich Teile der Einkommensdifferenz zwischen Männern und Frauen durch (1) Unterschiede in den

---

[192] https://tinyurl.com/5k5rk9uw
[193] https://www.cream-migration.org/publ_uploads/CDP_13_23.pdf
[194] https://tinyurl.com/46k6k3t8
[195] https://ec.europa.eu/eurostat/statistics-explained/index.php?title=Gender_pay_gap_statistics

durchschnittlichen Merkmalen männlicher und weiblicher Beschäftigter sowie (2) Unterschiede in der finanziellen Rendite für dieselben Merkmale erklären.

- **Negative Gaps:** In Luxemburg wurde 2023 ein negativer unbereinigter Gender-Pay-Gap in den Bruttostundenlöhnen von −0,9 % verzeichnet, was bedeutet, dass Frauen im Durchschnitt mehr pro Arbeitsstunde verdienen als Männer.
- Bei den unter 25-Jährigen zeigten sich 2023 negative Gender-Pay-Gaps in Belgien (−8,3 %), Griechenland (−4,4 %), Frankreich (−7,2 %), Malta (−2,0 %) und Finnland (−0,5 %).
- In der Altersgruppe 25–34 Jahre wiesen Belgien (−5,0 %) und Malta (−4,3 %) ebenfalls einen negativen Gender-Pay-Gap auf.
- Deutschland hat 1,7 % für die unter 25-Jährigen.

6.3 Bereinigte muss weiter bereinigt werden

Auf der Seite von *Destatis* heißt es weiterhin unter häufig gestellte Fragen: "Wichtig zu berücksichtigen ist, dass der bereinigte Gender-Pay-Gap nicht mit Verdienstdiskriminierung gleichgesetzt werden sollte, da nicht alle relevanten lohnbestimmenden Merkmale in der Verdiensterhebung vorhanden sind. Beispielsweise verfügt die Verdiensterhebung nicht über Informationen zu Erwerbsunterbrechungen (wie Mutterschutz oder Elternzeit). Würden solche Informationen vorliegen, würde der bereinigte Gender-Pay-Gap geringer ausfallen. Der bereinigte Gender-Pay-Gap gilt daher als 'Obergrenze' für direkte Verdienstdiskriminierung durch den Arbeitgeber."[196]

Persönlich würde ich mir ja etwas mehr wünschen, als nur diesen Hinweis. Was fehlt alles? Kann man denn eine Annäherungsrechnung machen? Wo geht das ganze hin? Jetzt haben wir ja: ist kleiner gleich 6. Kann im Minus sein, kann im Plus sein, das sagt so ziemlich gar nichts aus hinsichtlich der Genderdebatte. Und dann ist der Hinweis ganz weit

---

[196] https://tinyurl.com/yxv3r554

unten versteckt. Das ist der Hinweis, den ich direkt neben der Zahl sehen will, damit ich ihre Aussagekraft verstehe.

7. Präferenzen, Sozialisation und Biologie

7.1 Metaanalysen und Interventionen

In einer Metaanalyse analysierte man über 500.000 Teilnehmende und fanden, dass Frauen starke soziale Interessen und eine Menschenorientierung (d = 0,93) zeigten, während Männer "Dinge"-orientiert waren. Die Studie legt nahe, dass Interessen eine entscheidende Rolle bei geschlechtsspezifischen Berufswahlen und der Geschlechterungleichheit in den MINT-Fächern spielen könnten.[197]

7.2 Gender-Equality-Paradox

Internationale Schulleistungsdaten zeigen: In zwei von drei Ländern sind Mädchen in Naturwissenschaften genauso gut oder besser als Jungen. Trotzdem schreiben sich in fast allen Ländern weniger Mädchen in MINT-Studiengänge ein, als eigentlich dazu fähig wären. Überraschenderweise nehmen die Unterschiede in Stärken und Studienwahl zwischen den Geschlechtern zu, je gleichberechtigter ein Land ist. Eine Analyse legt nahe: In weniger gleichgestellten Ländern fördern Lebensumstände eher den Einstieg von Mädchen in MINT-Fächer.[198]

---

[197] https://pubmed.ncbi.nlm.nih.gov/19883140/
[198] https://tinyurl.com/2p3p3wd8

7.3 Biologische Aspekte

Bei Kindern im Alter von 4 bis 11 Jahren erzielten Mädchen im EQ-C signifikant höhere Werte, während Jungen im SQ-C signifikant höhere Werte erzielten.[199]

8. Der Mann als Hauptverdiener

Trotz egalitärer Rhetorik sind in 55 % der US-Haushalte Männer Hauptverdiener, 16 % der Haushalte haben eine Hauptverdienerin.[200] Hypergamie-Studien belegen, dass Frauen häufig Partner mit höherem Status wählen.[201]

9. Fazit

Die Benachteiligungen im Arbeitsmarkt und in der Berufswelt zeigen, dass Männer oft in Bereichen, die als "feminisiert" gelten oder traditionell männerdominierte Berufe durch strukturelle Veränderungen unter Druck geraten, vor spezifischen Herausforderungen stehen. Fehlende Fördermaßnahmen, ein hoher Erwartungsdruck sowie der rasante Wandel der Wirtschaftsstrukturen tragen dazu bei, dass Männer in bestimmten Sektoren benachteiligt werden – was langfristig auch Auswirkungen auf ihre berufliche Entwicklung und soziale Stellung haben kann.

VIII. Familienrecht, Sorgerecht und Unterhalt

Im Bereich des Familienrechts ergeben sich häufig spezifische Herausforderungen für Männer. Dabei werden in

---

[199] https://docs.autismresearchcentre.com/papers/2009_Auyeung_etal_ChildEQSQ_JADD.pdf
[200] https://tinyurl.com/2p8xv7cv
[201] https://docs.iza.org/dp12185.pdf

Sorgerechtsstreitigkeiten, Unterhaltsregelungen und durch gesellschaftliche Erwartungen strukturelle Benachteiligungen sichtbar.

1. Sorgerechtsstreitigkeiten:

Bei Trennungen und Scheidungen erhalten Mütter häufiger das Sorgerecht für gemeinsame Kinder, selbst wenn beide Elternteile gleichermaßen geeignet erscheinen. Diese Tendenz basiert oft auf traditionellen Rollenbildern, die Frauen als primäre Bezugspersonen für Kinder sehen. Obwohl gesetzlich beide Eltern gleichgestellt sind und Entscheidungen im Sinne des Kindeswohls getroffen werden sollen, zeigen Statistiken, dass Mütter in den USA etwa 65 % der Fälle das Sorgerecht haben und Väter etwa 35 %.[202] In Australien ist das Verhältnis bei 80 zu 10 %.[203]

Biologisch bedingt übernehmen Mütter in der frühen Kindheit oft die Hauptverantwortung, beispielsweise durch das Stillen, und sind häufig stärker in die Erziehung eingebunden. Zudem können bestehende Vorurteile zugunsten der Mutter diesen Trend weiter verstärken. Einige Stimmen behaupten jedoch, dass ein geschlechtsspezifisches Vorurteil ein Mythos sei und Gerichtsentscheidungen auf Fakten basieren.[204] [205]

Interessanterweise übernehmen Männer etwa 40 % (3,26:(4,81+3,26) Quelle: Care-Arbeit Kapitel) der Betreuungsarbeit, was auf eine zunehmend gleichmäßigere Verteilung hindeutet. Dennoch erhalten Väter in den USA nur in etwa 35 % der Fälle das Sorgerecht, was auf mögliche Ungleichgewichte hinweist und somit gibt es auch Kritiker.[206]

---

[202] https://www.wmtxlaw.com/divorce-and-custody-statistics-2024/
[203] https://melbournefamilylawyers.com.au/news/child-custody-statistics-by-gender
[204] https://melbournefamilylawyers.com.au/news/child-custody-statistics-by-gender
[205] https://ascentlawfirm.com/are-mothers-more-likely-to-get-child-custody-during-divorce/
[206] https://www.complexfamilylaw.com/featured-articles/gender-bias-where-are-we/

2. Unterhaltsregelungen

Das deutsche Unterhaltsrecht hat seinen Ursprung im Bürgerlichen Gesetzbuch von 1896 und wurde seitdem mehrfach reformiert, um den gesellschaftlichen Entwicklungen gerecht zu werden. Dennoch wird immer wieder kritisiert, dass insbesondere Männer im aktuellen System benachteiligt werden. Viele Stimmen bemängeln, dass die Regelungen oftmals überholt, bürokratisch und unausgewogen sind – vor allem in einer Zeit, in der Betreuungsmodelle vielfältiger und Rollenbilder flexibler geworden sind.

Ungleichgewicht bei Unterhaltspflichten

In der Praxis sind Männer überproportional häufig zur Zahlung von Unterhalt verpflichtet – selbst bei geteilten Betreuungsmodellen. Die zugrunde liegende Annahme, dass Männer als Hauptverdiener automatisch die finanzielle Verantwortung tragen müssen, führt zu einem strukturellen Ungleichgewicht. Untersuchungen und Erfahrungsberichte aus der Praxis deuten darauf hin, dass diese Ausrichtung des Systems Männer systematisch benachteiligt.[207] Viele Männer wissen auch nicht, dass auch sie Ansprüche auf Unterhalt haben können, bzw. wollen der Frau nicht zur Last fallen.[208]

3. Gesellschaftliche Erwartungen

Ergänzend zu den rechtlichen Aspekten wirken auch gesellschaftliche Erwartungen. Väter, die aktiv ein gleichberechtigtes Elternmodell anstreben oder sich stärker in die Kinderbetreuung einbringen wollen, stoßen häufig auf Vorurteile und Kritik. Diese Erwartungen hemmen nicht nur die individuelle Entwicklung, sondern verstärken auch das Bild, dass Männer im familiären Kontext weniger fähig seien – was wiederum die Benachteiligung im Sorgerecht und in Unterhaltsfragen begünstigt.

---

[207] https://www.linkedin.com/pulse/bias-against-men-child-custody-cases-nbqxe/
[208] https://www.micklinlawgroup.com/3-statistics-point-to-men-sabotaging-their-alimony-rights/

4. Ehegattensplitting

Was ist das? Bei der gemeinsamen Veranlagung von Ehepartnern werden die Einkommen addiert, halbiert und dann besteuert (Splittingtarif). Dies begünstigt Paare mit ungleichen Einkommen (z. B. ein Hauptverdiener + ein Partner mit geringem Einkommen).

4.1 Kritikpunkte am Ehegattensplitting[209]

Geschlechterungerechtigkeit:

Studien des Leibniz-Instituts für Wirtschaftsforschung (RWI) zeigen, dass das Splitting traditionelle Rollenbilder fördert, in denen meist die Frau zugunsten der Kinderbetreuung beruflich zurücksteckt. Eine Abschaffung könnte die Erwerbsbeteiligung von Frauen erhöhen und das Bruttoinlandsprodukt um bis zu 1,5 % steigern.

Fachkräftemangel:

Die Ökonomin Nicola Fuchs-Schündeln argumentiert, dass qualifizierte Frauen vom Arbeitsmarkt ferngehalten werden. Über 50 % der Hochschulabsolvent sind weiblich – ein Potenzial, das derzeit ungenutzt bleibt.

Fehlende Zielgenauigkeit:

Das Splitting wirkt auch auf kinderlose Ehen und vor allem auf Gutverdiener. Das Deutsche Institut für Wirtschaftsforschung (DIW) zeigt, dass Paare mit mittlerem Einkommen kaum von dem Splitting profitieren.

---

[209] https://www.deutschlandfunk.de/ehegattensplitting-abschaffen-nachteile-vorteile-100.html

4.2 Argumente der Befürworter

Familienförderung:

Befürworter argumentieren, dass das Splitting es einem Elternteil ermöglicht, sich intensiver der Kindererziehung zu widmen. Kritiker verweisen jedoch darauf, dass etwa 33 % der Kinder in Deutschland außerhalb von Ehen aufwachsen und das Modell somit nicht alle Familien erreicht.

Steuerliche Gleichbehandlung:

Finanzwissenschaftler wie Stefan Homburg warnen, dass eine Abschaffung ohne umfassende Steuerreformen Ehepaare mit Alleinverdienern benachteiligen könnte.

Unterhaltsausgleich:

Das Splitting wird oft als Ausgleich für die gesetzliche Unterhaltspflicht zwischen Ehepartnern betrachtet. Alternativ werden Vorschläge wie ein doppelter Steuer-Grundfreibetrag diskutiert.

Ideologie – es ist auch ein Kulturkampf

Aus feministischer Perspektive wird das Ehegattensplitting oft kritisiert, weil es veraltete Rollenbilder unterstützt und die Eigenständigkeit von Frauen untergräbt. Ironischerweise führt die Abschaffung des Splittings dazu, dass der Familie finanzielle Engpässe auferlegt werden. Dadurch wird derjenige, der in der Regel weniger verdient – also meist Frauen – gezwungen, mehr zu arbeiten D.h. anstatt Frauen in ihrer Entscheidung zu bestärken, ob sie sich für die Kinderbetreuung oder für eine intensivere Berufstätigkeit entscheiden, verschiebt eine solche Reform den finanziellen Druck und drängt Richtung Berufstätigkeit. Daher betonen andere Sichtweisen, dass die

Abschaffung lediglich eine Diskriminierung der traditionellen Familie bedeutet.

Kurz erläutert: Manche Kritiker meinen, dass Haushalte, in denen beide Partner ähnlich viel verdienen, durch das Ehegattensplitting benachteiligt werden. Sehen wir uns aber einmal vereinfacht nur den Grundfreibetrag an, um genau zu verstehen, was tatsächlich passiert.

Mit Ehegattensplitting:

- Beide verdienen gleich -> beide Freibeträge werden aktiv genutzt
- Alleinverdiener -> beide Freibeträge werden aktiv genutzt

Ohne Ehegattensplitting:

- Beide verdienen gleich -> beide Freibeträge werden aktiv genutzt
- Alleinverdiener -> Nur ein Freibetrag wird aktiv genutzt

Die Frage ist, warum sollte der Freibetrag nicht genutzt werden dürfen, leben doch beide Personen von dem Einkommen.

5. Fazit

Die Benachteiligungen im Familienrecht zeigen, dass strukturelle und gesellschaftliche Normen dazu führen, dass Männer häufig in eine ungünstige Position gedrängt werden. Sorgerechtsstreitigkeiten und Unterhaltsregelungen sowie der Druck durch traditionelle Rollenbilder behindern eine ausgewogene Behandlung beider Elternteile. Eine gerechtere Ausgestaltung des Familienrechts müsste daher alle Seiten in den Fokus nehmen.

IX. Gender-Care-Gap

	Haus-arbeit	Ein-kaufen	Haushalts Fürsorge	externe Fürsorge	Telefon, E-Mail	Erwerbs-arbeit	Gemein-schafts-aktivität en
Mann in Ehe	1.81	0,62	0,60	0,15	0,08	4,48	0,25
Frau in Ehe	2.73	0,79	0,92	0,22	0,15	3,10	0,31
Mann	1.16	0,46	0,15	0,15	0,18	3,84	0,16
Frau	1.92	0,73	0,33	0,17	0,24	2,86	0,25

Überschrift der Tabelle: **Care-Arbeit/Workload[210]**

Care-Arbeit (Summe der ersten fünf Kategorien):

- Mann in Ehe: **3,26** Stunden
- Frau in Ehe: **4,81** Stunden
- Mann: **2,10** Stunden
- Frau: **3,39** Stunden

Gesamt-Workload und Mental Load:

- Mann in Ehe: **7,99** Stunden

---

[210] https://www.bls.gov/news.release/pdf/atus.pdf

- Frau in Ehe: **8,22** Stunden
- Mann: **6,10** Stunden
- Frau: **6,50** Stunden

Anstieg der Care-Arbeit in der Ehe (Ehe vs. Ledig):

- Männer: **+1,16** Stunden (von 2,10 auf 3,26)
- Frauen: **+1,42** Stunden (von 3,39 auf 4,81)

Anstieg des Workload in der Ehe (Ehe vs. Ledig):

- Männer: **+1,89** Stunden (von 6,10 auf 7,99)
- Frauen: **+1,72** Stunden (von 6,50 auf 8,22)

Unterschiede zwischen Frauen und Männern:

- Care-Arbeit: **Frauen** leisten **1,55** Stunden **mehr** als Männer in der **Ehe**
- Und **1,29** Stunden mehr als Männer, wenn **ledig**.
- Workload: **Frauen** arbeiten insgesamt **0,23** Stunden **mehr** als Männer in der **Ehe**
- Und **0,40** Stunden mehr als Männer, wenn **ledig**.

Care-Arbeit und Workload – zwischen Präferenz, Pragmatismus und Partnerschaft

Die Analyse der Daten zu Care-Arbeit und Gesamt-Workload in verschiedenen Lebenssituationen offenbart komplexe Dynamiken, die etwas differenzierter betrachtet werden müssen. Betrachtet man die Unterschiede zwischen ledigen und verheirateten Personen, zeigt sich ein interessantes Muster: Ledige Frauen weisen ein höheres Workload-Surplus auf als in der Ehe. Dies deutet darauf hin, dass individuelle Präferenzen und verwurzelte Sozialisierungsmuster eine zentrale Rolle spielen – auch unabhängig vom Beziehungsstatus. Die Ehe scheint diesen Effekt leicht abzuschwächen.

Dennoch steigt in der Ehe die **Belastung von Frauen** im Bereich der Care-Arbeit an – von durchschnittlich **3,39 Stunden** bei Ledigen auf **4,81 Stunden**. Dieser Anstieg ist höchstwahrscheinlich auf die Übernahme von **Kinderbetreuung** und erweiterten Haushaltsaufgaben zurückzuführen. Gleichzeitig aber erhöht sich auch der Gesamt-Workload für Männer in der Ehe stärker als für Frauen (**+1,89 Stunden** vs. **+1,72 Stunden**), allerdings bleibt der Unterschied mit **0,17 Stunden** pro Tag marginal. Diese minimale Diskrepanz relativiert die oft pauschale Annahme, Männer würden in Partnerschaften "auf Kosten" von Frauen leben.

Feministische Narrative

Das häufig kolportierte feministische Narrativ, Männer seien per se eine "Hauptbelastung" für Frauen in Beziehungen, lässt sich aus diesen Zahlen nicht ableiten. Zwar leisten Frauen in der Ehe **1,55 Stunden mehr Care-Arbeit** als Männer, doch der Gesamt-Workload – also die Summe aus Erwerbsarbeit, Care-Arbeit und Gemeinschaftsaktivitäten – ist nahezu ausgeglichen (**8,22 Stunden** bei Frauen vs. **7,99 Stunden** bei Männern). Dies wirft die Frage auf, ob die Forderung nach "mehr Care-Arbeit für Männer" tatsächlich immer fair ist – insbesondere wenn sie primär aus einer **Präferenzperspektive** heraus formuliert wird.

Man könnte z.B. argumentieren, diese Forderung sei übergriffig, weil das, was Frauen hier mehr machen, aus eigener Präferenz geschieht und nicht aus Notwendigkeit. Doch hier beginnt das Dilemma: Was genau definiert "Notwendigkeit" im Haushalt? (Man könnte auch fragen wer bestimmt das? Wer ist hier Soft Power dominant?)

Das Rätsel der "objektiven Notwendigkeit"

Wenn "Notwendigkeit" daran gemessen wird, was in Singlehaushalten *minimal* erledigt wird – etwa grobes Putzen, gelegentliches Kochen –, stellt sich die Frage, ob die zusätzlichen **1,29 Stunden**, die Frauen täglich investieren, tatsächlich unverzichtbar sind oder Ausdruck eines **höheren Anspruchs** an Haushaltsführung. Dies könnte auf internalisierte Erwartungen zurückgehen ("Eine Frau *muss* ein sauberes Zuhause haben!") oder auf eine stärkere Sensibilität für Hygiene und Ordnung. Die Empfehlung, die man hier also geben kann, ist, dass Frauen sich ihrer Sozialisierung bewusst werden und vielleicht etwas weniger machen, ist selbst der gesamte Workload von Singlefrauen um **0,4 Stunden** mehr.

Gleichzeitig zeigt sich in der Ehe ein teilweiser Ausgleich: Männer übernehmen hier **0,17 Stunden mehr Gesamt-Workload** als Frauen – ein kleiner, aber symbolisch wichtiger Schritt, der verdeutlicht, dass Partnerschaften durchaus Raum für Kompromisse bieten. Aus einer **Fairnessperspektive** könnte es dennoch sinnvoll sein, wenn Männer zusätzliche Aufgaben übernehmen, die über klassische "Männerdomänen" wie Müllentsorgung hinausgehen – etwa **14 Minuten täglich** für planerische Tätigkeiten (Einkaufslisten schreiben, Termine koordinieren). Denn in der Ehe leisten die Frauen trotzdem täglich 0,23 Stunden (14 Minuten) mehr Arbeit – und beide Partner profitieren davon.

Das gilt für die USA, für Deutschland ist es andersherum. Der Gesamt-Workload für alle Männer ab 18 beträgt 44:30 h und für Frauen 45:53 h für die gesamte Woche und damit haben die Frauen ein plus von 1:23 h.[211] Bei Vätern wiederum haben wir einen Workload von 59:01 h und bei Müttern 58:42, d.h. eine Mehrbelastung von Vätern um 19 min.[212] Das bedeutet, dass Männer durch die Elternschaft insgesamt eine um 1 Stunde und 42 Minuten höheren Gesamtbelastungszuwachs haben als Frauen. Und die Unterteilungen der deutschen Tabellen hier sind etwas unpraktisch. In "Alle" sind Väter mit drin, daher ist der Unterschied eher größer. Wie bereits gesagt, zu verlangen, das Männer unter diesen Bedingungen mehr Care-Arbeit machen, ist einfach übergriffig, man kann tauschen ja, aber den Gesamt-Workload noch weiter zu erhöhen während sie bereits mehr belastet sind, ist mehr als fragwürdig.

---

[211] https://tinyurl.com/5vj2ycww
[212] https://tinyurl.com/3jw45p8m

Allgemein zeigt sich bei der Care-Arbeit: Wenn Männer ähnlich viel verdienen wie ihre Frauen, könnten sie häufiger Arbeit gegen Care-Arbeit tauschen. Doch dazu müsste man auch wieder wissen, was eigentlich die Präferenzen von Frauen und Männern hier sind, ansonsten schicken wir Frauen in die Vollzeitarbeit und wie Studien ergab, macht das Mütter eher unglücklich.[213] [214] Care-Arbeit scheint zu wenig Anerkennung zu genießen, Vollzeit ist zu stressig.

Langfristige Folgen und systemische Lücken

Die ungleiche Verteilung der Care-Arbeit hat reale Konsequenzen: Frauen sind häufiger von **Altersarmut** betroffen, da sie zugunsten von Care-Arbeit Erwerbsarbeit reduzieren oder unterbrechen. In Deutschland wird dies teilweise durch Rentenpunkte für Erziehungszeiten kompensiert – allerdings, wie ich finde, unzureichend. Die aktuelle Regelung (drei Jahre pro erstem Kind, ein Jahr pro weiterem) ignoriert, dass viele Eltern aufgrund fehlender Kita-Plätze gezwungen sind, länger aus dem Beruf auszusteigen. Hier braucht es dringend Reformen, die Kindererziehung finanziell und sozial stärker anerkennen.

Pragmatische Gründe und Partnerwahl

Ein zentraler Treiber dieser Struktur ist der **Gender-Pay-Gap**: Da Männer im Schnitt mehr verdienen, erscheint es rational, dass sie länger im Beruf bleiben, während Frauen Care-Aufgaben übernehmen.

Hinzu kommt die sogenannte *Hypergamie* ins Spiel: Viele Frauen bevorzugen Partner mit höherem Einkommen, was die traditionelle Arbeitsteilung weiter festigt. Dies wirft die Frage nach der **individuellen Verantwortung** auf: Wenn Frauen sich bewusst gegen patriarchale Muster bei der Partnerwahl entscheiden, also gegen *Hypergamie*, könnten sie bestehende Machtstrukturen unterwandern.

---

[213] https://www.apa.org/news/press/releases/2011/12/working-moms
[214] https://tinyurl.com/3rew9sn8

Fazit: Eigenverantwortung im systemischen Kontext

Es ist unbestreitbar, dass Frauen eine aktive Rolle dabei spielen können, Sozialisierungsmuster zu durchbrechen – sei es durch selbstbewusste Gehaltsverhandlungen, die Wahl gleichberechtigter Partner oder die Delegation von Mental Load. Doch diese Eigenverantwortung darf nicht als Allheilmittel missverstanden werden. Solange systemische Faktoren wie fehlende Kita-Plätze oder kulturelle Stigmata gegen "Hausmänner" bestehen, bleibt die Entscheidungsfreiheit begrenzt.

Die Lösung liegt in einer Dualstrategie:

- **Individuelle Empowerment** durch Reflexion und bewusste Lebensentscheidungen.
- **Strukturelle Reformen:** Das Anstreben paritätischer Elternzeit oder der Ausbau sozialer Infrastruktur.

Mental Load

Mental Load ist ein Teil der Soft Power und Frauen sind nicht die ersten, die Probleme damit haben, Macht oder Kontrolle aufzugeben. *Maternal Gatekeeping* nennt sich das Phänomen.[215] [216] [217]

(Die Zahlen basieren auf dem "American Time Use Survey" von 2023. Allerdings erfasst die Kategorie "Ledig" nicht ausschließlich Singles, sondern schließt auch zusammenlebende Paare ein. Optimal wäre ein Vergleich zwischen alleinlebenden, kinderlosen Personen und kinderlosen Paaren (egal ob in Beziehung oder Ehe) gewesen. Da jedoch nur etwa ein Viertel der Stichprobe unter die Kategorie "zusammenlebende Paare" fällt, vermute ich, dass die Verzerrung nicht allzu groß ist und meine grundlegenden Aussagen nicht wesentlich verändert werden.)

---

[215] https://www.mother.ly/parenting/maternal-gatekeeping-why-moms-end-up-doing-it-all/
[216] https://pmc.ncbi.nlm.nih.gov/articles/PMC9977166/#S17
[217] https://scholarsarchive.byu.edu/facpub/4214/

X. Mediale Darstellung und Empathie

Die Art und Weise, wie Medien Geschlechterrollen darstellen, hat einen erheblichen Einfluss auf gesellschaftliche Vorurteile.

1. Stereotypisierung[218]

Männer suchen seltener psychologische Hilfe als Frauen, obwohl sie ein höheres Suizidrisiko haben. Das liegt unter anderem daran, dass sie oft nicht erkennen, wann sie Hilfe brauchen, ungesunde Bewältigungsstrategien anwenden und Therapie meiden. Der Hauptgrund: Traditionelle männliche Geschlechternormen verbieten emotionales Verhalten, fördern Selbstbeherrschung und Unabhängigkeit. Emotionale Verletzlichkeit wird bei Männern oft stigmatisiert und als Schwäche interpretiert.

Um dem entgegenzuwirken, sollte die Gesellschaft Männer darin bestärken, alte Rollenbilder zu hinterfragen. Regelmäßige Gespräche über Gefühle und mentale Gesundheit können dazu beitragen, psychische Erkrankungen zu enttabuisieren und Hilfe normalisieren. Indem wir emotionale Offenheit in einem unterstützenden Umfeld fördern, ermöglichen wir Männern, sich ohne Scham oder Angst mitzuteilen. So kann langfristig ein gesünderer Umgang mit Emotionen etabliert werden.

2. Empathie - Gender-Empathy-Bias

Ein weiterer Aspekt ist, dass männliche Opfer in der öffentlichen Wahrnehmung oft weniger Mitgefühl erfahren als weibliche Opfer. Dies führt dazu, dass die Bedürfnisse männlicher Opfer von Gewalt weniger Beachtung finden, obwohl auch sie unter den Folgen von Gewalt erheblich leiden können.[219]

---

[218] https://www.mybestself101.org/blog/encouraging-men-to-open-up
[219] https://www.sciencedirect.com/science/article/pii/S175606162300071X

Diese mediale Darstellung trägt wesentlich dazu bei, dass männliche Opfer in der Gesellschaft unsichtbar bleiben, während gleichzeitig stereotype Geschlechterrollen reproduziert werden. Dadurch wird nicht nur das Bild von Männern als vorwiegend gewalttätig verankert, sondern auch die Bereitschaft der Öffentlichkeit, männliche Opfer ernsthaft zu unterstützen, vermindert.

XI. Gesundheit

Am 7. April ist Weltgesundheitstag – und der Artikel, den das ZDF dazu veröffentlicht hat, wirkt, als stamme er aus dem Archiv von 1980: "Frauen sind in der Medizin benachteiligt, weil vornehmlich an Männern geforscht wurde."[220] Richtig, das war (hoffentlich) der Stand von damals. Aber wie sieht es heute aus?

Ein Blick zum Bundesministerium für Bildung und Forschung (BMBF) zeigt: In der vorklinischen Forschung werden nach wie vor überwiegend männliche Tiere und Zellkulturen verwendet, und auch in klinischen Studien sind Frauen häufig unterrepräsentiert. Die Folge ist ein sogenannter Gender-Data-Gap – also eine Datenlücke, die dazu führt, dass Wissen über geschlechtsspezifische Krankheitsverläufe fehlt. Das BMBF erklärt, dass man dieses Problem erkannt habe und gezielt geschlechtersensible Forschung fördern wolle.[221] Doch konkrete Zahlen zur aktuellen Lage finde ich nicht.

Anders das National Institutes of Health (NIH) in den USA – die weltweit größte Finanzierungsquelle für medizinische Forschung. Dort heißt es: Rund die Hälfte aller Studienteilnehmenden sind heute Frauen.[222] Für die Frauenforschung steht ein eigenes Budget von über fünf Milliarden Dollar für 2025 (Prognose) bereit.[223] Für Männer? Keine spezifische Angabe.

---

[220] https://www.instagram.com/p/DIJCBP7tryr/
[221] https://tinyurl.com/37rv632h
[222] https://orwh.od.nih.gov/sex-as-biological-variable
[223] https://report.nih.gov/funding/categorical-spending#/

1. Geschichtliche Hintergründe

Traditionell wurde Forschung hauptsächlich an männlichen Tieren und männlichen Probanden durchgeführt, um Kosten und Komplexität zu reduzieren. Der weibliche Zyklus erfordert zusätzliche Anpassungen, was die Forschung teurer und zeitaufwändiger macht. Außerdem wird mehr Datenmaterial benötigt. Aus diesem Grund wird Grundlagenforschung auch heute noch meist mit männlichen Tieren durchgeführt, und Experimente werden in der Regel ebenfalls mit Männern durchgeführt.

NIH Inclusion Policy 1986

1986 führte das *National Institutes of Health* (*NIH*) erstmals eine verbindliche Richtlinie ein, die vorschreibt, dass alle *NIH*-geförderten klinischen Studien Frauen und ethnische Minderheiten einschließen müssen, sofern keine medizinisch-wissenschaftlich begründete Ausnahmeregelung vorliegt.[224] Diese Vorgabe wurde 1993 im *NIH Revitalization Act* gesetzlich verankert, um eine konsequente Umsetzung sicherzustellen.

In den Folgejahren stieg der Frauenanteil in Zulassungsstudien deutlich: Eine Analyse von 36 New Drug Applications (1998–2000) ergab, dass 52 % der Probanden weiblich waren, was den Erfolg der Reform belegt.[225]

Stabile Repräsentanz der letzten 25 Jahre

Mehrere Meta-Analysen zeigen, dass der Frauenanteil in klinischen Studien seit Ende der 1990er-Jahre sich zwischen 40 % und 50 % einpendelt hat. So lag der Gesamtanteil weiblicher Studienteilnehmer über 274 RCTs mit 57 544 Teilnehmenden bei 40 %. Darunter waren 12

---

[224] https://orwh.od.nih.gov/including-women-and-minorities-in-clinical-research-background
[225] https://tinyurl.com/s9j2zwa2

männerspezifische und 30 frauenspezifische Studien.[226] Für die Jahre 2016 bis 2019 kommt man auf 41,2 %.[227]

Repräsentation in der EU

Eine Analyse von 300 EU-RCTs aus dem Jahr 2017 ermittelte eine mediane Frauenquote von 41 %.[228]

Gründe dafür, warum keine Parität erreicht wurde[229]

Die Einbindung von Frauen in Studien gestaltet sich aus verschiedenen Gründen als komplex – insbesondere aus drei zentralen Gründen:

- "hormonelle Unterschiede vor und nach den Wechseljahren"
- "hormonelle Unterschiede durch Zyklus und Verhütungsmittel"
- "Schwangerschaften"

Hormonelle Schwankungen bei Frauen können dazu führen, dass Studienergebnisse nicht direkt vergleichbar sind. Um dem gerecht zu werden, müsste man Probandinnen in Subgruppen mit jeweils gleichem Hormonstatus untersuchen. Das würde jedoch eine deutlich höhere Anzahl an Teilnehmerinnen erfordern, um Wirksamkeit und Sicherheit nachzuweisen – ein sehr aufwändiges und kostspieliges Unterfangen.

Die Debatte um den Gender-Data-Gap wird oft irrtümlich mit einer Frauenquote in klinischen Studien gleichgesetzt, als ginge es stets um ein 50:50-Verhältnis von weiblichen und männlichen Teilnehmenden. Tatsächlich ist es jedoch wissenschaftlich nicht zielführend, für jede Krankheitsstudie exakt gleiche Geschlechteranteile anzustreben, insbesondere wenn die Erkrankungsprävalenz stark geschlechterdifferenziert ist. Vielmehr sollte die Geschlechterverteilung in

---

[226] https://pmc.ncbi.nlm.nih.gov/articles/PMC10062729/
[227] https://www.sciencedirect.com/science/article/abs/pii/S1551714422000441
[228] https://trialsjournal.biomedcentral.com/articles/10.1186/s13063-022-07004-2
[229] https://www.quarks.de/gesundheit/medizin/gender-health-gap/

Studienprotokollen die reale Geschlechterverteilung der jeweiligen Erkrankung abbilden, um aussagekräftige und relevante Ergebnisse zu erzielen. So ist es unsinnig, bei Brustkrebsstudien Männer im selben Umfang einzuschließen wie Frauen oder umgekehrt bei Prostatakrebs.

2. Lebenserwartung[230]

Geschlechtsbezogene Lücke

In der EU lag die Lebenserwartung der Frauen 2023 im Durchschnitt um 5,3 Jahre über jener der Männer (Frauen: 84,0 Jahre vs. Männer: 78,7 Jahre).

Entwicklung und Variation

- Im Vergleich zum Vorjahr stieg 2023 die durchschnittliche EU-Lebenserwartung von 80,6 auf 81,4 Jahre, doch die Geschlechterkluft bleibt bestehen.
- In einzelnen Ländern variieren die Unterschiede: In Lettland betrug die Lücke 10,1 Jahre, in den Niederlanden nur 3 Jahre.

Haupttodesursachen bei Männern in der EU < 65[231]

- **Ischämische Herzkrankheit:** 27,1 Todesfälle pro 100 000
- **Unfälle:** 21,4 pro 100 000
- **Lungenkrebs:** 18,0 pro 100 000
- **Chronische Lebererkrankungen:** 14,5 pro 100 000
- **Suizid:** 13,8 pro 100 000

Frauen im Vergleich:

- **Brustkrebs** (12,0)
- **Lungenkrebs** (9,9)

---

[230] https://ec.europa.eu/eurostat/en/web/products-eurostat-news/w/ddn-20250314-3
[231] https://tinyurl.com/78cya9t9

- **Ischämische Herzkrankheit** (6,2)
- **Unfälle** (5,1)
- **Kolorektaler Krebs** (5,1)

Wenn wir die Top 5 addieren, ergibt das für Männer 94,8 und für Frauen 38,3.

Risikofaktoren

- **Berufliche Gefahren:** Männer arbeiten häufiger in Hochrisikosektoren (Bau, Industrie) und stellen 96 % aller tödlichen Arbeitsunfälle, beeinflusst durch längere Arbeitszeiten und Maschineneinsatz.[232]
- **Autounfälle**
- **Risikoverhalten:** Höhere Prävalenz von Rauchen, Alkoholmissbrauch und riskanter Fahrweise führt zu mehr Herz-Kreislauf-Erkrankungen und Unfällen.
- **Suizidalität:** Männer suchen seltener psychologische Hilfe, was die Suizidrate – 10,2 pro 100 000 – im Vergleich zu Frauen vervielfacht (3,7×).[233]
- **Gesundheitsvorsorge:** Geringere Teilnahme an Vorsorgeuntersuchungen und psychischer Gesundheitsversorgung verstärkt Verzögerungen in Diagnostik und Therapie.
- **Biologie**

3. Forschung

- Im UK wurden von 2019 bis 2023 **282** männliche Only-Studien im Zulassungsverfahren eingereicht, aber nur **169** frauenspezifische.[234]

---

[232] https://ec.europa.eu/eurostat/web/products-eurostat-news/-/edn-20210428-1
[233] https://tinyurl.com/ya9cavj3
[234] https://tinyurl.com/mr26nrnm

- **Women's Health Research:** NIH schlüsselt für FY 2025 ca. 5 Mrd. USD explizit für Women's Health Research aus (10 % des NIH-Haushalts).[235]
- **Männergesundheit beim NIH:** Kein eigenständiges Förderprogramm oder ausgewiesenes Budget. Männer werden über allgemeine Studien finanziert, ohne spezielle Förderlinie.
- **Frauenorientierte Forschung:** Das BMBF betont in Programmen wie dem "Gender-Data-Gap"-Förderaufruf die Dringlichkeit, weiterhin geschlechterspezifische Datenlücken zu schließen – konkrete Mittel für Frauen werden genannt, etwa in Rahmenprogrammen zur geschlechtersensitiven Medizin.[236]

4. Körperbild, Sport und Leistungsdruck

Die gesellschaftlichen Vorstellungen von Männlichkeit sind stark mit Körperidealen und Leistungsdruck verknüpft. Besonders durch Medien und soziale Netzwerke werden spezifische Erwartungen an das männliche Erscheinungsbild verstärkt.

Idealbild und Werbung

In Werbung, Filmen und sozialen Medien dominiert oft das Bild eines extrem muskulösen, athletischen und durchtrainierten Körpers als Ideal für Männer. Diese Darstellung setzt viele Männer unter Druck, da sie suggeriert, dass Attraktivität und gesellschaftliche Anerkennung von körperlicher Stärke abhängen.

Psychischer Druck

Das Streben nach diesem Ideal kann negative Auswirkungen auf die psychische Gesundheit haben. Männer entwickeln häufiger Körperdysmorphien (z. B. Muskeldysmorphie, auch bekannt als

---

[235] https://www.ncbi.nlm.nih.gov/books/NBK612400/
[236] https://tinyurl.com/28xmc6kn

"Bigorexie"), Essstörungen oder ein exzessives Fitnessverhalten, um dem gesellschaftlichen Standard gerecht zu werden.

Vergleich mit Frauenbildern

Während für Frauen in den letzten Jahren verstärkt Diversität in der Darstellung propagiert wurde (z. B. durch Plus-Size-Models oder Body-Positivity-Kampagnen), bleiben männliche Körperideale oft starr. Diese Diskrepanz kann dazu führen, dass Männer ihre eigene Körperwahrnehmung als unzureichend empfinden und noch stärker unter gesellschaftlichen Erwartungen leiden.

Insgesamt zeigt sich, dass der Leistungsdruck, der durch Medien und Gesellschaft vermittelt wird, nicht nur Frauen betrifft, sondern auch Männer erheblich belasten kann – mit zum Teil gravierenden psychischen und gesundheitlichen Folgen.

5. *Toxische Männlichkeit*:

Der Begriff der *toxischen Männlichkeit* ist zu einem zentralen – und polarisierenden – Schlagwort der Geschlechterdebatte geworden. Während feministische Strömungen ihn als Werkzeug zur Kritik schädlicher Verhaltensmuster nutzen, stößt er bei vielen Männern auf Ablehnung. Diese Abwehrhaltung ist nicht bloß Ausdruck von Sensibilität, sondern ein strukturelles Problem des Diskurses selbst.

Der Begriff zielt ursprünglich nicht auf Männer als Individuen, sondern auf gesellschaftlich geprägte Normen, die schädliche Verhaltensweisen fördern:

- Emotionale Unterdrückung ("Ein Mann weint nicht")
- Gewalt als Konfliktlösung
- Dominanz als Statussymbol

Doch in der öffentlichen Debatte wird diese Differenzierung oft verwischt. Statt *"toxische Verhaltensmuster"* zu kritisieren, entsteht der Eindruck, *"Männlichkeit an sich sei toxisch"*. Diese Pauschalisierung triggert Reaktanz – einen psychologischen Abwehrmechanismus, bei dem Menschen auf als ungerecht empfundene Vorwürfe mit Trotz reagieren.

5.1 Der Vorwurfcharakter

Die Art und Weise, wie das Thema kommuniziert wird, untergräbt oft seine eigenen Ziele:

- Sprache als Barriere: Begriffe wie "Tätergruppe" oder "patriarchale Privilegien" stellen Männer pauschal als Oppressoren dar
- Fehlende Empathie: Appelle wie "Männer müssen sich ändern"
- Der feministische Bias: Wenn der Kampf gegen toxische Männlichkeit primär als "Frauenthema" gerahmt wird, fühlen sich Männer nicht als Teil der Lösung, sondern als Gegner

Psychologische Dynamik:

Die Selbstbestätigungstheorie erklärt, warum pauschale Kritik kontraproduktiv ist: Menschen brauchen ein positives Selbstbild. Wird ihre Identität pauschal als "Problem" etikettiert, reagieren sie mit Abwehr – etwa durch Identifikation mit extremen Gegenmodellen (z. B. "Alpha-Male"-Influencern).

5.2 Alternativen

Um Männer konstruktiv einzubinden, braucht es einen Paradigmenwechsel:

Präzise Sprache statt Pauschalurteile

Statt von "toxischer Männlichkeit" zu sprechen, könnte der Fokus auf "toxischen Erwartungen" liegen. Die "Man Box"-Studie[237] zeigt, dass Männer selbst unter Druck stehen, bestimmte Normen zu erfüllen:

- Jungs sollten stark auftreten, auch wenn sie sich innerlich ängstlich oder nervös fühlen. 50 % (18-30); 55 % (31-45)
- Ein Mann, der immer nur von seinen Sorgen, Ängsten und Problemen redet, sollte nicht wirklich Respekt bekommen. 30 % (18-30); 35 % (31-45)

Indem man konkrete Verhaltensmuster benennt (statt "Männlichkeit"), vermeidet man Abwehrhaltungen.

Männer als Betroffene sichtbar machen, denn toxische Normen schaden auch Männern:

- Männer begehen fast 3-mal häufiger Suizid als Frauen.[238]
- Über 90 % der Gefängnisinsassen sind männlich – oft Resultat gewalttätiger Sozialisation.[239]

5.3 Ist Männlichkeit nur schädlich?

Vorweg möchte ich dringlichst darauf hinweisen, dass dies keine psychologische Beratung darstellt, noch dass ich qualifiziert wäre, so etwas zu tun. Die Studienlage, die ich präsentiere, muss keineswegs alles zu dem Thema darstellen, noch habe ich überprüft, ob sie mittlerweile nicht widerlegt worden ist. Sie soll lediglich informieren und falls Sie sich davon angesprochen fühlen, rate ich immer mit einer Fachperson darüber zu sprechen, was das für sie bedeuten könnte. Worauf ich mich beziehe, kann man sich unter anderem im verlinkten Video angucken[240] und ich werde ein bisschen auf die Daten in den erwähnten Studien eingehen.

[237] https://cdn.jss.org.au/wp-content/uploads/2024/02/05144735/The-Man-Box-2024-7.1-LR.pdf
[238] https://tinyurl.com/42kdsemv
[239] https://tinyurl.com/2uxsktub
[240] https://youtu.be/XBov_16F1GU?si=ymXjMzQI_PAjEsnr

Sex differences in the pathways to major depression: a study of opposite-sex twin pairs[241]

Die Untersuchung von Kendler und Gardner analysiert mithilfe eines Zwillingsdesigns (gegenübergestellte opposite-sex Dizygotik-Zwillingspaare) die unterschiedlichen Risikopfade, die zur Entwicklung einer Major Depression führen. Dabei wurden 20 entwicklungsbezogene Risikofaktoren untersucht. Die Ergebnisse zeigen, dass in etwa 60 % der untersuchten Pfade signifikante Geschlechtsunterschiede bestehen. Konkret hatten 11 der 20 Risikofaktoren einen unterschiedlichen Einfluss auf die Wahrscheinlichkeit, an einer Depression zu erkranken. Fünf Faktoren (etwa elterliche Wärme, Neurotizismus, Scheidung, soziale Unterstützung und eheliche Zufriedenheit) wirkten stärker bei Frauen, während sechs Faktoren – darunter Missbrauch in der Kindheit (sexueller Missbrauch), Verhaltensstörungen, Drogenmissbrauch, eine Vorgeschichte von Depressionen sowie bestimmte stressbezogene Lebensereignisse (insbesondere finanzieller, beruflicher und rechtlicher Natur) – einen größeren Einfluss bei Männern hatten.

Das Fazit der Studie lautet, dass bei Frauen vor allem Persönlichkeitsmerkmale und Probleme in zwischenmenschlichen Beziehungen eine zentrale Rolle in der Entstehung von Depressionen spielen. Bei Männern hingegen sind externe Verhaltensauffälligkeiten und spezifische "instrumentelle" Stressoren (also solche, die im Zusammenhang mit dem Scheitern von Lebenszielen stehen) stärker prägend. Diese Ergebnisse unterstützen die Vorstellung, dass es zwei unterschiedliche Typen von Depression gibt, die geschlechtsspezifisch variieren.

Meta-Analyses of the Relationship Between Conformity to Masculine Norms and Mental Health-Related Outcomes

---

[241] https://pubmed.ncbi.nlm.nih.gov/24525762/

Die Metaanalyse von Wong et al. (2017) untersuchte den Zusammenhang zwischen Konformität zu 11 traditionellen Männlichkeitsnormen und psychischer Gesundheit bzw. Hilfesuchverhalten. Effektstärken wurden als klein, mittel oder nicht signifikant eingestuft.

Die 11 Männlichkeitsnormen und ihre Effekte

Winning (Gewinnen müssen)

- Negative psychische Gesundheit: Kleiner Effekt (z. B. Stress durch Leistungsdruck).
- Hilfesuchverhalten: Mittlerer negativer Effekt (geringere Therapiebereitschaft).

Emotional Control (Emotionen unterdrücken)

- Negative psychische Gesundheit: Kleiner Effekt (z. B. innere Konflikte).
- Positive psychische Gesundheit: Negativer kleiner Effekt (geringere Lebenszufriedenheit).
- Hilfesuchverhalten: Mittlerer negativer Effekt (starke Vermeidung von Hilfe).

Risk-Taking (Risikobereitschaft)

- Negative psychische Gesundheit: Kleiner Effekt (z. B. erhöhte Suchtgefahr).
- Positive psychische Gesundheit: Kleiner Effekt (paradoxe Selbstwirksamkeitserfahrungen).

Violence (Gewaltakzeptanz)

- Negative psychische Gesundheit: Kleiner Effekt (z. B. Aggressionsneigung).
- Hilfesuchverhalten: Kleiner negativer Effekt (Stigmatisierung von Therapien).

Dominance (Dominanzstreben)

Negative psychische Gesundheit: Kleiner Effekt (z. B. Beziehungskonflikte).

Playboy (Promiskuität)

- Negative psychische Gesundheit: Kleiner bis mittlerer Effekt (z. B. Einsamkeit).
- Hilfesuchverhalten: Kein signifikanter Effekt.

Self-Reliance (Übermäßige Selbstständigkeit)

- Negative psychische Gesundheit: Kleiner bis mittlerer Effekt (z. B. soziale Isolation).
- Positive psychische Gesundheit: Negativer mittlerer Effekt (geringe soziale Verbundenheit).
- Hilfesuchverhalten: Mittlerer negativer Effekt (Ablehnung von Unterstützung).

Primacy of Work (Arbeit als Lebensmittelpunkt)

Kein signifikanter Effekt auf psychische Gesundheit oder Hilfesuchen.

Power Over Women (Macht über Frauen)

- Negative psychische Gesundheit: Kleiner Effekt (z. B. Beziehungsstress).
- Hilfesuchverhalten: Mittlerer negativer Effekt (geringe Therapieakzeptanz).

Disdain for Homosexuals (Homophobie)

Hilfesuchverhalten: Mittlerer negativer Effekt (Vermeidung "schwacher" Verhaltensweisen).

Pursuit of Status (Statusstreben)

Kein signifikanter Effekt auf psychische Gesundheit.

Wenn ich das richtig verstanden habe, geht es hier nur um das Verinnerlichen der Norm. Das Ausleben der Norm ist hier nicht berücksichtigt. Im folgenden Video werden auch noch andere Dinge dazu angesprochen.[242] Interessant wäre auch ein Vergleich mit Daten aus patriarchalen Gesellschaften, ob diese Eigenschaften in einer weniger feindseligen Gesellschaft anders wirken.

5.4 Fazit

Eine offene Frage bleibt jedoch: Wenn Männer aufhören, sich gesellschaftlich für tödliche, gefährliche, körperlich belastende oder gesundheitsschädliche Arbeit aufzuopfern – wer übernimmt diese Aufgaben? Die Baubranche, das Handwerk oder Rettungsdienste, in anderen Ländern spielt noch die Ressourcenförderung eine wichtige Rolle, basieren oft auf dieser traditionellen Rolle. Wenn das Konzept der männlichen Selbstaufopferung wegfällt, könnten wir vor einer grundlegenden gesellschaftlichen Herausforderung stehen: Wer macht in Zukunft die Jobs, die keiner machen will?

6. Therapie

Die psychische Gesundheit von Männern leidet unter spezifischen gesellschaftlichen Erwartungen:

Therapieangebote

---

[242] https://youtu.be/XBov_16F1GU?si=p84lXAviHpYaZ_VY

- Viele therapeutische Konzepte und Beratungsangebote richten sich primär an Frauen, dass Männer häufig weniger passende Unterstützung finden.[243]

Emotionale Offenheit

- Traditionelle Rollenbilder schreiben Männern vor, stets stark und zurückhaltend zu sein. Diese Erwartung hindert sie oft daran, bei psychischen Problemen rechtzeitig Hilfe in Anspruch zu nehmen.[244] [245]

Diese Faktoren führen dazu, dass Männer in ihrem Umgang mit psychischen Belastungen und in der Nutzung von Therapieangeboten benachteiligt werden.

7. The treatment-prevalence paradox[246] [247] [248]

I. Die Prävalenz ist scheinbar nicht gesunken

Zunahme von Fehldiagnosen (False Positives)

- Normale Belastung oder Traurigkeit wird heute häufiger als Depression diagnostiziert.
- Dadurch steigen die Fallzahlen "künstlich".

Tatsächliche Zunahme der Neuerkrankungen (Inzidenz)

- Es gibt heute mehr Erstdiagnosen, z. B. durch gesellschaftlichen Stress, Einsamkeit, Leistungsdruck etc.
- Diese Zunahme könnte die Wirkung besserer Therapien "überlagern".

---

[243] https://www.continuingedcourses.net/active/courses/course040.php
[244] https://introspectioncounseling.com/what-are-mens-issues-in-therapy/
[245] https://tinyurl.com/4cafuejs
[246] https://pubmed.ncbi.nlm.nih.gov/34959153/
[247] https://pubmed.ncbi.nlm.nih.gov/37755928/
[248] https://pubmed.ncbi.nlm.nih.gov/38996078/

Diese beiden Erklärungen finden wenig empirische Unterstützung: Es gibt keine starken Hinweise darauf, dass entweder Fehldiagnosen oder tatsächliche Inzidenzen deutlich gestiegen sind.

II. Die Behandlungen wirken nicht so gut, wie man glaubt:

Überschätzte Wirksamkeit (Publikationsbias, Methodenschwächen)

- Studien übertreiben die Effektstärken (v. a. durch selektive Publikation, schwache Vergleichsgruppen).
- Kurzfristige Effekte sind besser dokumentiert als langfristige Rückfallprävention.

Geringere Wirksamkeit im Alltag (Versorgungsrealität)

Was in klinischen Studien funktioniert, klappt im "echten Leben" oft nicht:

- Weniger erfahrene Therapeuten
- Abbrüche
- Ressourcenmangel
- Unzureichende Diagnostik

Nicht zielgerichtete Behandlungsausweitung

Viele Behandlungen erreichen vor allem leichte oder einmalige Fälle, nicht die chronisch-rezidivierenden Patienten, die die Statistik stark prägen.

Unzureichende Rückfallprävention

- Selbst wenn Akutbehandlungen wirken, bleiben Rückfälle häufig.
- Rückfallvermeidung ist oft weniger effektiv und zu wenig implementiert.

Iatrogene (behandlungsbedingte) Schäden:

Behandlungen selbst können negative Effekte haben, z. B. Abhängigkeit von Antidepressiva, emotionale Abstumpfung oder Verschlechterung durch falsche Interventionen.

Die Autoren argumentieren, dass die meiste Erklärungskraft für das Paradox in den Punkten folgenden Punkten liegt:

- Wirksame Therapien existieren, aber sie erreichen nicht systematisch die wichtigsten Patientengruppen (z. B. mit chronisch-rezidivierender Depression),
- sie werden in der Praxis nicht mit derselben Qualität umgesetzt wie in Studien,
- und die Effektstärken in Studien sind überhöht dargestellt.

Zudem wird betont, dass ein echter Rückgang der Depressionen in der Bevölkerung nicht allein durch Therapie erreicht werden kann, sondern durch:

- bessere Prävention
- frühzeitige Intervention
- strukturelle Förderung psychischer Gesundheit
- und ggf. auch den Einsatz von Laientherapeuten oder digitalen Angeboten, um die Versorgung zu verbessern.

XII. Gewalt

Bernhard Bogerts berichtet im SWR-Beitrag, dass 98 % der Bevölkerung grundsätzlich gewaltfrei leben – was durch zahlreiche, zehntausende Teilnehmer umfassende Studien belegt wird, wie er in seinem Buch "Woher kommt Gewalt?" erläutert. Demnach zeigen nur etwa 2 % der Menschen Neigungen zu Gewalttaten. Betrachtet man hingegen ausschließlich Menschen mit psychischen Erkrankungen, so liegt der Anteil derjenigen, die zu Gewalt neigen, bei etwa 4 %. Obwohl 96 % der psychisch Kranken ebenfalls gewaltfrei leben, ist das Risiko, unter ihnen Gewalttaten zu begehen, doppelt so hoch wie in der Allgemeinbevölkerung. Eine Untersuchung der Universität Helsinki in Schweden weist sogar auf ein drei- bis viermal erhöhtes Risiko unter psychisch Kranken hin.[249]

Peter Döge nennt eine alternative Zahl: Demnach leben rund 70 % der Männer und Frauen gewaltfrei. Es ist wichtig zu betonen, dass Gewalt in der großen Mehrheit der Bevölkerung keine Rolle spielt, sodass lediglich ein knappes Drittel der Menschen als gewalttätig eingestuft wird.[250]

Hinweis: Ich glaube die Diskrepanz zwischen den Zahlen kommt, daher das Bogerts von einer psychologischen Neigung spricht, während Döge tatsächliche Gewaltausübung meint.

1. Gewalt gegen Männer[251]

Coxell et al. (1996) beschrieben sexualisierte Gewalt gegen Männer als ein vergleichsweise junges Forschungsfeld – nicht, weil diese Form der Gewalt tatsächlich selten ist, sondern weil die Annahme, Berichte männlicher Opfer seien unglaubwürdig (insbesondere bei Täterinnen), die Forschung lange behinderte. Entsprechend mangelt es nach wie vor an belastbaren Studien (Coxell et al. 1996, S. 380–381). Diese Kritik wird bis heute oft wiederholt. Eine bloße Schlagwortsuche in Fachdatenbanken zeigt jedoch, dass es im englischsprachigen Raum eine durchaus rege Forschung zu sexualisierter Gewalt gibt – allerdings widmen sich davon weniger als 5 % männlichen Betroffenen. Im deutschsprachigen Raum fällt der Anteil noch geringer aus: Studien zu

---

[249] https://tinyurl.com/yp4xkddd
[250] https://www.vaeter-zeit.de/vaeter-maenner/maennergewalt-gewalt-gegen-jungen.php
[251] https://tinyurl.com/mrxnynau

Männern machen hier unter 0,1 % aller Arbeiten aus. Eine genauere Recherche offenbart darüber hinaus eine Fragmentierung und Selektivität: Im englischen Sprachraum existieren etwa zahlreiche Untersuchungen zu Vergewaltigungen männlicher Opfer sowie zu Mythen, Vorurteilen und der Wahrnehmung männlicher Vergewaltigungsopfer.

2. Mord und Todschlag[252]

Opfer	Mann	Frau
vollendet	337	339
versucht	1.595	587

Täter	Mann	Frau
ab 21	1943	293

Das heißt, bei vollendeten Fällen machen Frauen 50,15 % der Opfer aus. Versuchte Tötungen wiederum erleben Männer mit 73,09 % überproportional. Auf der Täterseite stellen Frauen 13,09 % der Tatverdächtigen ab 21 Jahren dar.

Kindstötung[253]

---

[252] https://tinyurl.com/3br8z5ey
[253] https://tinyurl.com/4ft6ucss

Kindstötung ist das einzige Tötungsdelikt, bei dem Frauen überproportional häufig als Täter auftreten. Der Täteranteil von Müttern liegt je nach Alter des Kindes zwischen 65 und 100 %.

Die Fachliteratur unterscheidet:

- **Neonatizide**: Tötung am ersten Lebenstag (fast immer durch die Mutter)
- **Infantizide**: Tötung im ersten Lebensjahr ($\approx$ 80 % durch die Mutter)
- **Filizide**: Tötung zwischen dem 2. und 14. Lebensjahr ($\approx$ 65–75 %)

Neonatizide werden meist von sehr jungen, überforderten Müttern begangen, die ungewollt schwanger wurden und die Schwangerschaft verdrängten oder geheim hielten. Die Geburt erfolgt heimlich, oft zu Hause, und das Neugeborene wird dann erstickt, ertränkt oder entsorgt (z. B. in Mülltonnen). In manchen Fällen bewahren die Mütter die Babyleichen in ihrer Umgebung auf (z. B. im Gefrierfach oder in Blumentöpfen). In Extremfällen werden mehrere Leichen gefunden.

Daten für 2020 (Deutschland):

- Insgesamt 152 Kindstötungen
- Davon 30 Neonatizide
- Menschenrechtsorganisation Terre des Hommes spricht von 20 - 30 Neonatizide pro Jahr[254]

Psychische Probleme (Filizide)[255]

Mütter wiesen deutlich häufiger als Väter eine Vorgeschichte psychischer Störungen auf (66 % vs. 27 %) und litten zum Tatzeitpunkt häufiger unter Symptomen (53 % vs. 23 %), meist affektiver Erkrankungen. Schizophrenie oder wahnhafte Störungen lagen bei 17 % der Mütter vor; insgesamt hatten 8 % eine Schizophrenie-Diagnose. Zum

---

[254] https://tinyurl.com/4n5nhp6c
[255] https://pubmed.ncbi.nlm.nih.gov/23593128/

Tatzeitpunkt waren 37 % der Mütter psychisch krank. 20 % standen bereits zuvor in Behandlung, 12 % innerhalb des letzten Jahres vor der Tat.

Kindstötung in den USA

Filicide in the U.S. (1976 - 2007):[256]

- 500 Fälle jedes Jahr
- Fast drei Viertel (72 %) der getöteten Kinder waren sechs Jahre alt oder jünger.
- Ein Drittel der Opfer waren Säuglinge (unter einem Jahr).
- Nur etwa 10 % der getöteten Kinder waren zwischen 7 und 18 Jahren alt.
- Der Rest der Opfer waren volljährige Nachkommen.
- Jungen waren mit 58,3 % wahrscheinlicher Opfer als Mädchen.
- Etwa 11 % der getöteten Kinder waren Stiefkinder (im Vergleich zu 10–20 % aller US-Kinder, die mit einem Stiefelternteil leben). Tatsächlich ist der Anteil überproportional – entgegen der Behauptung in der Quelle. Wenn 10 bis 20 Prozent aller Kinder mit einem Stiefelternteil zusammenleben, bedeutet das, dass nur etwa 5 bis 10 Prozent der Elternteile Stiefeltern sind, da Kinder in der Regel mit zwei Elternteilen leben, wenn sie Stiefeltern haben. Vergleicht man diesen Anteil mit den 11 Prozent der Opfer, die Stiefkinder waren, zeigt sich eine Überrepräsentation. Vereinfacht gesagt: Wenn 100 Prozent aller Kinder mit einem Stiefelternteil lebten und ausschließlich Stiefeltern ihre Kinder töten würden, würde niemand ernsthaft behaupten, das sei gleichmäßig verteilt.
- Vater wurde beschuldigt in 57,4 % der Fälle

---

[256] https://www.sciencedaily.com/releases/2014/02/140225122423.htm

Unterschätzung der Sterblichkeit durch Kindesmisshandlung in den Vereinigten Staaten[257]

Von 1985 bis 1996 wurde geschätzt, dass 9 467 Tötungsdelikte an US-Kindern unter 11 Jahren auf Misshandlung zurückzuführen sind – statt der gemeldeten 2 973 Fälle.

Underascertainment of Child Maltreatment (1990–1998)[258]

Nur bei der Hälfte der Kinder, die infolge von Misshandlung starben, war im Totenschein die Todesursache auch als Misshandlung kodiert.

Neonaticides in the United States — 2008-2017[259] [260]

- 81 Neonatizide in 10 Jahren → ca. 8 pro Jahr
- 2.851 Infantizide → ca. 285 pro Jahr
- Genaue Täterverteilungen werden nicht genannt, allgemein ist der Text sehr politisch: Nach dem ersten Lebenstag kann ein Säuglingsmord im Zusammenhang mit jungem Elternalter, Frustration der Betreuungsperson, mütterlicher psychischer Erkrankung, der Beseitigung eines unerwünschten Kindes oder Misshandlung bzw. Vernachlässigung erfolgen; je nach Kontext kann der Mord von der Mutter, dem männlichen Partner der Mutter oder dem biologischen Vater des Säuglings begangen werden.
- Der Tod eines Säuglings kann auf der Sterbeurkunde falsch klassifiziert oder unentdeckt bleiben, was zu einer möglichen Unter- oder Übererfassung von Säuglingsmorden führt. Das Fehlen präziser pathologischer Marker für Lebendgeburten oder zur Bestimmung der Todesursache kann Fehler bei der Kodierung der Todesart nach sich ziehen.

---

[257] https://jamanetwork.com/journals/jama/fullarticle/190980
[258] https://tinyurl.com/59rv9sfb
[259] https://journals.sagepub.com/doi/abs/10.1177/19253621221077870
[260] https://www.cdc.gov/mmwr/volumes/69/wr/mm6939a1.htm/

Neonatizide liegen bei 8 pro Jahr, während wir in Deutschland mit nur ein Viertel der Bevölkerung 20 - 30 haben. Vielleicht landen die aufgrund irgendwelcher Definitionen in Infantizide.

3. Sexualdelikte

Sexuelle Gewalt ist einer der Pfeiler an den Feminismus strukturelle Gewalt gegen Frauen aufzeigt. Das Narrativ von 97, 98 oder 99 % männlichen Tätern im Bereich sexueller Gewalt wird auch durch deutsche BKA-Statistiken gestützt. Tatverdächtige in Deutschland für 2023 (Vergewaltigung, sexuelle Nötigung und sexuelle Übergriffe): 7.648 Männer und 118 Frauen macht einen Anteil von 98,4 % männlichen Tatverdächtigen.[261] Auf Opferseite haben wir 680 Männer und 11.617 Frauen. Macht einen Anteil an 5,5 % männlicher Opfer.

Sexualdelikte werden häufig als typisch männliche Straftaten wahrgenommen. Allerdings sind die polizeilichen Daten nicht immer repräsentativ für die reale Lage. Männer berichten seltener, wenn sie Opfer werden oder weibliche Täter sind (fast) definitionsgemäß ausgeschlossen. In Deutschland ist es ein bisschen anders, als z.B. in den USA und UK, wo es einen Penis braucht, um vergewaltigen zu können.

The Tin Men hat sich die Zahlen für die US für Vergewaltigung einmal genauer angeschaut.[262] Während die Ausgangslage von 98,5 % männlichen Tätern bei Vergewaltigung sprach, kommt man auf 65,6 % bis 69,7 % männliche Täter bei erzwungenem Sex, wenn man den Report des CDC auswertet.

Das erscheint etwas ungewohnt, daher werden die Zahlen des CDC genauer betrachtet: (letzten 12 Monate)[263]

---

[261] https://tinyurl.com/9xdekffu
[262] https://www.instagram.com/p/DJWXygbIt_K/?img_index=1
[263] https://www.cdc.gov/nisvs/documentation/nisvsReportonSexualViolence.pdf

Vergewaltigung

- Frauen 2.857.000 Opfer
    - ➢ Männliche Täter 97,7 % → 2.791.289
    - ➢ Weibliche Täter: 2,3 % → 65.711
- Männer: 340.000 Opfer
    - ➢ Männliche Täter 71,9 % → 244.460
    - ➢ Weibliche Täter: 28,1 % → 95.540

Made to penetrate

- Männer: 1.562.000 Opfer
    - ➢ Weibliche Täter: 83,8 % → 1.308.956
    - ➢ Männliche Täter 16,2 % → 253.044

Wir haben also 4.759.000 Opfer bzw. Fälle und 1.470.207 weibliche Täter, macht einen Anteil von 30,89 %. Das passt nicht genau, kommt seiner Sache schon nah. Seine Schätzung ist wahrscheinlich besser, weil ich hier komplett ignoriert habe, dass es eine Kategorie für beide Geschlechter als Täter gibt, für die keine Angaben gemacht worden sind.

In Deutschland scheint laut § 177 Abs. 6 Penis keine notwendige Bedingung zu sein, allerdings Penetration eine "insbesondere": "insbesondere wenn sie mit einem Eindringen in den Körper verbunden sind (Vergewaltigung)". Auch hier scheint die passive Form zu fehlen, also das weibliche Äquivalent. Ich habe allerdings kein Jura studiert, was das jetzt genau heißt, kann ich nicht erklären.

Sexuelle Nötigung nach dem CDC Report (letzte 12 Monate)

Weibliche Opfer

- Männliche Täter 96,4 % → 4.471.000
- Weibliche Täter 3,6 % → 167.000

(Das stimmt nicht ganz, ein kleiner Teil von den 3,6 % könnte auch beide Geschlechter als Täter haben, aber das ist nicht angegeben.)

Männliche Opfer

- Männliche Täter 13,6 % → 311.000
- Weibliche Täter 83,6 % → 1.908.000
- Beide 2,8 % → 64.000

Insgesamt

- Männliche Täter 4.846.000
- Weibliche Täter 2.139.000

Der weibliche Anteil an Tätern liegt hier bei 30,6 %.

Ungewollter sexueller Kontakt (letzte 12 Monate)

Weibliche Opfer

- Männliche Täter 92,6 % → 6.076.000
- Weibliche Täter 7,4 % → 486.000

Männliche Opfer

- Männliche Täter 26,1 % → 932.000
- Weibliche Täter 70,5 % → 2.519.000
- Beide 3,4 % → 121.000

Insgesamt

- Männliche Täter 7.129.000
- Weibliche Täter 3.126.000

Der weibliche Anteil an Tätern liegt hier bei 30,6 %.

Bei der Frage, warum Männer das häufiger machen, gibt es auch hier wieder einen Streit zwischen Sozialisierung und Biologie. Die biologische Perspektive verweist unter anderem auf den Sextrieb als Faktor. Eine Metaanalyse aus 2022 hat sich 211 Studien dazu angeguckt und sagt, Männer haben einen stärkeren Sextrieb bei der Effektstärke 0,69, was mittel bis stark ist.[264] Ein anderer Punkt ist abermals die *Greater-Male-Variability*. Studien haben gezeigt, dass 35,7 % der Täter von Sexualdelikten einen IQ unter 75 haben und was für den oberen Bereich des IQ gilt, trifft aufgrund der Normalverteilung auch für den unteren Bereich zu. Ein IQ von 75 würde demnach, in Kombination mit der Variabilität, zu einer ähnlichen Verteilung von 2 zu 1 führen, wie sie in unseren Zahlen zu beobachten ist. Allerdings legen die 35,7 % nahe, dass der durchschnittliche IQ eher um die 80 liegt. Ändert aber nichts daran, dass die größte Diskrepanz in der Quantität zwischen männlichen Tätern und weiblichen Täterinnen sich hier biologisch erklären lässt.[265] Wenn wir die 35,7 % spiegeln, dann geht es Richtung 71,4 %, was man hier annähernd erklären könnte, allerdings sind hier zahlreiche Einschränkungen zu beachten. Was das rein hypothetisch bedeutet, ist, dass wenn die IQ-Varianz rein sozialisationsbedingt wäre und man sie komplett abbauen könnte, dann könnte das Verhältnis der Täterschaft auf bis zu 54,8 % Männer vs. 45,2 % Frauen sinken. Das entspricht in etwa dem Verhältnis, das wir bei strafrechtlich relevanter physischer Gewalt gegen Kinder beobachten.

Außerdem verweist die Quelle auch auf die sprachlichen Probleme der Täter hin und dass fehlende Bildung nicht sehr hilfreich ist. Das Reduzieren der Schulabbrecherquote und **Lesehilfe-Programme** insbesondere für Jungen **könnte** hier also **hilfreich sein**.

Interessant ist ebenfalls, dass jeder vierte einen IQ unter 70 hat und wenn dann noch Sprachprobleme, geminderte soziale Kompetenz und oder schulische / berufliche Probleme hinzukommen, dann können wir

---

[264] https://pubmed.ncbi.nlm.nih.gov/36227317/
[265] https://www.tandfonline.com/doi/pdf/10.3402/vgi.v3i0.14834

von "Menschen mit einer intellektuellen Beeinträchtigung" reden, was medizinisch und rechtlich eine Behinderung ist.

Andere Quellen sprechen von 19,1 %, die die Bedingungen erfüllen.[266] Auf der anderen Seite sind sie auch häufiger Opfer.[267]

Barriers and Facilitators for Sexual Trauma Disclosure in Boys and Men: A Systematic Review[268]

Geschlechtsspezifische Sozialisation und Barrieren bei der Offenlegung

Sexueller Missbrauch / Vergewaltigung wird bei Jungen und Männern häufig mit starken Schamgefühlen verbunden, teils weil diese Handlungen traditionelle männliche Normen von körperlicher Stärke, Dominanz, Stoizismus, Selbstständigkeit, Handlungsfähigkeit und Heterosexualität verletzen, da solche Erfahrungen zwangsläufig Gefühle von Angst, Machtlosigkeit und Kontrollverlust mit sich bringen. Dies verdeutlicht, warum eine direkte Befragung bei Männern besonders schwierig sein kann.

Mythen über männliche Vergewaltigung

Im Text wird erwähnt: Etablierte Mythen über männliche Vergewaltigung umfassen Überzeugungen wie: Jungen und Männer können keine Vergewaltigung erleben, nur schwule Jungen und Männer erleben Vergewaltigung, Jungen und Männer bleiben durch Vergewaltigung unberührt, und physiologische Erregung deutet zwangsläufig auf Zustimmung zu sexuellen Handlungen hin. Diese Mythen tragen zur Untererfassung bei und machen sensible Befragungsansätze erforderlich.

Niedrige Offenlegungsraten und Verzögerungen

---

[266] https://tinyurl.com/mreyzzsh
[267] https://en.wikipedia.org/wiki/Sexual_abuse_and_intellectual_disability
[268] https://journals.sagepub.com/doi/10.1177/15248380251325210?int.sj-abstract.similar-articles.8

Jungen und Männer neigen im Vergleich zu Mädchen und Frauen eher dazu, sich weder an ihr soziales Umfeld, die Polizei noch an Fachkräfte im Gesundheitswesen zu wenden. Schätzungen legen nahe, dass Jungen und Männer ihre Erfahrungen im Durchschnitt um 15–20 Jahre verzögert offenbaren. Dies unterstreicht zusätzlich, wie schwer es ist, Männer direkt zur Offenlegung zu bewegen.

Mangel an geeigneten Unterstützungsangeboten und Fachwissen bei Fachkräften

Diese Faktoren werden durch das Fehlen angemessener Unterstützungsangebote und durch mangelndes Fachwissen bei den Fachkräften noch verschärft. Dies impliziert, dass bestehende Hilfesysteme vielfach nicht ausreichend darauf ausgerichtet sind, Offenbarungen von Männern aufzufangen, und daher indirektere oder speziell zugeschnittene Herangehensweisen notwendig machen.

Was sagen deutsche Dunkelfeldstudien?

Das SKiD 2020[269] sagt sinngemäß: Bei Körperverletzungs- und Sexualdelikten ist das Geschlecht der Täterinnen und Täter in der Regel bekannt. Der Großteil dieser Taten werden von Männern begangen: 91,1 % der Körperverletzungen und 95,2 % der Sexualdelikte. Frauen sind bei diesen Delikten deutlich seltener tatverdächtig – ihr Anteil liegt bei 8,1 % bzw. 3,0 %.

3 % vs. 30 % ist natürlich ein erheblicher Unterschied. Aber woher rührt er? Kulturelle Faktoren allein scheinen diesen erheblichen Unterschied jedoch kaum vollständig zu erklären, selbst wenn Frauen in den USA beispielsweise bei strafrechtlich relevanter Partnerschaftsgewalt etwa 5 % höhere Raten aufweisen, was andererseits aber auch an einer breiteren Definition, was unter Partnerschaftsgewalt fällt, liegen könnte.

---

[269] https://tinyurl.com/25w7jubb

Eine andere Möglichkeit habe ich hier im Vorfeld im Grunde schon angedeutet.

- Das Erfassen von Opfererfahrungen durch allgemeine Trauma-Fragebögen ist weniger erfolgreich als durch speziell für sexuelle Gewalt angepasste Fragebögen.[270]
- Es fällt wohl niemandem leicht, über seine Opfererfahrung zu reden, aber Männern fällt es besonders schwer.[271]
- Fragen im SKiD 2020 scheinen nicht sonderlich sensibilisiert zu sein, den so wie ich das verstanden habe, sollte man nicht nach "**Opfer sexueller** Gewalt" fragen oder nach Vergewaltigung. Allerdings sahen die Fragen im SKiD ca. wie folgt aus:
  i. *"Ich wurde sexuell belästigt oder Opfer eines sexuellen Übergriffs."[272]*
  ii. *"Jemand hat mich sexuell missbraucht oder vergewaltigt."*

- Im CDC NISVS unter *Limitation* wiederum heißt es sinngemäß: Zweitens bestehen Unterschiede in der Methodik zwischen der NISVS und anderen Erhebungen, etwa beim Stichprobendesign, der verwendeten Sprache und Terminologie sowie dem Kontext, in dem den Befragten die Fragen zur Viktimisierung gestellt werden. Die NISVS nutzt verschiedene Techniken, um das Wohlbefinden der Teilnehmenden zu erhöhen und die Offenheit für die Schilderung ihrer Erfahrungen zu fördern, beispielsweise ein gestuftes, umfassendes Einwilligungsverfahren, einen Sicherheitsplan und den Einsatz von Interviewer, die speziell darauf geschult sind, Befragungen zu sensiblen Themen durchzuführen. Diese Maßnahmen werden im Summary Report 2010 ausführlicher erläutert.

---

[270] https://pmc.ncbi.nlm.nih.gov/articles/PMC10732194/
[271] https://pubmed.ncbi.nlm.nih.gov/26934546/
[272] https://tinyurl.com/yc7njjjy

Ob die Maßnahmen des CDC jetzt wirklich so einen Unterschied ausmachen, dass sie bei weiblichen Tätern einen Differenz von 3 % vs. 30 % erklären, kann man ohne es zu testen natürlich nicht sagen.

Gewalt in der Familie und im nahen sozialen Umfeld[273]

In Österreich kommt eine andere Studie auf 45 pro 1000 weibliche Täter vs. 122 pro 1000 männliche Täter, was einen Anteil von ca. 26,9 % ergibt. Die Fragen sahen ca. so aus:

- "Jemand hat mich intim berührt oder gestreichelt, obwohl ich gesagt habe oder gezeigt habe, dass ich dies nicht möchte."
- "Jemand ist gegen meinen Willen mit einem Penis oder etwas anderem in meinen Körper eingedrungen."

Die 27 % sind nicht repräsentativ für Österreich, da fehlt eine Verrechnung auf die Demografie etc. Ich wollte nur gucken, in welche Richtung es geht.

4. Partnerschaftsgewalt (IPV)

Partnerschaftsgewalt ist ein zentrales Thema, an dem der Feminismus strukturelle Gewalt gegen Frauen aufzeigt.

Jedes Jahr werden die neuen Zahlen zur Partnerschaftsgewalt veröffentlicht, die von ca. 80 % weiblichen Opfern berichten.[274]

4.1 Gewaltdynamik in Partnerschaften

Aber schauen wir uns auch die Gewaltdynamik in Partnerschaften einmal genauer an, zum Beispiel durch "Differences in Frequency of Violence and Reported Injury Between Relationships With Reciprocal and

---

[273] https://uscholar.univie.ac.at/detail/o:1162297
[274] https://www.hilfetelefon.de/aktuelles/weiter-steigende-zahlen-im-bereich-haeusliche-gewalt/

Nonreciprocal Intimate Partner Violence".[275] Der Studie stammt aus den USA und wurde 2007 gemacht, ist also nicht mehr aktuell, doch gibt sie einen Einblick in die Dynamik von Partnerschaftsgewalt, die so kaum in den Medien oder vom Feminismus kommuniziert wird.

Wichtige Erkenntnisse aus der Studie zur Häufigkeit von gegenseitiger (reziproker) und einseitiger (nicht-reziproker) Partnergewalt:

- Prävalenz von Gewalt in Beziehungen: In fast 24 % der untersuchten Beziehungen trat Gewalt auf.
- Verteilung von reziproker und nicht-reziproker Gewalt: Von den gewalttätigen Beziehungen waren **49,7 % durch gegenseitige Gewalt** gekennzeichnet.
- Geschlechtsspezifische Täterverteilung bei nicht-reziproker Gewalt: In den Fällen einseitiger Gewalt gingen **über 70 % der Übergriffe von Frauen aus.**

Initiierung von Gewalt:

- Mehrere Studien deuten darauf hin, dass sowohl Männer als auch Frauen Gewalt initiieren.
- Beispielsweise berichteten 66 % der befragten Jugendlichen in gewalttätigen Beziehungen, dass beide Partner mindestens einmal Gewalt begannen, und in der National Family Violence Survey initiierte in jeweils mindestens 40 % der Fälle jeder Partner die Gewalt.

Zusammenhang zwischen Reziprozität und Gewaltfrequenz:

- Bei Frauen war gegenseitige Gewalt mit einer höheren Häufigkeit von Übergriffen verbunden.
- Bei Männern zeigte sich kein signifikanter Zusammenhang zwischen gegenseitiger Gewalt und der Häufigkeit von Übergriffen.

---

[275] https://pmc.ncbi.nlm.nih.gov/articles/PMC1854883/

Verletzungsrisiko:

- Männer verursachten häufiger Verletzungen als Frauen.
- Gegenseitige Gewalt war generell mit einem höheren Verletzungsrisiko verbunden als einseitige Gewalt, unabhängig vom Geschlecht des Täters.

Darüber hinaus zeigte die Untersuchung von Community-Stichproben, dass nur ein relativ geringer Prozentsatz von Frauen Selbstverteidigung als primäres Motiv für Gewalt angab. Diese Befunde deuten darauf hin, dass Selbstverteidigung das Phänomen der reziproken Gewalt nicht vollständig erklären kann.

Implikationen für Präventionsstrategien: Die Art der Gewalt (gegenseitig vs. einseitig) ist ein starker Prädiktor für das Auftreten von Verletzungen. Präventionsansätze sollten daher die Eskalation von Partnergewalt adressieren, insbesondere in Fällen gegenseitiger Gewalt.

Andere Studien wie die von Michael P. Johnson (2008) legen nahe, dass Macht als Motiv für Intimpartnergewalt – also das Bestreben, den Partner zu kontrollieren und zu dominieren – sowohl bei Männern als auch bei Frauen vorkommt, wobei Männer das dominieren.[276] Aber darauf gehen wir gleich nochmal genauer drauf ein, denn so einig ist er sich da nicht mit seiner Kollegin (dass Männer das dominieren).

Diesen Zahlen zufolge kann man auch einschätzen, dass 76,7 % der weiblichen Opfer von Partnerschaftsgewalt ebenfalls Täter sind.

Rechnung:

- Täter und Opfer: 49,7 %
- Nur Täter: 50,3 % - Frau 70 % und Mann 30 %
- 49,7 % / ([50,3 % x 30 %] + 49,7 %) = 76,7 %
- 49,7 % / ([50,3 % x 70 %] + 49,7 %) = 58,5 %

---

[276] https://tinyurl.com/2bhf6v9e

Bei den männlichen Opfern wiederum sind es 58,5 %. Diese Zahlen zeigen einmal, dass die meisten Opfer auch Täter sind und unsere vereinfachte Schuldzuweisung nicht ganz der Lebensrealität gerecht wird. Zusätzlich zeigt es auch, dass man mit dem Ignorieren von männlichen Opfern und der Errichtung von Schutzräumen auch Frauen keinen Gefallen tut, denn man verbaut hier die Möglichkeit, dass Männer aus der toxischen Gewaltspirale austreten können, wenn sie ihr Limit erreicht haben.

Eine deutsche Studie hat ebenfalls einen hohen Overlap festgestellt. 54 % der Männer waren schon mal Opfer, 55 % waren schon mal Täter.[277]

Andere Quellen: Die Quelle ist ein Überblick von 2024 über die aktuelle Forschungslage. Die Ergebnisse unterscheiden sich nicht sonderlich von dem, was ich hier gezeigt habe. 52,8 % beidseitig. In 31,4 % der Fälle geht die Gewalt von Frauen aus und in 16,9 % von Männern. Auch die Zusammenfassung von 2012, mit der man hier vergleicht, kam zu ähnlichen Ergebnissen.[278]

Vielleicht kennt auch jemand andere Quellen, die von 30 % bis 40 % männlichen Opfern sprechen. Zum Beispiel die unter Nr. 8 verlinkte Quelle spricht sogar von 43 %.[279] Widersprechen sich die Befunde nicht? Nicht wirklich. Diese Studien gucken sich eher strafrechtlich relevante Gewalt an, während die gezeigte eine breitere Definition von Gewalt zugrunde liegt. Ein Beispiel wäre das nächste Kapitel.

Nur um das nochmal in Kontext zu setzen, seit über 40 Jahren gibt es diese Forschungsergebnisse, wenn auch selten, weil man sich eher auf männliche Täter konzentriert und seit 40 Jahren schafft es der Bund nicht, Plätze für männliche Opfer bereitzustellen. Seit 40 Jahren haben wir eine immer bessere Idee, wie das Dunkelfeld der Partnerschaftsgewalt aussieht und dass Männer hier nicht zwangsläufig

---

[277] https://www.maennergewaltschutz.de/neuigkeiten/kfn-studie-maenner-partnerschaftsgewalt/
[278] https://tinyurl.com/55d5rcbx
[279] https://tinyurl.com/wfmy9hfr

als primäre Täter dargestellt werden müssen. Trotzdem kriegen wir jedes Jahr die Kriminalstatistik mit ca. 80 % männlichen Tätern kommentarlos präsentiert. Das wird ab und zu auch in der Presse kritisiert wie hier 2010 im Spiegel.[280]

4.2 Diskurskampf & Meta-Analysen Crossover

Viele Studien im Bereich der Partnerschaftsgewalt nutzen die Conflict Tactics Scales (CTS), die jedoch dafür kritisiert werden, dass sie den Kontext, die Motivation und die Schwere der Gewalt nicht ausreichend erfassen. Kritiker argumentieren, dass die CTS wichtige Aspekte wie Kontrollverhalten und sexuelle Gewalt nicht berücksichtigen, also gucken wir uns mal weitere Aspekte etwas genauer an.

4.2.1 Langhinrichsen-Rolling 2009[281]

Eigentlich geht es primär um die nächsten 3 Studien, aber gucken wir uns trotzdem an, wie das Abstract die Studie zusammenfasst:

- Vielfalt der IPV-Typen: Es gibt eindeutig mehr als eine Art von intimer Partnergewalt.
- Zentrale Rolle des Geschlechts und männliche Täterschaft bei kontrollierender Gewalt: Die "Feministinnen haben recht" – das Geschlecht ist für die Analyse von intimer Partnergewalt von zentraler Bedeutung.
- Anpassung der Modelle an IPV-Typen: Die verschiedenen Typen von intimer Partnergewalt haben unterschiedliche Ursachen, Entwicklungspfade und Konsequenzen. Daher sind auch unterschiedliche Modelle erforderlich, um sie zu verstehen.
- Bedarf an qualitativer Forschung: Es wird mehr qualitative Forschung benötigt, insbesondere zu den am wenigsten verstandenen Formen von intimer Partnergewalt: dem gewaltsamen

---

[280] https://tinyurl.com/ym6pv3n4
[281] https://psycnet.apa.org/record/2010-06192-009

Widerstand (violent resistance) und der situativen Paargewalt (situational couple violence).

4.2.2 RE: Langhinrichsen-Rolling 2010

Es ist eine Antwort im Sinne einer Korrektur von Michael Johnson. Johnson argumentiert, dass das Verständnis von Kontrolle entscheidend ist, um die verschiedenen Formen von Gewalt zu unterscheiden und wirksame Interventionsstrategien zu entwickeln.

Hier sind die zentralen Punkte zur Kontrolle:

Coercive Control als Kern des "häuslichen Gewalt"-Begriffs

- Johnson betont, dass die meisten Menschen unter "häuslicher Gewalt" die zwanghafte, kontrollierende Gewalt verstehen ("coercive, controlling violence").
- Diese Form der Gewalt, die feministische Theoretiker und Aktivisten seit langem anprangern, wird nach seiner Analyse primär von Männern gegen ihre weiblichen Partner:innen ausgeübt.

Johnsons kontrollbasierte Typologie von IPV

Johnson unterscheidet drei Haupttypen von intimer Partnergewalt, wobei die Rolle der Kontrolle das definierende Merkmal ist:

- Beim sogenannten "Intimen Terrorismus" (Intimate Terrorism) handelt es sich um eine Form der Partnerschaftsgewalt, bei der der Täter oder die Täterin körperliche Gewalt gezielt mit unterschiedlichen, systematischen Kontroll- und Machttechniken kombiniert, um die Kontrolle über die oder den Partner/in zu erlangen. In heterosexuellen Beziehungen wird dieser Typ hauptsächlich von Männern verübt. Diese Form der Gewalt ist fortlaufend, systematisch und führt wahrscheinlicher dazu, dass Opfer Hilfe suchen oder Verletzungen erleiden.

- Violent Resistance (Gewaltsamer Widerstand): Dies ist die Gewalt, die von den Frauen (und wenigen Männern) ausgeübt wird, die in einer Beziehung mit einem "Intimate Terrorist" gefangen sind. Es ist eine Reaktion auf den zwanghaften Kontrollversuch des Partners/der Partnerin.
- Situational Couple Violence (Situative Paargewalt): Hierbei handelt es sich um Streitigkeiten, die zu verbaler und schließlich zu physischer Aggression eskalieren. Sie beinhaltet kein allgemeines Muster zwanghafter Kontrolle. Die Eskalation kann verschiedene Ursachen haben, wie Wutmanagementprobleme, Kommunikationsschwierigkeiten oder Substanzmissbrauch. In Umfragen zeigt sich bei dieser Form der Gewalt häufig eine geschlechtssymmetrische Verteilung der Täterrollen.

Diskrepanz zwischen Stichprobentypen und der Rolle der Kontrolle

- **Agency Samples** (Behördenstichproben): Studien, die Daten von Behörden (Polizei, Gerichte, Krankenhäuser, Frauenhäuser) verwenden, zeigen, dass IPV in heterosexuellen Beziehungen weitgehend von Männern verübt wird. Dies liegt daran, dass "Intimate Terrorism" (die kontrollierende Form der Gewalt) zu Hilfesuche, Verletzungen und behördlicher Aufmerksamkeit führt.
- **General Samples** (Allgemeine Stichproben/Umfragen): Studien, die auf allgemeinen Bevölkerungsbefragungen basieren, zeigen oft, dass IPV in Bezug auf die Täterschaft ungefähr geschlechtssymmetrisch ist. Johnson argumentiert, dass dies ein Bias ist, da "Intimate Terrorists" und ihre Partner aus Angst vor Konsequenzen oder Rache nicht an solchen Umfragen teilnehmen. Diese Umfragen erfassen daher hauptsächlich die "Situational Couple Violence", bei der keine systematische Kontrolle vorliegt.

Kritik an der "Geschlechtersymmetrie"-Debatte

- Johnson kritisiert, dass Befürworter der Geschlechtersymmetrie in IPV die Daten aus "Agency Samples" und die Unterscheidung zwischen "Intimate Terrorism" und "Situational Couple Violence" ignorieren.
- Er betont, dass selbst in Studien, die Geschlechtersymmetrie in Bezug auf die Häufigkeit von Gewaltakten feststellen, die Gewalt von Männern tendenziell mehr physische Verletzungen, negative psychologische Folgen und mehr Angst bei den Opfern hervorruft. Die bloße Zählung von Gewaltakten ohne Berücksichtigung des Kontextes von Kontrolle und der Auswirkungen sei irreführend.

Bedeutung kontrollbasierter Typologien

Johnson bekräftigt die Gültigkeit seiner und anderer Typologien, die auf Kontrolle basieren. Er argumentiert, dass diese Unterscheidungen essenziell sind, um die Analysen voranzutreiben und **wirksame Interventionen** zu entwickeln, da unterschiedliche Gewaltformen unterschiedliche Ursachen, Dynamiken und Konsequenzen haben.

Zusammenfassend lässt sich sagen, dass der Text die zentrale Bedeutung von "coercive control" hervorhebt, um die Komplexität von intimer Partnergewalt zu verstehen. Er argumentiert, dass die schwerwiegendste und am besten verstandene Form von häuslicher Gewalt – der "Intimate Terrorism" – hauptsächlich von Männern ausgeht und durch systematische Kontrolle charakterisiert ist. Andere Formen von Gewalt, die in allgemeinen Umfragen als geschlechtssymmetrisch erscheinen, sind meist "Situational Couple Violence", der ein solches Kontrollmuster fehlt.

4.2.3 Langhinrichsen-Rohling 2012[282] (Motive für IPV)

Der Text von Langhinrichsen-Rohling ist ein umfassender Überblick über Motivationen für die Ausübung von intimer Partnergewalt (IPV) bei

---

[282] https://tinyurl.com/299tkseu

Männern und Frauen. Das Konzept der "Kontrolle" spielt dabei eine zentrale Rolle als eine der untersuchten Motivationskategorien.

Hier sind die wichtigsten Punkte, die der Text hinsichtlich "Kontrolle" hervorhebt:

"Macht/Kontrolle" als zentrale Motivationskategorie

- Die Autoren haben in ihrer Überprüfung empirische Daten aus 74 Artikeln (75 Stichproben) zusammengefasst und die Motive in sieben breite Kategorien kodiert. "Macht/Kontrolle" (Power/Control) ist eine davon.
- Es war eine der am häufigsten gemessenen Motivationen in den untersuchten Studien (76 % der Stichproben befassten sich damit).
- Theoretisch wird angenommen, dass Aggressoren Gewalt mit der Erwartung ausüben könnten, dadurch einen Vorteil zu erzielen, wie z.B. "ein Gefühl von Macht oder Kontrolle wiederzuerlangen".

Diskussion über Geschlechterunterschiede bei Motiv für Kontrolle:

- Eine wichtige und kontroverse Frage war, ob sich die Motive für die Ausübung physischer IPV bei Männern und Frauen unterscheiden.
- **Traditionelle Annahme:** Es wird oft angenommen, dass die Gewalt von Männern dazu dient, Frauen zu unterwerfen und in einer Position der Verletzlichkeit und Machtlosigkeit zu halten (also Kontrolle auszuüben). Entsprechend würde Frauen die Gewalt hauptsächlich aus Selbstverteidigung verüben.

Ergebnisse der Überprüfung

- Nur 18 der 75 untersuchten Studien (24 %) enthielten Daten, die einen direkten Geschlechtervergleich der angegebenen Motivationen ermöglichten.

- Unter diesen Studien zeigten sich sehr wenige geschlechtsspezifische Motive für die Gewaltausübung, obwohl die Autoren zur Vorsicht mahnen, da methodische und Messherausforderungen sowie erhebliche Heterogenität der Studien direkte Vergleiche erschweren.
- Kritik an früheren Überblicken: Sie kritisieren frühere Reviews (z.B. Malloy et al., 2003; Swan et al., 2008), die trotz begrenzter Studienlage zu dem Schluss kamen, dass Männer IPV hauptsächlich zur Kontrolle ihrer Partnerinnen einsetzen und Frauen zur Selbstverteidigung. Die vorliegende, umfassendere Überprüfung deutet an, dass diese früheren Schlussfolgerungen möglicherweise voreilig oder nicht ausreichend durch die Daten untermauert waren.

Heterogenität der Motive bei beiden Geschlechtern:

- Die Überprüfung erwartete und fand, dass sowohl bei Männern als auch bei Frauen **vielfältige Motivationen** für die Ausübung physischer Gewalt bestehen können, nicht nur "Macht/Kontrolle" oder "Selbstverteidigung". Dazu gehören der Ausdruck negativer Emotionen (Wut), Kommunikationsschwierigkeiten, Vergeltung oder Eifersucht.
- Dies unterstützt die Idee, dass es eine **Heterogenität** unter den Tätern gibt, was darauf hindeutet, dass unterschiedliche Arten von Interventionen notwendig sein könnten, die psychologische Probleme und beziehungsspezifische Anliegen berücksichtigen, anstatt sich ausschließlich auf geschlechtsspezifische Ansätze zu verlassen.

Zusammenfassend lässt sich sagen, dass Langhinrichsen-Rohling et al. "Macht/Kontrolle" als ein häufiges und wichtiges Motiv für die Ausübung von IPV identifizieren. Ihre umfassende Überprüfung stellt jedoch die verbreitete Annahme infrage, dass "Macht/Kontrolle" ein überwiegend männliches Motiv ist und "Selbstverteidigung" ein überwiegend weibliches Motiv. Sie finden wenig empirische Unterstützung für ausgeprägte geschlechtsspezifische Unterschiede bei den Motiven für Gewalttaten und betonen die Notwendigkeit, die Vielfalt der Motivationen bei beiden Geschlechtern anzuerkennen, um effektivere Interventionen zu entwickeln.

4.2.4 Langhinrichsen-Rohling 2012[283] (Bidirektionale IPV)

Dieser Review hat 48 Studien (ab 1990) und eine frühere Metaanalyse verglichen, um herauszufinden, wie oft Gewalt in Beziehungen ernsthaft bidirektional ist (beide Partner sind daran beteiligt) versus unidirektional (nur Mann→Frau oder Frau→Mann). Die wichtigsten Points:

Bidirektionale Gewalt ist gängig: In allen Arten von Stichproben (von großen Bevölkerungsumfragen bis hin zu Gerichtsdaten) ist es normal, dass beide Partner Gewalt anwenden.

Unterschiedliche Muster nach Kontext

- **Alltags-Community-Stichproben:** Oft mehr weibliche Einzeltäterinnen (z. B. aus Frust oder Kommunikationsexplosion).
- **Kriminalstatistik:** Häufiger, dass Männer die Gewalt dominieren, weil hier nur polizeilich gemeldete Fälle landen.
- **Paare mit Minderheiten-Hintergrund:** Bisexuelle, lesbische und schwule Paare hatten ähnliche Raten von unidirektionaler und bidirektionaler Gewalt wie heterosexuelle Paare – hier wurde kein "Männerdominanz"-Trend sichtbar.
- **Rasse/Ethnizität:** Afroamerikanische Paare wiesen nach einigen Studien höhere Raten bidirektionaler Gewalt auf, was aber stark mit sozioökonomischem Stress korreliert.

Mächte-/Kontrolldynamik im Vergleich

Wenn man diese Studien nach *coercive control* untersucht, dann tauchten starke Machtmuster eher in Fällen auf, in denen

---

[283] https://psycnet.apa.org/record/2012-19696-004

Gewaltausübung einseitig war. Allenfalls etwa 5–10 % der Paare zeigten echte "Mutual Violent Control" (beide Partner versuchen systematisch, den anderen mit Macht zu dominieren). Der weit überwiegende Teil der bidirektionalen Gewalt ist situativ: Das heißt, beide streiten, einer ruft dann heftig zurück, beide eskalieren, und es kommt zu Handgreiflichkeiten von beiden Seiten – aber nicht, weil beide unbedingt Macht ausüben wollen.

Mann vs. Frau – Insgesamt zeigen die meisten Daten

- Frauen sind keine "automatischen Opfer", sondern schlagen in Konflikten ebenfalls zurück – vor allem in Situationen, in denen sie sich überfordert oder emotional unter Druck fühlen.
- Systematische Machtausübung durch Männer (z. B. über längere Zeiträume hinweg körperliche oder psychische Kontrolle) findet sich vor allem in Fällen, die juristisch aufgearbeitet werden.
- Befragungen in der Allgemeinbevölkerung zeigen jedoch, dass Frauen unter vergleichbaren Belastungen ähnliche Aggressionsimpulse wie Männer entwickeln – und beide Geschlechter häufig in reaktive Eskalationsmuster geraten.

4.2.5 Review zu Risikofaktoren für IPV 2012[284]

Dieser Review (über 228 Studien) hat gezielt Risikofaktoren für intime Partnergewalt (IPV) gesammelt.

Risikofaktoren, die bei Männern und Frauen unterschiedlich wirken:

---

[284] https://pmc.ncbi.nlm.nih.gov/articles/PMC3384540/

- **Demografische/soziale Faktoren:** Niedriges Einkommen, Arbeitslosigkeit, geringes Bildungsniveau. Männer mit solchem Hintergrund zeigen häufiger physische IPV-Taten; Frauen in ähnlicher Lage haben eher höhere Raten für psychologische Gewalt.

- **Entwicklungs-/Verhaltensfaktoren:** Jugendgewalt, aggressive Peer-Gruppen → wirkt stärker auf spätere IPV-Neigung bei Männern; bei Frauen spielen häufig früh erlebte Gewalt im Elternhaus, schlechte Eltern-Kind-Bindung und psychische Probleme eine größere Rolle.

- **Beziehungseinflüsse:** Stressige Partnerschaften, Rollenkonflikte, schlechte Kommunikation → tragen in beiden Geschlechtern zu IPV bei, aber Männer neigen eher dazu, diese Konflikte mit physischer Gewalt zu eskalieren, während Frauen tendenziell zuerst mit Rückzug oder emotionaler Gewalt reagieren.

- **Messung:** Die meisten Studien (62 %) nutzen den Conflict Tactics Scale (CTS), um IPV zu erfassen. Während früher viele Studien nur Männer-gegen-Frauen betrachtet haben, wurden seit 2005 deutlich mehr bidirektionale Daten erhoben.

- **Entwicklungsrichtung:** Da die meisten Studien (61 % Erwachsene, 55 % Jugendliche) Querschnittsdaten sind, lässt sich nur begrenzt sagen, ob das Risiko (z. B. Depression, Antisocial Behavior) zuerst da war oder Folge der Gewalt. Häufig wird jedoch angenommen, dass schwere emotionale Probleme den IPV-Vorfällen vorausgehen – insbesondere bei Männern.

4.2.6 Review zu Risikofaktoren 2018[285]

Dieser Überblick hat 22 Metaanalysen zusammengenommen, die jeweils verschiedenste Risikofaktoren für Gewalt (nicht nur IPV, sondern Gewalt insgesamt) ausgewertet haben. Die wichtigsten Punkte:

---

[285] https://pmc.ncbi.nlm.nih.gov/articles/PMC6157722/

160

- **Neuropsychiatrische Ursachen ganz oben:** Am stärksten verbanden sich psychische Störungen mit Gewalttaten – v. a. Suchterkrankungen (etwa Alkohol-/Drogenmissbrauch) und antisoziale Persönlichkeitsstörung. Bei Substanzproblemen liegt der Anteil an Gewaltgeschehen in der Bevölkerung grob bei 14,8 % (PAF – Population Attributable Fraction).

- **Gewalterfahrungen in der Kindheit:** Ein ähnliches Gewicht (PAF 12,2 %) hat, als Kind selbst Gewalt zu erleben oder zu beobachten. Diese frühen Traumata wirken sich stark auf späteres Gewaltpotenzial aus.

- Obwohl Kontroll- und Dominanzverhalten im Kontext von Partnerschaftsgewalt als relevanter Prädiktor diskutiert wird, taucht es in dieser Umbrella Review nicht unter den fünf Risikofaktoren mit der höchsten populationären Relevanz (PAF) auf. Stattdessen stehen an oberster Stelle Substanzmissbrauch und Gewalterfahrungen in der Kindheit, gefolgt von Schizophrenie, antisozialer Persönlichkeitsstörung und mangelhafter elterlicher Bindung. Kontrollverhalten wurde in den zugrunde liegenden Meta-Analysen zwar erfasst, erreichte jedoch weder die Prävalenz noch die Effektstärke der genannten Faktoren, um in die Top 5 zu gelangen. Somit bleibt es ein bedeutsamer, aber zahlenmäßig weniger einflussreicher Risikofaktor im Vergleich zu den neuropsychiatrischen und biografischen Haupttreibern von Gewalt.

4.2.7 Meta-Analyse über Interventionsprogramme 2019[286]

Diese Meta-Analyse hat sich angeschaut, wie gut Programme zur Behandlung von männlichen IPV-Tätern funktionieren.

- **Gewaltrückgang innerhalb der Teilnehmer:** Männer, die an den Täterinterventionsprogrammen teilnahmen, zeigten im Durchschnitt d ≈ −0,85 (nahezu eine Standardabweichung) weniger Gewalt nach Abschluss gegenüber dem Ausgangswert.

---

[286] https://tinyurl.com/dcs35hrr

- **Substanz- und Trauma-Module:** Interventionsprogramme, die zusätzlich Sucht- oder Traumaverarbeitung enthielten, erzielten größere Effekte (Substanz-Module: $d \approx -2{,}14$; Trauma-Module: $d \approx -1{,}47$).
- **Geschlechterrollenorientierte Ansätze:** Lieferten schwache Resultate – mal mäßig effektiv, mal ohne signifikanten Unterschied.
- **Kontrollgruppen-Vergleich:** Nur drei der 13 Studien arbeiteten mit einer minimalen Kontrollgruppe (z. B. reine Informationsblätter). In diesen direkten Vergleichen fielen die Unterschiede teils signifikant, teils nicht–signifikant aus. Das heißt: Die Kontrollgruppen zeigten allein durch den Beobachtungseffekt oder minimale Maßnahmen selbst einen gewissen Gewaltrückgang, wodurch der Netto-Vorteil der Intervention kleiner wurde.

D.h. Täterprogramme, die gezielt Probleme, wie Substanzmissbrauch oder Traumata angehen, sind in der Relativbetrachtung wirksamer als jene, die nur allgemeine Aggressionskontrolle lehren. Der geschlechterrollenorientierte Ansatz funktioniert bereits ohne Kontrollgruppen nicht so gut.

4.2.8 Meta-Analyse zu Coercive Control und psychischer Gesundheit 2023[287]

Diese Analyse (68 Studien, 45 in der Meta-Analyse) hat sich angeschaut, wie *coercive control* (kontrollierende, manipulative Form der psychologischen Gewalt) in Beziehungen mit PTSD und Depression verknüpft ist. Die wichtigsten Ergebnisse:

- Starke Assoziation von Coercive Control und PTSD: Mittlerer Korrelationskoeffizient $r \approx 0{,}32$. Wer also in der Beziehung ständig überwacht, isoliert oder emotional erpresst wird, hat ein deutlich höheres Risiko für posttraumatische Belastungsstörungen.

---

[287] https://pmc.ncbi.nlm.nih.gov/articles/PMC10666508/

- Moderate Assoziation mit Depression: r≈0,27 – also auch hier zählt kontrollierende Gewalt zu einem bedeutenden Risikofaktor für depressive Symptombilder.
- Ähnliche Stärken wie bei breiterer psychologischer Gewalt: Wenn man nur "normale" psychische Gewalt (Beschimpfen, Herabsetzen) betrachtet, liegt r≈0,34 für PTSD und r≈0,33 für Depression. Coercive Control steht damit auf Augenhöhe.

4.2.9 Emotionale Gewalt in IPV 2024[288]

Die Studie untersucht, wie emotionale Gewalt in Partnerschaften (also z. B. Demütigungen, Einschüchterung, Schuldzuweisungen – ohne körperliche Gewalt) mit anderen Formen von Gewalt zusammenhängt, sowohl auf Täter- als auch auf Opferseite. Sie analysiert dafür viele frühere Studien zusammen (insgesamt 188 Studien mit 382 Einzelwerten).

Was wurde herausgefunden?

Wenn jemand Opfer emotionaler Gewalt ist, besteht ein starker Zusammenhang mit:

- Kontrollierendem Verhalten durch den Partner (z. B. Handy überwachen, Kontakte verbieten)
- Körperlicher Gewalt durch den Partner
- Eigener körperlicher Gewaltanwendung
- Sexueller Gewalt durch den Partner
- Stalking durch den Partner
- Eigener sexueller Gewaltanwendung

Wer Opfer emotionaler Gewalt ist, erlebt oft auch andere Gewaltformen – vor allem Kontrolle und körperliche Gewalt. Aber: Viele dieser Personen üben selbst auch Gewalt aus.

---

[288] https://pubmed.ncbi.nlm.nih.gov/38506141/

Wenn jemand emotionale Gewalt ausübt, zeigt sich ein starker Zusammenhang mit:

- Stalking-Verhalten
- Körperlicher Gewalt
- Dem Zufügen von Verletzungen
- Selbst kontrolliert werden (Opfer von Kontrolle)
- Sexueller Gewalt
- Selbst körperlich verletzt worden sein
- Selbst kontrollierendem Verhalten
- Opfer sexueller Gewalt gewesen sein

Wer andere emotional misshandelt, war oft selbst Opfer und/oder Täter in anderen Gewaltformen. Es besteht eine Verflechtung von Täter- und Opferrollen.

Geschlechtliche Unterschiede:

- Die Studie fand nur geringe Unterschiede zwischen Männern und Frauen.
- Ein möglicher (nicht ganz signifikanter) Unterschied: Frauen, die körperliche Gewalt erleben, neigen etwas häufiger dazu, auch emotionale Gewalt auszuüben.

5. Häuslicher Gewalt in England[289]

Für das Jahr bis März 2024 wird unter Verwendung der neuen Definitionen zu häuslicher Gewalt geschätzt, dass etwa 2,3 Millionen Frauen und 1,5 Millionen Männer im vergangenen Jahr häusliche Gewalt erlebt haben.[290] Die Definition wurde erweitert, sodass mehr als Gewalt anerkannt wird. Wer die Studien zur Partnerschaftsgewalt noch vor Augen hat, sollte ahnen, was das bedeutet. War früher die Rede von "jeder dritte Mann", sind es jetzt fast 40 %.

---

[289] https://www.instagram.com/p/DIyLYafIQ-P/
[290] https://tinyurl.com/yc7cwtf2

6. Femizide

Femizide ist wohl ein weiterer Pfeiler an dem Feminismus strukturelle Gewalt gegen Frauen aufzeigt.

6.1. Definition und Einleitung

"Der Begriff Femizid bezeichnet die gezielte Tötung von Frauen aufgrund ihres Geschlechts. Nicht jede (vorsätzliche) Tötung einer Frau ist zwingend ein Femizid. Als Femizide gelten diejenigen Tötungsdelikte, bei denen Frauen aufgrund ihrer Stellung als Frau in der Gesellschaft getötet werden, nicht etwa zufällig oder aufgrund individueller Umstände. So werden Frauen beispielsweise überdurchschnittlich häufig Opfer von Tötungen in bestehenden oder ehemaligen Partnerschaften. Oft geht den Taten bereits Partnerschaftsgewalt voraus."[291]

— Frauenhauskoordinierung e.V. —

> "Femizid – die vorsätzliche Tötung von Frauen aufgrund ihres Geschlechts bzw. aufgrund von ‚Verstößen' gegen die traditionellen sozialen und patriarchalen Rollenvorstellungen, die Frauen zugeschrieben werden – ist nicht nur die extremste Form geschlechtsspezifischer Gewalt gegen Frauen, sie ist auch ein extremer Ausdruck ihrer Diskriminierung und der Ungleichheit der Geschlechter."

— EU-Projekt FEM-United —

"Die Benennung als Femizid oder Feminizid trägt dazu bei, die Taten stärker sichtbar zu machen und zu verdeutlichen, dass diese Form von Gewalt gesellschaftlich und strukturell tief verwurzelt ist: Femizide sind keine Einzelfälle, sondern Folge von patriarchalen, strukturell verankerten Machtverhältnissen und gesellschaftlicher Ungleichbehandlung zwischen den Geschlechtern."

---

[291] https://tinyurl.com/y6jy33ed

Eine interessante Ergänzung habe ich in einem SWR Artikel gesehen: "Der Begriff bezeichnet die Gewalt als das, was sie ist: die Tötung einer Frau oder eines Mädchens durch einen Mann."[292] Denke auch das der Begriff so verwendet wird.

6.2 Analysemethoden

Die wissenschaftliche Auseinandersetzung mit Femizid hat seit den bahnbrechenden Veröffentlichungen von 1992 eine Vielzahl von Ansätzen hervorgebracht. Wikipedia[293] führt fünf grundlegende Analysemethoden an, von denen zwei besonders herausgegriffen werden sollen: der feministische und der soziologische Ansatz. Beide beleuchten unterschiedliche Dimensionen des Phänomens und tragen zu einem tieferen Verständnis bei, wie systematische Gewalt gegen Frauen entsteht und bekämpft werden kann.

Der **feministische Ansatz** interpretiert Femizid als direkte Konsequenz patriarchaler Machtstrukturen, in denen Männer dominieren und Gewalt gegen Frauen kulturell legitimiert sei. Feministische Forscherinnen wie Diana Russell und Roberta Harmes definieren Femizid als *"die Tötung von Frauen durch Männer, weil sie Frauen sind"*. Diese Perspektive betont, dass Sexismus und strukturelle Ungleichheit – etwa in Arbeitsverhältnissen, Lohngefällen oder gesellschaftlichen Rollen – Gewalt bis hin zum Mord begünstigen. Russell grenzt dabei explizit Tötungen durch Frauen ab, um den Fokus auf männliche Täterschaft und systematische Unterdrückung zu legen.

Kritiker bemängeln jedoch, dass dieser Ansatz Unterschiede zwischen Frauen (z. B. Klasse, Ethnizität) vernachlässige und pauschal alle Frauen als potenzielle Opfer darstelle. Dadurch werde eine differenzierte Analyse erschwert, die notwendig wäre, um gezielte Gegenmaßnahmen zu

---

[292] https://www.swr.de/swraktuell/baden-wuerttemberg/suedbaden/kommentar-femizide-in-suedbaden-100.html
[293] https://de.wikipedia.org/wiki/Femizid

entwickeln oder das Ausmaß des Problems präzise zu erfassen. Auch die Studien zur Partnerschafftsgewalt scheinen die einseitige Ausübung von Kontrolle durch Männer bereits zu hinterfragen.

Der **soziologische Ansatz** hingegen untersucht Femizid empirisch und kontextbezogen. Jacquelyn Campbell und Carol Runyan erweiterten die Definition 1998 auf "*alle Tötungen von Frauen, ungeachtet des Motivs oder des Täterstatus*". Im Mittelpunkt stehen hier Umstände wie Beziehungskonflikte, familiäre Gewalt oder sozioökonomische Faktoren. Durch die Analyse von Falltypen, Täterprofilen und regionalen Mustern soll herausgefunden werden, unter welchen Bedingungen Frauen besonders gefährdet sind – etwa in Partnerschaften, wo sie statistisch häufiger Opfer werden als Männer. Dieser Ansatz betont, dass Geschlechterverhältnisse zwar zentral sind, aber nicht isoliert betrachtet werden dürfen; vielmehr interagieren sie mit anderen sozialen Dynamiken. Ziel ist es, Präventionsstrategien zu entwickeln, die an spezifischen Risikofaktoren ansetzen, etwa durch Schutzprogramme für von häuslicher Gewalt Betroffene.

6.3 Statistik

Warum die Femizid-Zahlen scheinbar steigen

Noch vor zwei Jahren wurde in Deutschland von etwa 130 Femiziden pro Jahr gesprochen – also ein Femizid alle drei Tage. Heute ist hingegen von 360 Femiziden jährlich die Rede, was fast einem täglichen Fall entspricht. Dieser scheinbare Anstieg liegt nicht daran, dass sich die Zahl der Taten verdreifacht hätte, sondern an einer geänderten Definition:

- Die frühere Zahl (130/Jahr) bezog sich ausschließlich auf Tötungen durch (Ex-)Partner und liegt heute bei rund 155 Fällen.

- Die aktuelle Zahl (360/Jahr) umfasst dagegen alle getöteten Frauen und Mädchen – unabhängig vom Täterkontext, aber ohne Raubmorde.[294]

Grund für die Diskrepanz ist also nicht eine Zunahme der Gewalt, sondern eine Ausweitung des zugrunde gelegten Femizid-Begriffs von Partnerschaftsmorden auf sämtliche weibliche Opfer von Tötungsdelikten.

6.4 Hassverbrechen

6.4.1 Definitionen – Hassverbrechen (Hate Crime)

Bezeichnet Straftaten, die motiviert sind durch Vorurteile oder Hass gegen eine bestimmte Gruppe, z. B. aufgrund von:

- Ethnizität, Religion, Geschlecht, sexueller Orientierung,
- Behinderung, politischer Einstellung oder sozialem Status.
  Beispiele: Körperverletzung, Sachbeschädigung, Beleidigung mit rassistischem oder homophobem Hintergrund.

6.4.2 Definitionen – Hassmord (Hate Murder)

Ein Mord, bei dem das Opfer gezielt aufgrund der Zugehörigkeit zu einer der oben genannten Gruppen ausgewählt wird.
Beispiel: Der antisemitisch motivierte Anschlag in Halle (2019), bei dem zwei Menschen getötet wurden.

6.4.3 Aktuelle Debatten und Herausforderungen

Untererfassung

---

[294] https://tinyurl.com/y3e3esn8

Studien der EU-Grundrechteagentur (FRA) zeigen, dass bis zu 90 % aller Hassverbrechen in der EU nicht bei der Polizei angezeigt werden und somit in den offiziellen Statistiken fehlen.[295] Opfer geben häufig an, sie glaubten, eine Anzeige würde "nichts ändern", oder trauten den Behörden nicht, was die Dunkelziffer zusätzlich aufbläht.

Politische Forderungen

Menschenrechts-NGOs wie Amnesty International fordern seit Jahren ein eigenständiges Hassverbrechensgesetz in der EU nach US-Vorbild.[296] Ein solches Gesetz soll klar definierte Tatmotive (z. B. Rasse, Religion, sexuelle Orientierung) als strafverschärfend verankern und den Opferschutz stärken.[297]

USA: "Hate Crime Laws"

In den USA existieren auf Bundesebene seit 1968 strafverschärfende Vorschriften gegen Hassverbrechen: § 245 des Civil Rights Act von 1968 macht es zur Straftat, Gewalt oder Androhung von Gewalt gegen Personen auszuüben, weil sie einer bestimmten Rasse, Religion, Hautfarbe oder Nationalität angehören oder eine bundesrechtlich geschützte Tätigkeit ausüben.[298]

EU: Richtlinie 2012/29/EU

Auf EU-Ebene verpflichtet die Richtlinie 2012/29/EU (Opferrechte-Richtlinie) die Mitgliedstaaten dazu, Opfer von Hasskriminalität besonders zu schützen und angemessenen Zugang zu Beratung, Opferschutzdiensten und Rechtsbeistand zu gewährleisten. Sie legt Mindeststandards fest, behandelt jedoch nicht explizit die

---

[295] https://tinyurl.com/csyu773h
[296] https://tinyurl.com/35unrjru
[297] https://tinyurl.com/yn728wtb
[298] https://www.justice.gov/crt/hate-crime-laws

Strafverschärfung bei Hassmotiven – das bleibt Aufgabe nationaler Gesetzgeber.[299]

6.5 Kritik

Global Homicide

Femizide lenkt die Aufmerksamkeit auf Gewalt gegen Frauen, während Jungs und Männer weltweit über 4-mal häufiger Opfer von Homiciden werden.[300] Europaweit fast immer noch 3-mal häufiger.

Kritik im Spiegel[301]

Thomas Fischer kritisiert den Begriff "Femizid" aus strafrechtlicher Perspektive und hält ihn für juristisch unbrauchbar. Er argumentiert, dass das Strafrecht nach dem Unrechtsgehalt einer Tat unterscheidet – etwa Mordmerkmale wie Heimtücke oder niedrige Beweggründe – und nicht nach ideologischen oder soziologischen Kategorien. Zwar könnten Tötungen aus geschlechtsspezifischem Hass durchaus unter bestehende Mordparagrafen fallen, doch sei dies eine Einzelfallprüfung, keine pauschale Kategorisierung. Die vorhandenen Straftatbestände wie Mord und Totschlag seien ausreichend, um Tötungen unabhängig vom Geschlecht des Opfers angemessen zu bewerten.

Fischer warnt davor, den ursprünglich kriminologisch geprägten Begriff, der auf konkrete geschlechtsspezifische Gewaltphänomene abzielt, über seine analytische Funktion hinaus zu politischen Zwecken zu instrumentalisieren. Eine übermäßige Verbreitung des "Femizid"-Begriffs führe zu einer Vermischung von wissenschaftlicher Analyse und aktivistischer Ideologie. Zudem kritisiert er die Tendenz, jede Tötung einer Frau automatisch als geschlechtsspezifisch motiviert zu betrachten, während Tötungen von Männern oder anderen Gruppen nicht mit

---

[299] https://eur-lex.europa.eu/eli/dir/2012/29/oj/eng
[300] https://www.unodc.org/documents/data-and-analysis/gsh/2023/GSH23_Special_Points.pdf
[301] https://tinyurl.com/kvmm6zcj

ähnlichen Begriffen wie "Androzid" versehen würden. Diese selektive Begriffslogik sei unsystematisch und unterkomplex, da sie die Vielfalt möglicher Tatmotive ignoriere.

Schließlich hinterfragt er die mediale und aktivistische Rhetorik, die den Begriff oft ohne juristische Differenzierung verwendet. Solche Pauschalzuschreibungen verwischten die strafrechtliche Einzelfallbewertung und erzeugten Verzerrungen in der öffentlichen Wahrnehmung. Für Fischer bleibt die zentrale Aufgabe des Strafrechts, individuelle Schuld und konkrete Tatumstände zu bewerten – nicht jedoch, gesellschaftspolitische Narrative in Gesetze zu überführen.

Kritik im Kontext des Linke Antrag "Femizide in Deutschland untersuchen, benennen und verhindern"[302]

Im Kontext des Antrags gab es kritische Stimmen, die sowohl die Notwendigkeit als auch die begriffliche Präzision des Vorhabens infrage stellten. Prof. Dr. Thomas Fischer, ehemaliger Richter am Bundesgerichtshof, lehnte die Schaffung einer gesonderten Kategorie "Femizid" ab. Er argumentierte, dass dies nicht zu besserer Analyse oder Aufklärung führen würde, sondern im Gegenteil sogar kontraproduktiv sein könnte. Fischer betonte, es gebe bereits umfangreiche Forschungsergebnisse und Daten zu geschlechtsspezifischer Gewalt, sodass eine zusätzliche Beobachtungsstelle weder erforderlich noch sinnvoll sei.

Auch die Ethnologin Prof. Dr. Susanne Schröter (Goethe-Universität Frankfurt) übte Kritik, insbesondere am Begriff "Femizid". Ihrer Ansicht nach ist der Terminus zu ungenau: Einerseits werde er zu weit gefasst, etwa wenn Hassverbrechen gegen Frauen pauschal als Femizide bezeichnet würden – wie im Fall Marc Lépine, der 1989 in Kanada aus Frauenhass 14 Frauen ermordete. Solche Taten hätten jedoch wenig mit den im Linken-Antrag genannten Kontexten (z. B. Partnerschaftsgewalt) gemein. Andererseits kritisiert Schröter, der Begriff sei zu eng, da er

---

[302] https://www.bundestag.de/dokumente/textarchiv/2021/kw09-pa-familie-femizide-822324

männliche Opfer geschlechtsspezifischer Gewalt sowie nicht-tödliche Gewaltformen ausschließe. Dies führe zu einer unvollständigen Darstellung des Problems.

Es gab auch Zustimmung, einsehbar unter der genannten Quelle.

Feministische Kritik

Differenzierte Stimmen innerhalb des Feminismus, allen voran Christina Hoff Sommers und Camille Paglia, warnen davor, den Femizid-Begriff zu sehr zu verengen oder zu verallgemeinern.

Reduktion komplexer Gewaltdynamiken

Christina Hoff Sommers argumentiert in Who Stole Feminism? (1994), dass die ausschließliche Fokussierung auf das Geschlecht als Motiv mörderischer Gewalt wesentliche Faktoren wie sozioökonomische Hintergründe oder individuelle psychische Störungen ausblendet. Sie kritisiert, dass manche feministischen Debatten Statistiken politisieren und etwa häusliche Gewalt oder Vergewaltigungszahlen überhöht darstellen, um ein Narrativ systemischer Frauenunterdrückung zu untermauern.[303]

Kritik an der Opferzuschreibung

Camille Paglia bezeichnet den aktuellen Femizid-Diskurs als tendenziell philiströs und schwächend, weil er Frauen pauschal als passive Opfer patriarchaler Strukturen stilisiere. Sie erinnert daran, dass Männer ebenfalls häufig Opfer von Partnerschaftsgewalt und genereller Kriminalität werden und sieht Gewalt oft eher als Ausdruck allgemeiner menschlicher Aggressionsmuster denn allein als misogynes Phänomen.[304]

---

[303] https://en.wikipedia.org/w/index.php?title=Who_Stole_Feminism%3F
[304] https://en.wikipedia.org/wiki/Rape_culture

6.6. Zitat Bundesinnenministerin Nancy Faeser

"Wenn Frauen getötet werden, weil sie Frauen sind – dann sind das Femizide. Diese müssen so benannt und auch so bestraft werden: mit lebenslanger Haft."[305]

6.7 Homocide in England[306] inkl. Partnerschaftsmorde

Der Bericht untersucht tödliche Gewalt in Beziehungen oder Familien und zeigt:

- Frauen sterben meist durch (Ex-)Partner: 76 % der weiblichen Opfer wurden von aktuellen oder früheren Partnern getötet. Oft gab es schon vorher Gewalt, Drohungen oder Kontrollverhalten.
- Männer sterben seltener in Partnerschaften: Sie werden häufiger von Familienmitgliedern (z. B. Söhnen) oder Mitbewohnern getötet. Bei Männern spielen oft psychische Erkrankungen oder Konflikte um Pflege/Erbe eine Rolle.

Warum passiert das?

Psychische Krisen

- Bei 64 % der Täter gab es psychische Probleme (Depressionen, Wahnvorstellungen) und in 76 % der Fälle, wenn man Opfer mit einrechnet
- Substanzmissbrauch (Alkohol/Drogen) verschärfte Konflikte in über 64 % der Fälle.

Andere Quellen für Psychische Störung[307]

[305] https://tinyurl.com/y3e3esn8
[306] https://tinyurl.com/3ns5nd52
[307] https://tinyurl.com/2mhy32bw

- **Psychische Störung,** die im Laufe des Lebens diagnostiziert wurde (ohne Substanz): ca. 33 % aller Täter (Intimate Partner Femicide + Male-to-Male Homicide)
- **Substanzbezogene Störungen:**
  - Intimate Partner Femicide Täter: 15 %
  - Male-to-Male Homicide Täter: 37 %
- **Schwere psychische Störung (Lebenszeit + Tatzeit):** 11 % aller Täter (Intimate Partner Femicide + Male-to-Male Homicide)
- **Homicide-Suicide (Täter begeht Suizid nach Tat):** 20 % aller Intimate Partner Femicide Täter

Diese Studie muss der aus England nicht zwangsläufig widersprechen. Einmal muss in England sowas direkt nach der Tat erfasst werden. Des Weiteren ist das, was sie erfassen, ist breiter definiert.

Andere Quellen Literaturanalyse[308]

- **Substanzstörungen**: Deutlich häufigeres Merkmal bei Intimate Partner Femicide Tätern als andere psychische Diagnosen.
- **Major Mental Disorders** (Psychosen, schwere affektive Störungen, Persönlichkeitsstörungen): Gemischte Evidenz, teils starke Assoziation, teils kein Risikofaktor (je nach Studie und Land).
- **Prävention**: Frührisikoerkennung, insbesondere Suizidalität, könnte wichtig sein, da Intimate Partner Femicide Täter häufiger Homicide-Suicide-Konstellationen realisieren.
- **Vergleich Intimate Partner Femicide:** Intimate Partner Femicide Täter stehen tendenziell mittig im psychopathologischen Kontinuum; Täter nicht-intimer oder flüchtiger Beziehungen weisen teils höhere Raten psychischer Störungen auf

Gewaltspiralen

---

[308] https://pmc.ncbi.nlm.nih.gov/articles/PMC8977448/

- In 18 % der Paarbeziehungen konnte gegenseitige Gewalt festgestellt werden.
- Viele Täter hatten eine Vorgeschichte von Gewalt (z. B. frühere Beziehungen, Stalking).

Behörden übersehen Risiken

- In 73 % der Fälle zeigten Opfer schon vorher Anzeichen von Missbrauch – doch niemand handelte.

Männer als Opfer sind unsichtbar

- Wenn Männer Gewalt erfahren, zeigen sie dies seltener an. Auch Polizei und Ärzte nehmen sie weniger ernst ("Kann ein Mann nicht selbst einstehen?").

Fehlende Suizide: Das übersehene Problem

Der Bericht erwähnt nicht, wie viele Suizide auf häusliche Gewalt zurückgehen! Der Bericht kritisiert das.

- Beispiel: Ein/e Frau/Mann bringt sich um, nachdem sie/er jahrelang vom Partner/in gedemütigt wurde. Solche Fälle zählen nicht als Mord, obwohl die Gewalt zum Tod führte.
- Warum das wichtig ist: Suizide sind oft die "letzte Flucht" aus auswegloser Gewalt. Sie zeigen, wie tödlich psychischer Missbrauch sein kann.

6.8 Fazit

Femizide und das Problem der Pauschalisierung

Femizide – also die Tötung von Frauen aufgrund ihrer Geschlechtszugehörigkeit – können theoretisch als Hassverbrechen interpretiert werden. Das Dilemma dabei: Eine solche Einordnung unterstellt pauschal ein Hassmotiv oder Äquivalentes. Dies impliziert, dass jede Tötung einer Frau automatisch frauenfeindlich motiviert sei – eine Generalisierung, die weder der Realität noch der Justiz gerecht wird.

Gefahr der Zwei-Klassen-Justiz

Mord ist ein emotional aufgeladenes Thema, und niemand möchte Mörder verteidigen. Doch wenn die Pauschalisierung von Femiziden als Hassmorde zur Norm wird, besteht die Gefahr, jegliche Gewalt so zu handhaben. Das Resultat wäre eine juristische Zwei-Klassen-Gesellschaft.

Das Fehlen von Äquivalenzen und ich schweife ab

Es existiert kein Begriff, der das Töten eines Mannes durch eine Frau pauschal als "Hassmord" einordnet – zu Recht, denn eine solche Pauschalisierung wäre ebenfalls absurd. Wenn auch gleichzeitig Slogan wie "Männer töten" auf Demonstrationen sich mehren. Handelt es sich hier um eine falsche Generalisierung oder um eine Aufforderung[309] wie "Kill All Men" – wie sie in einem Welt-Artikel erwähnt wurde[310] –, oder ist die Person einfach ein Fan des Buches?[311]

Im Kontext des Bielefelder Graffitis ("Männer töten", "toxische Männlichkeit tötet", "Männer abschaffen") wird, was gemeint ist, vielleicht doch etwas deutlicher: Es ist beides. Denn neben der plakativen Aussage "Männer töten" steht auch die Kritik an toxischer Männlichkeit, aber ebenso die radikale Forderung "Männer abschaffen".

Anscheinend kann man solche falschen Generalisierungen tolerieren und stehen lassen, wenn es um Männer geht. Dabei wird ignoriert, dass

---

[309] https://de.wikipedia.org/wiki/Imperativ_%28Modus%29#Infinitiv
[310] https://tinyurl.com/v4d6m46h
[311] https://www.dtv.de/buch/maenner-toeten-14922

diese Botschaften durchaus auch als Aufforderung verstanden werden kann oder bestehende Bias und Sozialisierungen bestätigen können.[312]

7. Gewalt gegen Kinder

Interview mit Peter Döge[313]

Gewalttaten gegen Jungen sind doppelt so hoch wie gegen Mädchen.

Gewaltopfer neigen später zu Gewalttaten, da rund 80 % der Täter zuvor selbst Gewalt erfahren haben – ein Zusammenhang, der geschlechtsübergreifend ähnlich stark ausgeprägt ist.

10 % der Frauen üben Erziehungsgewalt und 8 % der Männer.

Andere Quellen

Das Risiko für Kinder, Gewalt zu erleben, ist zwei- bis dreimal so hoch wie für Erwachsene.[314]

Sexueller Missbrauch wird in etwa 80 bis 90 % der Fälle von Männern und männlichen Jugendlichen begangen, während Frauen und weibliche Jugendliche für etwa 10 bis 20 % der Fälle verantwortlich sind. Ein zentrales Motiv der Täter ist häufig das Streben nach Macht und das Bedürfnis, durch die Tat ein Gefühl der Überlegenheit zu erleben. In einigen Fällen aber auch die sogenannte Pädosexualität.[315]

Eine bundesweite Studie aus dem Jahr 2004, laut einer 2009 veröffentlichten Dissertation, ergab, dass zwischen 10 % und 20 % der Jungen in irgendeiner Form sexuell missbraucht werden, wobei etwa 33 % der Täter weiblich waren.[316]

---

[312] https://tinyurl.com/4undsnc8
[313] https://www.vaeter-zeit.de/vaeter-maenner/maennergewalt-gewalt-gegen-jungen.php
[314] https://www.gewaltinfo.at/fachwissen/gewalt-an-kindern-und-jugendlichen-durch-erwachsene.html
[315] https://tinyurl.com/4bxrnd3y
[316] https://en.wikipedia.org/wiki/Rape_in_Germany#cite_note-16

Im Bereich der Kindesmisshandlung zeigten sich – 53,6 % der Verdächtigen waren Männer, während Frauen 46,4 % ausmachten.[317]

8. Mobbing unter Kindern[318]

- **31,2 % der Schüler** wurden in letzter Zeit mindestens einmal "fertig gemacht oder schikaniert".
- **37 %** geben an, selbst schon Täter von Mobbinghandlungen gewesen zu sein.
- **10 %** berichten von mindestens einem Vorfall körperlicher Gewalt auf dem Schulweg oder Schulgelände.
- Jungen und Mädchen sind **etwa gleich häufig** betroffen – sowohl als Täter als auch als Opfer.
- Besonders wichtig für Mädchen ist die **relationale Aggression**, etwa Freundschaftsentzug oder gezieltes Gerede – Formen, die besonders häufig von und gegen Mädchen ausgeübt werden.[319]

Gesundheitliche Folgen von Mobbing

- **14 % der Mobbingopfer** klagen regelmäßig über körperliche Beschwerden (z. B. Kopf-, Bauch-, Rückenschmerzen, Schlafstörungen).
- Bei nicht betroffenen Schülern liegt dieser Wert nur bei 4 %.
- Mobbingopfer fühlen sich häufiger unzufrieden mit ihrem Aussehen und sind sozial isolierter.

---

[317] https://www.aktion-tu-was.de/fileadmin/dokumente/infotext-kindesmisshandlung-p.pdf
[318] https://www.leuphana.de/news/meldungen/titelstories/mobbingstudie.htm
[319] https://tinyurl.com/39wxejp5

10. Angst der Frauen, rational oder irrational

Die Angst vor Gewalt ist ein zentrales Thema gesellschaftlicher Debatten, insbesondere wenn es um Frauen geht. Doch wie viel dieser Angst ist tatsächlich begründet, und wie viel resultiert aus medialer Berichterstattung, sozialen Narrativen oder feministischer Aufklärung? Ist irrationale Angst mittlerweile präsenter als rationale?

Bereits 1996 liefert uns die Literaturübersicht *Fear of Crime: A Review of the Literature* eine interessante Perspektive. Dort heißt es sinngemäß:

"Befürworter dieser Sichtweise argumentieren, dass der Fokus auf die Bekämpfung von Kriminalität gelegt werden sollte – mit dem Ziel, Angst zu reduzieren. Während dieser Ansatz gut zur traditionellen Polizeiarbeit passt, zeigt die Forschung jedoch eindeutig, dass das tatsächliche Risiko, Opfer zu werden, nicht der einzige relevante Faktor für das Ausmaß der Angst ist. Tatsächlich wird inzwischen kaum noch bestritten, dass es möglicherweise nicht einmal der Hauptfaktor ist."[320]

"Angst scheint nur schwach mit eigenen Opfererfahrungen zusammenzuhängen. Indirekte Informationen über Straftaten – beispielsweise aus Mundpropaganda oder den Medien –, wenn sie sich auf Ereignisse in der lokalen Nachbarschaft beziehen, die Menschen betreffen, zu denen der Empfänger eine gewisse Affinität empfindet, können jedoch einen Einfluss haben."[321] (Man könnte kritisieren, dass hier veraltete Forschungsergebnisse herangezogen werden. Im nächsten Kapitel zeige ich jedoch in der Einleitung neuere Befunde aus einer Studie von 2022, die Hale (1996) gleich sechsmal zitiert. Diese aktuelle Arbeit widerspricht dieser Aussage nicht, sondern ergänzt sie: Man hat belegt, dass Opfererfahrungen zu einem der Faktoren gehören, durch die Medien die Angst erhöhen.)

---

[320] https://journals.sagepub.com/doi/10.1177/026975809600400201
[321] https://tinyurl.com/y2cjdf3c

Mit anderen Worten: Angst vor Kriminalität ist nicht nur eine Reaktion auf reale Bedrohungen, sondern wird von weiteren Einflüssen geprägt – darunter gesellschaftliche Diskurse und Medien.

11. Kriminalitätsfurcht vs. Realität

11.1 Einleitung[322]

Soziodemografische Merkmale wie Geschlecht, Alter, ethnische Zugehörigkeit und sozioökonomischer Status sind mit der Angst vor Kriminalität verbunden. Menschen können sich besonders gefährdet fühlen, Opfer zu werden, weil sie wahrscheinlicher Zielscheibe von Kriminellen sind, weil die Auswirkungen von Verbrechen besonders schwerwiegend wären und weil sie nicht in der Lage sind zu kontrollieren, ob Verbrechen geschehen oder nicht. Frauen berichten oft eine höhere Angst aufgrund der wahrgenommenen körperlichen Anfälligkeit und der Verinnerlichung gesellschaftlicher Botschaften über weibliche Zerbrechlichkeit. Soziale Anfälligkeit, beeinflusst durch soziale Netzwerke, finanzielle Situation und Zugang zu Ressourcen, trägt zu einer höheren Angst bei benachteiligten Minderheiten bei. Psychologische Faktoren, einschließlich emotionaler Zustände und Persönlichkeitsmerkmale, spielen ebenfalls eine Rolle bei der Angst vor Kriminalität. Frauen sorgen sich häufiger aufgrund des Gefühls, sich weniger verteidigen zu können, eines geringeren Selbstwirksamkeitsgefühls, höher wahrgenommener negativer Auswirkungen und einer höher wahrgenommenen Wahrscheinlichkeit der Viktimisierung für sich und ihre soziale Gruppe. Wahrgenommenes Risiko und eingeschränktes Verhalten sagen im Allgemeinen die Angst vor Kriminalität voraus. Einzelpersonen können sich durch Verbrechen gefährdet fühlen, auch wenn sie objektiv nicht anfällig sind. Frauen haben oft mehr Angst als Männer, obwohl sie weniger wahrscheinlich Opfer werden. Dispositionelle Angst vor Kriminalität, die sich aus einer langfristigen Entwicklung ergibt, die durch persönliche Bedingungen und

---

[322] https://journals.sagepub.com/doi/10.1177/07340168221088570

Erfahrungen beeinflusst wird, beeinflusst die situative Angst vor Kriminalität. Die konsistente Feststellung einer höheren Angst bei Frauen trotz geringerer Viktimisierungsraten bei vielen Verbrechen deutet auf ein "Gender-Paradoxon" hin, das weiterer Untersuchung bedarf. Soziale und psychologische Faktoren scheinen hier eine bedeutende Rolle zu spielen. Dieses Paradoxon deutet darauf hin, dass die Angst vor Kriminalität nicht ausschließlich auf objektivem Risiko basiert, sondern auch von sozialen Konstrukten, wahrgenommener Anfälligkeit und möglicherweise unterschiedlicher Sozialisation beeinflusst wird. Die Rolle des sozioökonomischen Status und der ethnischen Zugehörigkeit bei der Formung von Angst verdeutlicht die sozialen Ungleichheiten im Zusammenhang mit Kriminalität und Sicherheit. Marginalisierte Gruppen erfahren oft ein höheres Maß an Angst aufgrund erhöhter Anfälligkeit. Diese Verbindung deutet darauf hin, dass die Angst vor Kriminalität bestehende soziale Ungleichheiten verschärfen kann, was zu weiterer Marginalisierung und einer verringerten Lebensqualität für gefährdete Bevölkerungsgruppen führt. Das Konzept der dispositionellen Angst legt nahe, dass einige Individuen aufgrund ihrer Persönlichkeit und Lebenserfahrungen von Natur aus anfälliger für die Angst vor Kriminalität sind. Dies könnte den Einfluss externer Faktoren wie Medien moderieren. Das Verständnis der dispositionellen Angst ist wichtig, um zu erklären, warum Individuen unterschiedlich auf dieselben kriminalitätsbezogenen Informationen oder Medieninhalte reagieren könnten.

Medienkonsum und Kriminalitätsangst sind nicht zwangsläufig korrelant, es braucht gewisse Faktoren:

- **Sensationalismus**
  Dramatische, übersteigerte Darstellung von Straftaten ("news framing"), die negative Bilder verstärkt und emotional auflädt.
- **Realismus-Wahrnehmung**
  Die Überzeugung, dass Medieninhalte "real" sind, verstärkt deren Einfluss auf das Angstempfinden.

- **Glaubwürdigkeitswahrnehmung der Quelle**
  Je glaubwürdiger eine Quelle eingeschätzt wird, desto stärker wirkt ihre Berichterstattung auf Unsicherheitsgefühle.
- **Identifikation mit Opfern**
  Gemeinsame Merkmale (z. B. gleiche soziale Gruppe oder Nationalität) können Emotionen intensiver auslösen.
- **Nähe/Proximität des berichteten Ereignisses**
  Je näher ein Verbrechen räumlich oder sozial zum eigenen Umfeld liegt, desto stärker kann die Angst zunehmen.
- **Örtlichkeit des Verbrechens**
  Berichte über lokale Kriminalität wirken stärker angstauslösend; Berichte über entfernte Orte können sogar beruhigend wirken.
- **Art und Intensität der Mediennutzung**
  Häufiger Konsum (insb. langer TV-Konsum) kann dazu führen, dass Zuschauer die Welt als gefährlicher wahrnehmen (Cultivation).
- **Fehlen direkter Alternativ-Informationsquellen**
  Wenn persönliche Erfahrungen oder vertrauenswürdige Informanten fehlen, werden mediale Bilder eher als einzige Informationsbasis herangezogen (Substitution).
- **Konsistenz mit eigenen Erfahrungen**
  Stimmen mediale Darstellungen mit eigenen Erlebnissen überein, verstärkt dies die Angst (Resonance).
- **Vor-Erfahrungen und Vicarious Victimization**
  Direkte oder indirekte Opfererfahrungen (z. B. Erzählungen aus dem Umfeld) steigern die Anfälligkeit für angstauslösende Medieninhalte.
- **Vorannahmen und soziale Narrative**
  Persönliche Einstellungen, soziale Netzwerke und dominante Deutungsmuster prägen, wie Medienberichte interpretiert und bewertet werden.
- **Verbreitung von Fehlinformationen / Fake News**
  Wenn bewusst oder unbewusst falsche, verzerrte oder aus dem Zusammenhang gerissene Berichte verbreitet werden, kann dies gezielt Ängste schüren und das Misstrauen gegenüber realen Informationsquellen verstärken. Fake-News-Mechanismen spielen

also eine eigene Rolle darin, wie Medienkonsum die Furcht vor Kriminalität steigert. (Man kann darüber streiten, ob die offiziellen Statistiken, die nur strafrechtlich Erfasstes abbilden, wirklich repräsentativ sind, zumal die Ergebnisse der Dunkelfeldforschung, die die tatsächliche Lebensrealität besser widerspiegeln, teils erheblich abweichen und damit eine deutliche Verzerrung aufzeigen.)

Bei vielen dieser Punkte punkten die Öffentlich-Rechtlichen und die feministische Gewalt-Aufklärung.

11.2 Irrationale Angst

Es gibt deutliche Hinweise darauf, dass die subjektive Angst vor Gewalt nicht immer mit der realen Bedrohungslage übereinstimmt:

- *Fear of Crime: A Review of the Literatur* zeigt auch, dass Frauen trotz sinkender Kriminalitätsraten weiterhin hohe Angstwerte aufweisen.
- Auch im Kabarett wird das Thema aufgegriffen. Zum Beispiel machte Christoph Sieber sinngemäß die Bemerkung, dass eine Schlagzeile wie "Alle sechs Minuten ein Einbruch" statistisch gesehen bedeutet, dass alle 283 Jahre bei Ihnen einer vorbeischaut.[323]
- Sozialpsychologe und Direktor des Zentrums für Kriminologische Forschung Sachsen, Frank Asbrock, spricht im Interview mit MDR AKTUELL über die Diskrepanz zwischen gefühlter und tatsächlicher Sicherheit. Während die Kriminalstatistik über Jahrzehnte einen Rückgang der registrierten Straftaten zeigt, empfinden viele Bürger Deutschland als zunehmend unsicher. Laut Asbrock spielen dabei Faktoren wie individuelle Bedrohungswahrnehmung und mediale Berichterstattung eine entscheidende Rolle. Auch

---

[323] https://www.instagram.com/p/DH0H1ZsPPru/

Dunkelfeld-Studien bestätigen, dass die Kriminalität insgesamt gesunken ist.[324]

- *Mean world syndrome*:[325] Schon in den 70ern hat George Gerbner dieses psychologische Phänomen der Angst-Steigerung durch Medien erforscht. Er erklärt sinngemäß: Unsere Studien haben gezeigt, dass das Aufwachsen von frühester Kindheit an mit dieser noch nie dagewesenen Dosis an Gewalt drei Konsequenzen hat, die ich in ihrer Kombination das "Mean-World-Syndrom" nenne. Das bedeutet: Wenn man in einem Haushalt aufwächst, in dem täglich mehr als etwa drei Stunden ferngesehen wird, lebt man – praktisch betrachtet – in einer grausameren Welt und verhält sich entsprechend, als der Nachbar von nebenan, der in derselben Welt lebt, aber weniger fernsieht. Die Fernsehinhalte verstärken die schlimmsten Ängste, Befürchtungen und paranoiden Vorstellungen der Menschen.

Diese Diskrepanz zeigt sich besonders deutlich bei der Wahrnehmung von Risiken: Frauen fürchten sich häufiger vor Angriffen durch Fremde auf der Straße, obwohl Kriminalstatistiken zeigen, dass die meisten Übergriffe von Bekannten oder Partnern ausgehen. Gleichzeitig sind Männer häufiger Opfer von Gewaltverbrechen, was in der öffentlichen Debatte kaum thematisiert wird.

11.3 Einfluss von Medien und sozialen Netzwerken

Ein entscheidender Faktor für die Angstwahrnehmung ist die mediale Berichterstattung:

Social Media, Fear of Crime, and Social Trust[326]

Die Studie zeigt mehrere zentrale Erkenntnisse:

---

[324] https://tinyurl.com/336tun5e
[325] https://en.wikipedia.org/wiki/Mean_world_syndrome
[326] https://digitalcommons.pace.edu/dissertations/AAI30249838/

- **Soziale Medien und Vertrauen** – Der Konsum von Kriminalitätsinhalten auf Social Media steht in Zusammenhang mit reduziertem Vertrauen (z. B. geringere gemeinschaftliche Orientierung und inklusives Vertrauen, erhöhtes Misstrauen).
- **Vermittlungsfaktoren** – Angst vor Kriminalität vermittelt den Zusammenhang zwischen Social-Media-Exposition und Misstrauen.
- **Vermeidungsverhalten** – Menschen, die Kriminalitätsinhalte konsumieren, neigen zu mehr Vermeidung, was wiederum ihre Vertrauensbereitschaft mindert.
- **Risikowahrnehmung** – Die subjektive Einschätzung, selbst Opfer zu werden, verstärkt Misstrauen zusätzlich.

Crime and its fear in Social Media[327]

Die Studie untersucht, ob in Social-Media-Beiträgen enthaltene Echtzeitinformationen genutzt werden können, um Trends in Bezug auf Kriminalität und die Angst vor Kriminalität zu erkennen. Hierzu wurden über einen Zeitraum von 70 Tagen zahlreiche Tweets aus den 18 größten spanischsprachigen Ländern Lateinamerikas gesammelt. Anschließend wurden diese Tweets hinsichtlich ihres Bezugs zu Kriminalität klassifiziert – es wurden zusätzliche Informationen wie Art des Verbrechens und, wo möglich, geografische Standortdaten (Städtebene) extrahiert.

Zu den wesentlichen Erkenntnissen zählen:

- **Häufigkeit krimineller Inhalte:** Etwa 15 von 1000 Tweets enthalten Textbezüge zu Kriminalität oder zur Angst vor Kriminalität.
- **Vergleich mit realen Kriminalitätsdaten:** Die Frequenz von Tweets, die kriminelle Inhalte thematisieren, wurde mit der Anzahl von Morden, der Mordrate und den in Umfragen ermittelten Angstniveaus verglichen.
- **Mediale Verzerrung:** Wie traditionelle Massenmedien (z. B. Zeitungen) weisen auch Social-Media-Plattformen eine starke

---

[327] https://www.nature.com/articles/s41599-020-0430-7

Verzerrung zugunsten von Berichterstattungen über Gewalt- und Sexualverbrechen auf.

- **Begrenzte Aussagekraft** für Kriminalität: Social-Media-Beiträge korrelieren nur schwach mit den tatsächlichen Kriminalitätsraten. Stattdessen spiegeln sie eher das Ausmaß der Angst vor Kriminalität wider.

Media and Social Media's Impact on Citizens' Perception of the Frequency of Crime Occurrence in the United States[328]

Die Studie untersucht, wie Medien – sowohl traditionelle (wie Fernsehen, Radio, Zeitungen) als auch Social Media – die Wahrnehmung der Kriminalitätsrate in den USA beeinflussen. Dazu wurden 370 US-Bürger per Online-Umfrage befragt. Die Teilnehmer gaben an, wie oft sie Nachrichten schauen, wie häufig sie in sozialen Netzwerken Beiträge über Verbrechen sehen und ob sie glauben, dass diese Quellen ihre Wahrnehmung von Kriminalität beeinflussen.

Versuchsaufbau und Methodik:

- **Stichprobe:** 370 US-Bürger, überwiegend unter 45 Jahre, mehrheitlich weiblich und mit mindestens einer Collegeausbildung.
- **Fragen:** Die Umfrage beinhaltete Fragen zur Häufigkeit des Nachrichtenkonsums, der Sichtung von Social-Media-Beiträgen über Verbrechen und zur eigenen Einschätzung, ob Medien bzw. Social Media die Wahrnehmung von Kriminalität beeinflussen.

Erkenntnisse und Ursachen der Wahrnehmung:

- **Einfluss der Medien:** Insgesamt glauben viele Teilnehmer, dass sowohl Social Media (69,5 %) als auch traditionelle Medien (73,0 %) ihre Wahrnehmung der Kriminalitätsrate beeinflussen.
- **Quantifizierung durch Expositionshäufigkeit:** Die Analyse zeigt, dass je häufiger Teilnehmer in sozialen Netzwerken Beiträge

---

[328] https://www.aijssnet.com/journals/Vol_6_No_3_September_2017/11.pdf

zu Verbrechen sehen, desto eher wird Social Media als dominanter Einflussfaktor wahrgenommen – und weniger der traditionelle Nachrichtensender.

- **Ursachen irrationaler Angst:** Die Studie legt nahe, dass die mediale Darstellung von Kriminalität, die häufig überproportional auf Gewalt und Sensationsmeldungen setzt, ein verzerrtes Bild erzeugt. Diese Überrepräsentation führt dazu, dass Menschen glauben, Verbrechen würden häufiger vorkommen als in Wirklichkeit, was zu einer irrationalen Angst vor Kriminalität beiträgt.

11.4 Funk Beitrag[329]

Über 90 % der jungen Frauen geben an, nachts in Begegnungen mit unbekannten Männern große bis sehr große Angst zu empfinden. 0 % haben keine Angst. 89 % haben schon mal schlechte, grenzüberschreitende Erfahrungen mit Männern gemacht, steht ganz unten auf dem Beitrag. Ich nehme an, das soll die Angst erklären. Warum erklärt man an dieser Stelle nicht, was die Wissenschaft über die Entstehung von Kriminalitätsfurcht weis? Nein, stattdessen kommt man mit einer extrem hohen Zahl für grenzüberschreitende Erfahrungen.

Was sind eigentlich grenzüberschreitende Erfahrungen?

Grenzüberschreitende Erfahrungen machst du da, wo andere deine subjektiv gesetzten Grenzen überschreiten, wie der Begriff eigentlich schon selbst erklärt. Das kann zu nah kommen sein, auf die Schulter fassen, im Gespräch ignoriert werden etc. 89 % Prozent beschreibt nicht wirklich, wie viele es erlebt haben, denn wenn man gewisse Zeit unter Menschen ist, erlebt man sowas, sondern klärt eher, wie weit man seine Grenzen setzt und wie aktiv man darauf achtet, dass sie überschritten werden.

---

[329] https://www.instagram.com/p/DJOVsJSCBxj/?img_index=1

11.5 Feministische Aufklärung

Die feministische Aufklärung über Gewalt gegen Frauen hat ihre Verdienste:

- Sie hat dazu beigetragen, dass häusliche Gewalt und sexuelle Übergriffe gesellschaftlich ernster genommen werden.
- Frauen sind besser informiert über ihre Rechte und Schutzmaßnahmen.
- Gesetzliche Verbesserungen, wie das Verbot der Vergewaltigung in der Ehe, wurden durch feministische Bewegungen vorangetrieben.

Doch sie hat auch problematische Seiten:

- Sie kann eine übersteigerte Bedrohungswahrnehmung erzeugen, wenn Gewalt gegen Frauen als allgegenwärtiges Problem dargestellt wird.
- In manchen Strömungen wird suggeriert, dass alle Männer potenzielle Täter seien, was Misstrauen und Ängste in alltäglichen Situationen verstärken kann.
- Die Kriminalitätsstatistik wird oft einseitig dargestellt: Die Tatsache, dass Männer und Kinder insgesamt häufiger Opfer von Gewalt sind, wird selten thematisiert. Provokant könnte man sogar darauf hinweisen, dass Frauen bereits die wenigsten Opfererfahrungen sammeln.

12. Gewaltprävention

Gewaltprävention wird international mit stark variierenden Budgets betrieben: In den USA standen dem Crime Victims Fund (VOCA) im Januar 2025 4,3 Mrd. USD zur Verfügung.[330] Kinderschutz (CAPTA) erhielt 2022 nur 91,6 Mio. USD, obwohl das Nurse-Family Partnership Modell eine 48 %ige Reduktion von Kindesmisshandlung und

---

[330] https://ovc.ojp.gov/about/crime-victims-fund

generationsübergreifende Effekte nachweist.[331] [332] Cure Violence-Programme senkten Schießereien um 63 % in New York City.[333]

In Deutschland werden für 2025 243,8 Mio. EUR im Kinder- und Jugendplan für Gewaltprävention bereitgestellt.[334] Der Aktionsplan gegen Gewalt an Frauen finanziert 350+ Frauenhäuser und verzeichnet 52.650 Beratungskontakte im Jahr 2022;[335] Es gibt Kommunale Projekte wie BIG Berlin,[336] StoP Hamburg, (es wirkt, nur Daten gibt es wieder nicht) [337] während "Demokratie leben!" mit 182 Mio. EUR auch Männer- und Extremismus-Prävention fördert.[338]

Global empfiehlt die WHO, Datenlage zu standardisieren und Programme auf Erfolg zu prüfen. Man empfiehlt auch Programme, die verschiedene Arten der Gewalt ansprechen.[339] Im Vergleich zu 2000 hat man 2012 16 % weniger Homicide erfassen können.[340] Durch die Hilfe von Sozialarbeitern in Schweden sank die körperliche Züchtigung von 90 % aller Kinder in den 60ern zu nur noch 10 % in 2010.[341]

13. Sicherheit und Kriminalität in Deutschland[342]

13.1 Dunkelfeldstudie SKiD 2020

Prävalenz- und Inzidenzraten – kurze Erläuterung

---

[331] https://www.nursefamilypartnership.org/about/proven-results/prevent-child-abuse-neglect/

[332] https://oig.hhs.gov/reports-and-publications/workplan/summary/wp-summary-0000782.asp

[333] https://cvg.org/impact/

[334] https://national-policies.eacea.ec.europa.eu/youthwiki/chapters/germany/17-funding-youth-policy

[335] https://tinyurl.com/h2tnkn85

[336] https://tinyurl.com/yhyzys2s

[337] https://stop-partnergewalt.org/stop-wirkt-erfolgsgeschichten/

[338] https://www.demokratie-leben.de/dl/foerderung/wen-wir-foerdern

[339] https://www.who.int/publications/i/item/9789241564793

[340] https://pubmed.ncbi.nlm.nih.gov/26689979/

[341] https://en.wikipedia.org/wiki/Child_discipline

[342] https://tinyurl.com/25w7jubb

- **Prävalenzrate** gibt an, welcher Anteil einer definierten Gruppe (z. B. Männer oder Frauen) in einem bestimmten Zeitraum mindestens einmal von einem Delikt betroffen war.
- **Inzidenzrate** beschreibt, wie viele einzelne Deliktereignisse pro 1 000 Personen in dieser Gruppe im gleichen Zeitraum registriert wurden. Während die Prävalenz also zählt, wie viele Personen Opfer wurden, zählt die Inzidenz, wie oft insgesamt Taten stattfanden (inklusive Mehrfachopfer).

Zusammenfassung der Deliktrisiken nach Geschlecht

Körperverletzung

Prävalenz:

- Männern: 2,8 %
- Frauen: 1,3 %
- Female-Gender-Gap: - 53,6
- Male-Gender-Gap: 115

Inzidenz:

- Männer: 55,1
- Frauen: 29,8
- Female-Gender-Gap: - 45,9
- Male-Gender-Gap: 84,9

Fälle pro Kopf:

- Männer: 1.97
- Frauen: 2.29
- Female-Gender-Gap: 16,3

Verbale Gewalt im Internet

Prävalenz:

- Männern 5,2 %
- Frauen 4,6 %
- Female-Gender-Gap: - 11,5
- Male-Gender-Gap: 13

Inzidenz:

- Männern 671,1
- Frauen 352,0
- Female-Gender-Gap: - 47,5
- Male-Gender-Gap: 90,7

Fälle pro Kopf:

- Männer: 12,9
- Frauen: 7,7
- Female-Gender-Gap: - 40,3
- Male-Gender-Gap: 67,5

Female-Gender-Gap stellt eine Benachteiligung der Frauen dar, im Grunde im selben Format wie wir es vom Gender-Pay-Gap kennen. Male-Gender-Gap die Benachteiligung von Männern im selben Format.

13.2 Geschlechtsspezifische Gewalt nach SKiD 2020

Nach aktuellen Daten ist vorurteilsgeleitete Körperverletzung bei Männern deutlich häufiger als bei Frauen. Die Prävalenzrate liegt bei Männern bei etwa 1,40 %, während sie bei Frauen nur circa 0,66 % beträgt.

Betrachtet man einzelne Merkmalsgruppen – wie sozialen Status, Herkunft, Religion, politische Einstellung, Geschlecht bzw. geschlechtliche Identität, Hautfarbe oder sexuelle Orientierung – sind die Geschlechterunterschiede statistisch signifikant. In fast allen Kategorien haben Männer höhere Raten vorurteilsbedingter Angriffe. Einzige Ausnahme bildet das Merkmal "Geschlecht bzw. geschlechtliche Identität", in dem Frauen etwas häufiger betroffen sind.

Prävalenzraten vorurteilsgeleiteter Körperverletzung (12 Monate)

Männer | Frauen | Female-Gender-Gap | Male-Gender-Gap

- Gesamt   1,40 | 0,66 | - 53,0 | 112
- Sozialer Status   **0,55** | 0,11 | - 80,0 | 400
- Herkunft: **0,59** | 0,06 | - 89,8 | **883**
- Religion: **0,43** | 0,08 | - 81,4 | 438
- Politische Einstellung: **0,42** | 0,04 | - 90,5 | **950**
- Geschlecht/ geschl. Identität: 0,04 | 0,35 | ----------
- Alter: 0,22 | 0,14 | - 36,4 | 57
- Hautfarbe: 0,25 | 0,03 | - 88,0 | **733**
- Behinderung: 0,10 | 0,09 | - 10,0 | 11
- sexuelle Orientierung: 0,08 | 0,02 | - 75,0 | 300
- andere Gruppe: 0,03 | 0,01 | - 66,7 | 200

Inzidenzrate vorurteilsgeleiteter Körperverletzung (12 Monate)

Männer | Frauen | Female-Gender-Gap | Male-Gender-Gap

- Sozialer Status   11,05 | 1,22 | – 89,0 | 805,7
- Herkunft   **21,61** | 0,81| – 96,3 | **2 567,9**
- Religion   10,90 | 1,60 | – 85,3 | 581,2
- Politische Einstellung   **24,46** | 8,06 | – 67,0 | 203,5
- Geschlecht / geschl. Identität   0,25 | 5,46 | ---------------
- Alter   1,85 | 1,43 | – 22,7 | 29,4
- Hautfarbe   7,77 | 0,64 | – 91,8 | **1 114,1**

- Behinderung　　　　　　10,71 | 0,40 | − 96,3 | **2 577,5**
- Sexuelle Orientierung　　4,76 | 0,63 | − 86,8 |　655,6
- Andere Gruppe　　　　　0,23 | 0,14 | − 39,1 |　　64,3

Durchschnittliche Anzahl der Vorfälle pro betroffener Person vorurteilsgeleiteter Körperverletzung

Männer | Frauen | Female-Gender-Gap | Male-Gender-Gap

	Männer	Frauen	Female-Gender-Gap	Male-Gender-Gap
Sozialer Status	20,1	11,1	− 44,8	81,1
Herkunft	36,6	13,5	− 63,1	**171,1**
Religion	25,3	20,0	− 20,9	26,5
Politische Einstellung	58,2	**201,5**	+ **246,0**	−
Geschlecht / geschl. Identität	6,2	15,6	-------------------	
Alter	8,4	10,2	+ 21,5	−
Hautfarbe	31,1	21,3	− 31,5	46,0
Behinderung	**107,1**	4,4	− 95,9	**2 334,1**
Sexuelle Orientierung	59,5	31,5	− 47,1	88,9
Andere Gruppe	7,7	14,0	+ 81,8	−

Im intersektionalen Feminismus bezeichnet der Synergieeffekt (im Feminismus eher "multiplikatives", "additives" oder "überadditives" Diskriminierungserlebnis genannt) den Umstand, dass sich zwei (oder mehr) Diskriminierungsformen nicht einfach nur summieren, sondern in Wechselwirkung treten und so eine verstärkte, qualitativ andere Benachteiligung erzeugen. Z.B.: Geschlecht + Ethnische Herkunft.[343]

Obwohl geschlechtsspezifische Gewalt gegen Männer häufig geleugnet wird, zeigt die intersektionale Analyse, dass durch die Kombination von Geschlecht mit weiteren Diskriminierungsmerkmalen (z. B. Herkunft oder Religion) gerade Männer aus bestimmten Gruppen in besonderem Maße davon betroffen sind. Vorweg, falls sich jemand fragt,

---

[343] https://de.wikipedia.org/wiki/Intersektionalit%C3%A4t

warum die Geschlecht / geschl. Identität Zeile nicht verrechnet wurde, weil geschlechtsspezifische Gewalt keinen Synergieeffekt mit sich selbst haben kann. Durchaus durch die Mehrfachnennung in dem Fragebogen, hätte man aufzeigen können, wo die Leute subjektiv geschlechtsspezifische Gewalt vermuten, doch ist das hier nicht die Fragestellung, die ich beantworten möchte, sondern wo geschlechtsspezifische Abweichungen in der Gewalt-Mehrung oder Häufung zu finden sind.

Beginnen wir mit dem Anteil der Männer, die solche Erfahrungen machen: In den Bereichen Sozialer Status, Herkunft, politische Einstellung und Religion sind besonders viele Männer betroffen. Der Geschlechterunterschied fällt dabei bei Herkunft und politischer Einstellung am deutlichsten aus – in diesen Kategorien erleben Männer etwa zehnmal häufiger als Frauen entsprechende Vorfälle.

Bei der Betrachtung der gesamten Gewalt die eine Gruppe erfährt, erfahren Männer am häufigsten Gewalt aufgrund ihrer Herkunft oder politischen Einstellung. Bei den Gruppen Herkunft und Behinderung ist der geschlechtsspezifische Unterschied sogar nahezu 27-mal höher als bei Frauen. D.h. rein Quantitativ auf einen Schlag, den eine Frau erlebt, kommen 27 die ein Mann erlebt, immer innerhalb der Gruppe betrachtet.

Betrachtet man die durchschnittliche Zahl der Vorfälle pro betroffener Person, zeigt sich, dass Frauen wegen ihrer politischen Einstellung auf über 200 Vorfälle pro Kopf kommen, während bei Männern mit Behinderung noch immer mehr als 100 Vorfälle pro Kopf verzeichnet werden. Diese hohen Fallzahlen beziehen sich jedoch auf relativ kleine Gruppen (0,04 ‰ bei Frauen infolge politischer Einstellung und 0,10 ‰ bei Männern mit Behinderung). Die vier eingangs genannten größten Kategorien summieren sich immer noch auf 20 bis 60 Vorfälle pro Kopf. Geschlechtsspezifisch fällt auf: Männliche Opfer mit Behinderung erleben durchschnittlich etwa 24-mal so viele Vorfälle wie weibliche Opfer mit Behinderung, weibliche Opfer aufgrund ihrer politischen Einstellung etwa 3,5-mal so häufig wie männliche Opfer, und männliche Opfer erfahren fast 3-mal häufiger Gewalt aufgrund ihrer Herkunft als weibliche Opfer.

Abschließend lässt sich festhalten, dass subjektive Erfahrungsberichte wichtige Hinweise auf intersektionale Benachteiligung liefern.[344] Um jedoch zu prüfen, ob etwa Männer bestimmter Gruppen (z. B. mit Migrationshintergrund oder niedriger Bildung) tatsächlich überdurchschnittlich betroffen sind, hätte ich mir zusätzlich eine objektive Betrachtung gewünscht – etwa durch ein Differenzmodell innerhalb der erhobenen Daten. Man schaut nach statistischen Abweichungen der Gruppe vom Ganzen und darauf muss man noch relevante Eigenschaften angleichen, wie Alter, Wohlstand. Was übrig bleibt könnte reale vorurteilsgeleitete Gewalt sein.

Und während die drei Tabellen unterschiedliche Perspektiven auf vorurteilsmotivierte Gewalterfahrungen eröffnen – die erste zeigt das individuelle Risiko, Opfer zu werden, die zweite das gesamte Ausmaß der Gewalt gegenüber bestimmter Gruppen, und die dritte die durchschnittliche Belastung pro betroffenes Individuum –, fehlt eine wichtige Dimension: die Intensität der erlebten Gewalt. Ein geschlechtsspezifischer Vergleich ist hierbei zwar schwierig, da insbesondere Männer dazu neigen, die Schwere der eigenen Erfahrungen herunterzuspielen. Dennoch ließe sich die wahrgenommene Gewaltintensität zumindest die Differenz zur Gesamtgruppe vergleichen.

14. Doppelmoral kurz gezeigt

Transfrauen (MtF) hatten eine über 6-mal höhere Wahrscheinlichkeit, für eine Straftat verurteilt zu werden, als die Vergleichsgruppe cisgeschlechtlicher Frauen – und sogar eine 18-mal höhere Wahrscheinlichkeit, für ein Gewaltdelikt verurteilt zu werden.[345]

Gender-diverse Straftäter mit Vorgeschichte von Sexualstraftaten (SOH) machten 37 % (n = 57) der insgesamt 155 im Untersuchungszeitraum (Dezember 2017 bis September 2021) erfassten genderdiversen Straftäter aus; 86 % waren Transfrauen, 0 %

---

[344] https://de.wikipedia.org/wiki/Standpunkt-Theorie
[345] https://committees.parliament.uk/writtenevidence/18973/pdf/

Transmänner und 14 % identifizierten sich als "andere" genderdiverse Straftäter.[346]

Transfrauen zeigen ein Gewaltverhalten, das Männern ähnelt. Während der Mainstreamfeminismus zu Recht die Verallgemeinerungen und den Umgang mancher TERFs gegenüber Transfrauen kritisiert, übersieht er, dass er nach demselben Prinzip mit Männern verfährt. Wenn TERFs queerfeindlich sind, dann dürften Feministen nach ihren eigenen Maßstäben männerfeindlich sein.

Es ist genauso Doppelmoral *Not All Men* zu sagen und die Generalisierung von Männern zu kritisieren, um dann im nächsten Moment gegen Transfrauen zu generalisieren.

Natürlich kann man erwähnen, dass Transfrauen auch öfter Opfer von Gewalt werden. Gewalt erzeugt Trauma und ist für die geistige Gesundheit nicht förderlich. Aber psychische Erkrankungen erklären höchstens ein 3 bis 4-mal so hohes Gewaltpotential, nicht 18.[347] Wer allerdings kurz so gedacht hat, entwickelt vielleicht Empathie für die Kapitel Gewalt gegen Kinder, Partnerschaftsgewalt oder Männerhass.

15. Fazit

Jede Art der Gewalt ist schlimm und sollte aus gesellschaftlicher Sicht reduziert werden.

Primäre Probleme in der sexuellen Gewalt scheinen Intelligenz und Bildung zu sein, in der Partnerschaftsgewalt ihre gegenseitige Dynamik, Traumata und Suchtprobleme, und in Fällen von Partnerschaftsmord gibt es oft Probleme mit der Psyche und Alkohol / Drogen. Und das ist schon simplifiziert auf die scheinbar größte Ursache, die ich gefunden habe in meiner kurzen Recherche. Feminismus verweist auf patriarchale Unterdrückung, Macht und Kontrollverhalten. Zwar findet man solch

---

[346] https://tinyurl.com/4cuum9sa
[347] https://tinyurl.com/yp4xkddd

Verhalten tatsächlich des Öfteren innerhalb der strafrechtlich relevanten Fälle und ist damit durchaus ein berechtigter Punkt, doch in der Gesamtheit der partnerschaftliche Gewalt ist dieses Verhalten zum Glück eher selten und keineswegs geschlechtsspezifisch, sondern wird durchaus auch durch Frauen praktiziert.[348] [349] Denise Hines sagt in folgender Quelle vergleichbares und bringt hier noch andere Quellen und Daten, die interessant sind:[350] In der kanadischen General Social Survey (GSS) von 2004 waren beispielsweise 40 % aller männlichen Opfer häuslicher Gewalt Opfer von "terroristischer Gewalt" (also kontrollierender, andauernder Gewalt). Zudem waren 36,8 % der insgesamt 583.800 Opfer terroristischer Gewalt Männer – ein Ergebnis, das bereits in der GSS von 1999 ähnlich festgestellt wurde (Laroche, 2005). Die Metastudien und Reviews sprachen sogar von einem ausgeglichenem Bild.

Bereits im Kapitel zur Partnerschaftsgewalt habe ich darauf hingewiesen, dass die meisten Konflikte gegenseitige Gewalt beinhalten. Wenn man mehr Plätze für Männerhäuser finanzieren würde, dann hätten auch Männer die Chance, aus dieser toxischen Gewaltspirale auszubrechen und eine Eskalation zu verhindern.[351] Im Kapitel zur sexuellen Gewalt wiederum, dass die Quelle darauf hinweist, das die Täter oft Probleme mit Kommunikation und Bildung haben. Wie steht es eigentlich um eine bundesweite Leseförderung für Problemfälle?

Männer sind Täter und Frauen Opfer, Frauen brauchen Hilfe und Männer kommen schon allein zurecht, sind patriarchale Bias und Stereotype, die das Verhalten beeinflussen können und durchaus auch durch den Feminismus bestätigt und gefördert werden. Aber ganz so einfach ist es dann doch nicht und ich hoffe, ich konnte hier ein etwas differenzierteres Bild vermitteln.

---

[348] https://pmc.ncbi.nlm.nih.gov/articles/PMC3154094/
[349] https://familyconflict.eu/wp-content/uploads/BatesFrankfurt-DEU.pdf
[350] https://ijfrp.journals.yorku.ca/index.php/ijfrp/article/view/39581
[351] https://pmc.ncbi.nlm.nih.gov/articles/PMC3154094/

XIII. Soziale Medien

Soziale Medien wie Twitter, TikTok und Instagram haben die Geschlechterdebatte erheblich beeinflusst. Während sie einerseits Raum für feministische und maskulistische Bewegungen bieten, verstärken sie andererseits auch polarisierende Narrative. Algorithmen, virale Trends und die Dynamik von "Cancel Culture" spielen dabei eine entscheidende Rolle.

1. Psychologische Phänomene & Begriffsklärung

1.1 Dämonisierung – Die Kunst der Verteufelung[352]

Dämonisierung beschreibt, wie Personen, Gruppen oder Ideologien systematisch als grundsätzlich böse dargestellt werden, um sie moralisch, politisch oder kulturell zu delegitimieren. Ursprünglich in religiösen Kontexten verwurzelt, wo beispielsweise "Heiden" oder "Hexen" als Werkzeuge des Teufels galten, hat sich diese Technik im Laufe der Geschichte zu einem zentralen Instrument in politischen und ideologischen Konflikten entwickelt. Dabei geht es nicht nur darum, den Gegner zu kritisieren, sondern ihn als existenzielle Bedrohung darzustellen, die jenseits jeglicher menschlicher Moral zu existieren scheint. Ein wesentlicher Bestandteil dieser Strategie ist die Entmenschlichung: Durch den Einsatz dehumanisierender Sprache – etwa Tiervergleiche wie "Ratten" oder "Ungeziefer" sowie Krankheitsmetaphern wie "sozialer Krebs" – wird es möglich, Empathie zu unterbinden und Gewalt zu rechtfertigen. So wurden im Kalten Krieg etwa Kommunisten im Westen als "gottlose Untermenschen" diffamiert, während im Ostblock der "dekadente Kapitalismus" als Ausgeburt des Bösen dargestellt wurde.

Die Dämonisierung erfüllt dabei drei zentrale Funktionen. Zum einen mobilisiert sie die Emotionen der Bevölkerung, indem durch

---

[352] https://de.wikipedia.org/wiki/D%C3%A4monisierung

Hasspropaganda klare Feindbilder geschaffen werden, die dann als Rechtfertigung für Gewalt herangezogen werden können – wie im Fall des "Krieges gegen den Terror". Zum anderen führt die ständige Darstellung des Gegners als Inbegriff des Bösen zu einer moralischen Selbstaufwertung der eigenen Position. Schließlich vereinfacht diese Technik komplexe politische, wirtschaftliche und soziale Konflikte, indem sie sie in einen binären Kampf zwischen "Licht und Finsternis" transformiert. Wissenschaftler wie Castro Varela und Mecheril weisen darauf hin, dass diese Form der Delegitimierung maßgeblich dazu beiträgt, gesellschaftliche Machtverhältnisse zu stabilisieren, indem etwa Migranten in Europa als kriminell oder frauenfeindlich dämonisiert werden, um restriktive Asylpolitiken zu rechtfertigen und die Privilegien der Mehrheitsgesellschaft zu sichern.

Historisch lässt sich die Dämonisierung bis in die Zeit der Hexenverfolgungen, Kreuzzüge oder der antijüdischen Propaganda zurückverfolgen. In der Kolonialzeit wurden indigene Völker als "Wilde" oder "Kannibalen" entmenschlicht, um Eroberung und Versklavung zu legitimieren. Im 20. Jahrhundert fanden diese Techniken unter anderem in der NS-Propaganda Anwendung, wo Juden als "Untermenschen" und "Parasiten" dargestellt wurden, während in der US-McCarthy-Ära Kommunisten als "Verräter der Freiheit" gebrandmarkt wurden. Auch in jüngerer Vergangenheit, etwa nach den Ereignissen des 11. September oder in der aktuellen Darstellung politischer Akteure wie Putin, zeigt sich, dass Dämonisierung nach wie vor ein mächtiges Instrument ist.

Die angewandten Techniken sind vielfältig. Häufig werden durch dehumanisierende Sprache Gegner abgewertet, indem sie mit negativen Tierbildern oder Krankheitsmetaphern beschrieben werden. Eine weitere Methode ist die Personalisierung: Komplexe Konflikte werden auf einzelne, charismatische Führungsfiguren reduziert, wodurch der gesamte Konflikt als Kampf gegen das personifizierte Böse dargestellt wird. Ebenso kommen moralische Absolutsetzungen und Verschwörungsnarrative zum Einsatz, um dem Gegner eine rein bösartige Agenda zuzuschreiben.

Ein entscheidender Nebeneffekt der Dämonisierung ist die Bildung kultureller Tabus, die jeden konstruktiven Dialog mit dem als böse definierten Anderen nahezu unmöglich machen. So galten beispielsweise in der DDR westliche Medien als "Feindsender", deren Konsum strafbar war, und heute wird vielfach die Idee propagiert, dass man nicht mit rechtsextremen Parteien verhandeln könne, selbst wenn diese demokratisch gewählt sind.

Zahlreiche Beispiele aus der Geschichte und Gegenwart illustrieren diese Dynamiken: Im nationalsozialistischen Deutschland wurden Juden in Propagandamaterialien wie "Der Stürmer" als "Weltverschwörer" inszeniert, während in der US-Kriegspropaganda im Irak Saddam Hussein als "Schlächter von Bagdad" dargestellt wurde. Moderne Medien bedienen sich ebenfalls dämonisierender Strategien, wie etwa in der aktuellen Berichterstattung in Russland, in der die Ukraine als "Nazi-Staat" gebrandmarkt wird, während wir dasselbe über Russland behaupten.

Gleichwohl ist die Dämonisierung nicht unumstritten. Kritiker bemängeln, dass sie Konflikte eskaliert, da sie Kompromisse nahezu unmöglich macht und Kriege verlängern kann – wie im Nahostkonflikt beobachtet werden kann. Zudem führt sie zu einem Verlust an Differenzierung, da innerliche Unterschiede innerhalb der dämonisierten Gruppen ignoriert werden, was zu pauschaler Feindseligkeit führt. Schließlich wird die Technik oft zynisch instrumentalisiert, um von eigenen Missständen abzulenken.

Zusammenfassend zeigt sich, dass Dämonisierung längst kein Relikt vergangener Zeiten ist, sondern als zentrales Werkzeug moderner Machtpolitik fortbesteht. Wer diese Strategie erkennt und durchschaut, kann besser verstehen, dass das vermeintlich monolithische "Böse" oft lediglich Ausdruck ungelöster sozialer, ökonomischer oder psychologischer Spannungen ist. Eine entdämonisierte Debatte ist daher ein entscheidender Schritt hin zu einer differenzierten, deeskalierenden Konfliktkultur.

1.2 Mean World Syndrome[353]

Das Mean World Syndrome beschreibt einen kognitiven Bias, bei dem Menschen die Welt als gefährlicher wahrnehmen, als sie tatsächlich ist. Dieser Effekt entsteht durch eine langanhaltende, moderate bis intensive Exposition gegenüber gewaltbezogenen Inhalten in den Massenmedien. Ursprünglich wurde dieses Phänomen im Kontext des Fernsehkonsums untersucht, wobei der Kommunikationsprofessor George Gerbner in den 1970er-Jahren den Begriff prägte. Er zeigte, dass intensiver Kontakt mit gewalthaltigen Fernsehinhalten zu erhöhter Angst, Pessimismus und einem ständig wachsamen Zustand gegenüber potenziellen Bedrohungen führen kann.

Gerbners Cultivation Theory legt dar, dass die kontinuierliche Darstellung von Gewalt im Fernsehen die Wahrnehmung der Realität nachhaltig prägt. Untersuchungen haben ergeben, dass Menschen, die viel Zeit vor dem Fernseher verbringen, oft ein verzerrtes Weltbild entwickeln, in dem sie davon ausgehen, dass Gewalt allgegenwärtig ist. Diese mediale Prägung beeinflusst direkt die Einstellungen, Überzeugungen und Meinungen über die reale Welt und führt zu erhöhter Angst, verstärktem Misstrauen sowie dem Bedürfnis nach mehr Sicherheitsvorkehrungen.

Obwohl die ursprünglichen Studien den Fernsehkonsum in den Mittelpunkt stellten, hat sich der mediale Konsum in den letzten Jahrzehnten stark verändert. Heutzutage spielen soziale Medien eine ebenso wichtige Rolle bei der Verbreitung des Mean World Syndrome. Plattformen wie Facebook, Twitter und Instagram erzeugen – trotz einer möglicherweise geringeren visuellen Intensität als das Fernsehen – durch die ständige Präsenz von negativen Nachrichten, kontroversen Diskussionen und viralen Inhalten einen ähnlichen Effekt. Nutzer, die sich regelmäßig in Online-Debatten oder sogenannten "Troll-Kriegen" verlieren und unaufhörlich gewaltbezogene Inhalte konsumieren – oft im Rahmen von Phänomenen wie dem "Doomscrolling" während der

---

[353] https://en.wikipedia.org/wiki/Mean_world_syndrome

COVID-19-Pandemie – nehmen ihre Umwelt zunehmend als bedrohlicher wahr. Diese permanente Konfrontation mit negativen Inhalten verstärkt das Gefühl von Angst, Unsicherheit und führt zu einem insgesamt verzerrten Weltbild.

Insgesamt zeigt das Mean World Syndrome eindrucksvoll, wie stark Massenmedien unsere Wahrnehmung der Realität beeinflussen können. Während frühe Forschungen vor allem den Einfluss des Fernsehkonsums beleuchteten, unterstreicht die aktuelle Entwicklung, dass auch soziale Medien einen erheblichen Beitrag dazu leisten, dass Menschen die Welt als gefährlicher und feindseliger empfinden, als sie tatsächlich ist. Diese Erkenntnis verdeutlicht die Verantwortung, die Medien – in welcher Form auch immer – bei der Darstellung von Gewalt und negativen Ereignissen tragen.

1.3 Kognitive Dissonanz[354]

Kognitive Dissonanz beschreibt den psychologischen Zustand, in dem Menschen widersprüchliche Gedanken, Gefühle, Überzeugungen oder Handlungen gleichzeitig in sich tragen. Dieses innere Unbehagen entsteht, wenn neue Informationen oder Erfahrungen den bestehenden Überzeugungen widersprechen und somit einen Konflikt im Denken auslösen. Leon Festinger, der Begründer der kognitiven Dissonanztheorie, postulierte bereits in den 1950er-Jahren, dass wir bestrebt sind, eine konsistente innere Welt aufrechtzuerhalten – jeder Bruch dieser Konsistenz löst Unbehagen aus, das wir durch verschiedene Strategien zu reduzieren versuchen. Zu diesen Strategien zählen unter anderem die Anpassung von Einstellungen oder Verhaltensweisen, die selektive Wahrnehmung von Informationen oder auch die bewusste Ablehnung widersprüchlicher Fakten.

Ein prägnantes Beispiel für kognitive Dissonanz ergab sich in Gesprächen mit einigen "Bär-Wählerinnen" auf Instagram. Auf die Frage, wie sich die Gewalt in den USA in den letzten 30 Jahren entwickelt habe,

---

[354] https://en.wikipedia.org/wiki/Cognitive_dissonance

erhielt ich fast durchweg dieselbe Antwort: "Es wurde schlimmer" oder "Wir haben den schlimmsten Stand ever." Dabei belegen die Kriminalstatistiken etwas ganz anderes: Die Gewaltkriminalität ist in den letzten drei Jahrzehnten drastisch gesunken – von 79 auf 23 Fälle pro 1.000 Menschen, und auch Sexualdelikte haben deutlich abgenommen. Dennoch halten viele Menschen an der Vorstellung fest, in einer immer gefährlicheren Welt zu leben. Diese Diskrepanz zwischen objektiven Fakten und subjektiver Wahrnehmung ist ein klassisches Beispiel für kognitive Dissonanz. Die Unstimmigkeit zwischen den verinnerlichten, negativen Vorstellungen und den widersprechenden empirischen Daten verursacht psychischen Stress, den die Betroffenen zu mildern versuchen. Dies geschieht häufig, indem sie alternative Informationen ignorieren, die Fakten diffamieren oder den Diskurs in Online-Debatten auf emotionale, vereinfachte Kategorien reduzieren. In manchen Fällen wird sogar versucht, durch aggressive Reaktionen, wie dem Blockieren oder dem Löschen von Kommentaren, die eigene Sichtweise zu schützen.

Der Mechanismus der kognitiven Dissonanz spielt eine zentrale Rolle in der Art und Weise, wie wir Informationen verarbeiten und wie wir unser Selbstbild und unsere Überzeugungen aufrechterhalten. Wenn unser Handeln oder unsere Einstellungen in Widerspruch zu neuen Erfahrungen stehen, empfinden wir Unbehagen. Um dieses zu reduzieren, rationalisieren wir unser Verhalten, indem wir beispielsweise nur jene Informationen aufnehmen, die unsere Sichtweise bestätigen – ein Phänomen, das eng mit dem sogenannten Confirmation Bias verbunden ist. Auf diese Weise wird eine innere Konsistenz hergestellt, auch wenn dies auf Kosten einer objektiven Auseinandersetzung mit der Realität geht.

Die Dynamiken, die durch kognitive Dissonanz entstehen, haben weitreichende gesellschaftliche Konsequenzen. Sie erklären, warum Menschen trotz überwältigender gegenteiliger Beweise an überholten oder verzerrten Weltbildern festhalten und warum sich kollektive Ängste und Vorurteile verstärken können. Insbesondere in der heutigen, digital vernetzten Welt, in der Informationen in Hülle und Fülle verfügbar sind und in der soziale Medien als Filter für die Wahrnehmung dienen, wird die kognitive Dissonanz zu einem mächtigen Motor politischer und gesellschaftlicher Spaltungen. Indem Individuen und Gruppen selektiv nur jene Informationen aufnehmen, die ihre bestehenden Überzeugungen bestätigen, tragen sie dazu bei, dass alternative Sichtweisen unterdrückt werden und sich ein einseitiges, oft pessimistisches Weltbild manifestiert.

Zusammenfassend lässt sich sagen, dass kognitive Dissonanz nicht nur ein faszinierender psychologischer Mechanismus ist, sondern auch maßgeblich dazu beiträgt, wie wir unsere Welt wahrnehmen und wie wir auf Herausforderungen reagieren. Das Beispiel der "Bär-Wählerinnen" zeigt eindrücklich, wie trotz klarer statistischer Belege ein subjektives Empfinden einer gefährlicheren Welt aufrechterhalten werden kann – ein Zustand, der nicht nur persönlichen Stress verursacht, sondern auch das gesellschaftliche Klima in Richtung Angst und Feindseligkeit verschiebt. Das Verständnis dieser Prozesse ist daher entscheidend, um konstruktive Dialoge zu fördern und die verzerrte Wahrnehmung, die letztlich zu sozialer Spaltung führen kann, zu überwinden.

1.4 Indoktrination

Indoktrination ist ein Prozess gezielter Beeinflussung, der darauf abzielt, Menschen eine bestimmte Ideologie, ein Denkmuster oder eine Weltanschauung aufzuzwingen. Dabei werden alternative Perspektiven bewusst unterdrückt und kritische Auseinandersetzungen mit den vermittelten Inhalten verhindert. Im Gegensatz zur offenen Bildung, die Reflexion und Diskussion fördert, zeichnet sich Indoktrination durch eine einseitige, oft manipulative Informationsvermittlung aus.

Ein zentrales Merkmal der Indoktrination ist der Einsatz von Propaganda, um eine gewünschte Meinung als alternativlos darzustellen. Dies geschieht durch die selektive Präsentation von Informationen, wobei widersprechende oder kritische Inhalte zensiert oder diffamiert werden. In autoritären Systemen ist Indoktrination ein häufiges Mittel zur Machtsicherung, indem sie die Bevölkerung von klein auf auf eine ideologische Linie trimmt. Doch auch in demokratischen Gesellschaften sind indoktrinierende Tendenzen erkennbar, sei es in der politischen Bildung, der Werbung oder in bestimmten religiösen Kontexten.

Historisch gesehen wurde der Begriff Indoktrination lange Zeit nicht klar von Erziehung unterschieden. Insbesondere im Mittelalter, als Bildung primär in religiösen Einrichtungen stattfand, war die Vermittlung von Wissen untrennbar mit dogmatischen Vorgaben verbunden. Erst mit der Aufklärung entstand die Vorstellung, dass Erziehung und Bildung auf kritischer Reflexion und eigenständigem Denken basieren sollten. Der Begriff "Indoktrination" wurde in der deutschen Sprache erst in den 1960er Jahren gebräuchlich, oft mit Blick auf die ideologische Schulung im Nationalsozialismus oder die Reeducation-Programme der Alliierten nach dem Zweiten Weltkrieg.

In der modernen Pädagogik wird Indoktrination meist negativ bewertet, dennoch bleibt die Grenze zur legitimen Erziehung fließend. Während Erziehung darauf abzielt, Menschen zu mündigen, selbstdenkenden Individuen zu formen, birgt sie immer das Risiko, zu einer Form der Indoktrination zu werden. Einige Wissenschaftler argumentieren, dass Indoktrination ein unvermeidlicher Bestandteil jeder Pädagogik ist, da jede Form der Bildung mit bestimmten Werten und Normen verknüpft ist. Andere hingegen bestehen darauf, dass Erziehung und Indoktrination klar voneinander abzugrenzen sind, insbesondere durch die Methoden und Intentionen, die hinter der Vermittlung von Wissen stehen.

Die Debatte über Indoktrination ist auch deshalb so relevant, weil sie in verschiedenen gesellschaftlichen Bereichen auftaucht. In politischen Systemen, in Religionen, in den Medien und selbst in der Werbung finden sich Mechanismen, die darauf abzielen, bestimmte Meinungen zu verfestigen und abweichende Sichtweisen auszublenden. Gerade in der heutigen Zeit, in der Informationen über digitale Medien schneller und gezielter verbreitet werden als je zuvor, ist es entscheidend, sich kritisch mit den Quellen und Absichten hinter den vermittelten Inhalten auseinanderzusetzen.

Letztlich bleibt Indoktrination ein schmaler Grat zwischen Beeinflussung und Manipulation, zwischen legitimer Bildung und ideologischer Vereinnahmung. Die Fähigkeit zur kritischen Reflexion und zur eigenständigen Urteilsbildung ist daher eine zentrale Voraussetzung, um Indoktrination zu erkennen und ihr entgegenzuwirken.

1.5 Critical Social Justice[355]

Social Justice bezeichnet die Gerechtigkeit hinsichtlich der Verteilung von Wohlstand, Chancen und Privilegien innerhalb einer Gesellschaft, in der die Rechte der Individuen anerkannt und geschützt werden. In westlichen und asiatischen Kulturen bezog sich das Konzept der sozialen Gerechtigkeit häufig auf den Prozess, sicherzustellen, dass Einzelne ihre gesellschaftlichen Rollen erfüllen und von der Gesellschaft das ihnen Zustehende erhalten.[356]

Die Bewegung des Critical Social Justice (CSJ) hat in den letzten Jahren zunehmend an Einfluss gewonnen und prägt zahlreiche gesellschaftliche Debatten. Ihre Wurzeln liegen in der kritischen Theorie und der postmodernen Philosophie, insbesondere in den Schriften von Denkern wie Michel Foucault, Jacques Derrida und Judith Butler. CSJ interpretiert soziale Realitäten durch eine Linse der Machtstrukturen, die in Sprache, Institutionen und kulturellen Normen verankert sind. Diese Perspektive hat weitreichende Auswirkungen auf die Art und Weise, wie gesellschaftliche Probleme wahrgenommen und angegangen werden.

Ein zentrales Merkmal von CSJ ist die Überzeugung, dass gesellschaftliche Ungleichheiten nicht bloß auf individuelle Unterschiede oder ökonomische Gegebenheiten zurückzuführen sind, sondern auf tief verwurzelte Machtverhältnisse, die sich in Diskursen und sozialen

---

[355] https://merionwest.com/2021/09/02/the-psychology-of-critical-social-justice/
[356] https://en.wikipedia.org/wiki/Social_justice

Strukturen manifestieren. Die Bewegung argumentiert, dass diese Machtstrukturen oft unsichtbar oder normalisiert sind und daher bewusst dekonstruiert werden müssen. Hierbei spielt die Sprache eine zentrale Rolle: Bestimmte Begriffe und Ausdrucksweisen werden als Machtinstrumente betrachtet, die soziale Hierarchien aufrechterhalten.

Psychologisch betrachtet basiert CSJ auf mehreren Annahmen über menschliches Verhalten und soziale Interaktionen. Eine zentrale These ist, dass Identitätspolitik eine primäre Determinante des Selbstverständnisses und der gesellschaftlichen Position eines Individuums ist. Das bedeutet, dass Menschen nicht primär als autonome Individuen betrachtet werden, sondern als Mitglieder sozial konstruierter Gruppen, die entweder von Privilegien profitieren oder unterdrückt werden. Dieser kollektivistische Ansatz steht in Kontrast zu klassischen liberalen Vorstellungen, die das Individuum als zentrale Handlungseinheit betrachten.

Die Bewegung tendiert dazu, eine stark moralische Perspektive auf soziale Fragen einzunehmen. Sie teilt die Gesellschaft in Täter und Opfer ein, wobei das Opfer-Narrativ eine besonders starke emotionale Anziehungskraft besitzt. Psychologische Mechanismen wie kognitive Dissonanz und Gruppendenken spielen eine entscheidende Rolle bei der Verbreitung und Stabilisierung der CSJ-Ideologie. Menschen, die mit CSJ-Narrativen konfrontiert werden, befinden sich häufig in einer Situation, in der sie entweder Zustimmung signalisieren oder als unmoralisch oder ignorant abgestempelt werden. Dies kann zu einem Klima der Konformität und Selbstzensur führen.

Ein weiteres psychologisches Element ist das Konzept der "Erweckung" oder des "Woke-Seins". Dieser Zustand beschreibt ein erhöhtes Bewusstsein für gesellschaftliche Ungerechtigkeiten und die eigene Position innerhalb dieser Strukturen. Der Prozess der Erweckung folgt oft einem bestimmten Muster: Zunächst erlebt die Person eine kognitive Umstrukturierung, in der sie bisherige Annahmen über Gesellschaft, Identität und Macht hinterfragt. Dies führt zu einer neuen Selbstdefinition, in der das eigene Handeln zunehmend durch die

Prinzipien der CSJ-Ideologie bestimmt wird. Diese Dynamik ähnelt religiösen Bekehrungserfahrungen und kann eine hohe emotionale Intensität aufweisen.

Die Auswirkungen von CSJ sind in vielen gesellschaftlichen Bereichen spürbar, insbesondere in Bildungseinrichtungen, Medien und Unternehmen. Kritiker argumentieren, dass die Bewegung zu einer Einschränkung des offenen Diskurses führt, da abweichende Meinungen oft als moralisch verwerflich dargestellt werden. Dies kann zu einer Atmosphäre der Angst und der Selbstzensur führen, in der freie Meinungsäußerung eingeschränkt wird. Befürworter hingegen sehen in CSJ eine notwendige Korrektur historischer Ungerechtigkeiten und eine Möglichkeit, marginalisierte Gruppen zu stärken.

Zusammenfassend lässt sich sagen, dass Critical Social Justice tief in philosophischen und psychologischen Konzepten verwurzelt ist. Ihr Einfluss auf gesellschaftliche Debatten ist enorm, und sie prägt die Art und Weise, wie Menschen über Macht, Identität und Gerechtigkeit nachdenken. Ob sie langfristig zu einer gerechteren Gesellschaft führt oder neue Formen der sozialen Spaltung erzeugt, bleibt eine offene Frage.

Kritik von James Lindsay[357]

Wer ist James Lindsay?

James Stephen Lindsay, bekannt unter dem Namen James A. Lindsay, ist ein amerikanischer Autor. Bekannt wurde er durch die sogenannte *Grievance Studies Affäre*, bei der er zusammen mit Peter Boghossian und Helen Pluckrose in den Jahren 2017 und 2018 fingierte Artikel bei wissenschaftlichen Fachzeitschriften einreichte, um die akademische Qualität und Strenge in verschiedenen Fachbereichen zu testen. Lindsay hat mehrere Bücher verfasst, darunter *Cynical Theories* (2020), die er gemeinsam mit Pluckrose schrieb. Er hat zudem rechtsgerichtete

---

[357] https://newdiscourses.com/2020/02/naming-enemy-critical-social-justice/

Verschwörungstheorien, wie die der "Kulturmarxismus" - und der "LGBT-Grooming"-Verschwörung verbreitet.[358]

Er bezeichnet sich selbst auf newdiscourses als professioneller Unruhestifter und führender Critical Race Theory Experte, dass dazu führte es abzulehnen.

Im Jahr 2017 veröffentlichten James Lindsay und Peter Boghossian ein fingiertes wissenschaftliches Papier mit dem Titel The Conceptual Penis as a Social Construct, in dem sie den Penis als soziales Konstrukt im Sinne performativer toxischer Männlichkeit darstellten. Die Arbeit sollte den Stil poststrukturalistischer Geschlechtertheorien imitieren. Nachdem sie zunächst abgelehnt wurde, erschien sie schließlich in der Fachzeitschrift Cogent Social Sciences.

Ab August 2017 verfassten Lindsay, Boghossian und Helen Pluckrose insgesamt 20 solcher Fake-Artikel, die sie unter Pseudonymen und dem Namen eines Bekannten bei Fachzeitschriften einreichten. Ziel war es, die wissenschaftliche Integrität bestimmter geistes- und sozialwissenschaftlicher Felder zu testen. Das Projekt endete vorzeitig, nachdem ein besonders absurder Artikel in der feministischen Fachzeitschrift Gender, Place & Culture Verdacht erregte und von einer Journalistin aufgedeckt wurde.

Die Aktion wurde später durch ein YouTube-Video[359] und einen Wall Street Journal-Bericht öffentlich gemacht. Zu diesem Zeitpunkt waren 7 der 20 Artikel angenommen, 7 noch im Begutachtungsverfahren und 6 abgelehnt worden. Einer der angenommenen Texte enthält Passagen aus Hitlers Mein Kampf, die in feministische Sprache umgeschrieben wurden.

Bemerkenswerterweise wurden einige dieser Hoax-Artikel von Fachgutachtern positiv bewertet und als innovativ und relevant für feministische und sozialwissenschaftliche Diskurse gelobt.

---

[358] https://en.wikipedia.org/wiki/James_A._Lindsay
[359] https://www.youtube.com/watch?v=kVk9a5Jcd1k&ab_channel=MichaelNayna

2. Der Einfluss von Twitter, TikTok und Co.

Plattformen wie Twitter, TikTok und Instagram haben sich zu zentralen Orten entwickelt, an denen Geschlechterrollen diskutiert und oft radikalisiert werden.

- **Twitter:** Hier dominieren hitzige Debatten über Gleichberechtigung, toxische Männlichkeit und feministische Anliegen. Die Plattform fördert durch ihre Kürze zugespitzte, oft emotional aufgeladene Statements, die die Debatte polarisieren. Männerrechtler und Feministinnen stehen sich häufig in konfrontativen Diskussionen gegenüber, was sachliche Auseinandersetzungen erschwert.
- **TikTok:** Die Videoplattform verstärkt durch virale Trends bestimmte Geschlechterrollen. Während Fitness-Influencer oft das Ideal des muskulösen, erfolgreichen Mannes verbreiten, verstärken Beauty- und Dating-Trends stereotype Erwartungen an Frauen.
- **Instagram:** Durch Influencer-Kultur und Schönheitsideale entstehen oft unrealistische Vorstellungen von Körpern und Beziehungen. Frauen erhalten in feministischen Kreisen oft Zuspruch für Body Positivity, während Männer weiterhin einem Leistungsdruck in Bezug auf Fitness und Erfolg ausgesetzt sind.

3. Algorithmische Verzerrung

Die Algorithmen sozialer Medien bestimmen, welche Inhalte sichtbar werden. Dabei entstehen Verzerrungen, die bestimmte Narrative bevorzugen, das Phänomen nennt sich Filterblase:

- Polarisierende Inhalte erhalten oft mehr Engagement, da Empörung, Wut und Kontroversen hohe Klickzahlen generieren. Extreme feministische oder maskulistische Inhalte haben daher oft eine größere Reichweite als differenzierte Debatten.
- Männerrechtliche Themen wie Sorgerecht, häusliche Gewalt gegen Männer oder Diskriminierung im Strafrecht erhalten weniger

mediale Aufmerksamkeit als feministische Anliegen, da sie oft nicht mit den gesellschaftlichen Hauptnarrativen übereinstimmen.

- Bestimmte Begriffe oder Meinungen können von Plattformen als "problematisch" eingestuft und algorithmisch unterdrückt werden, während andere bevorzugt werden. Dies kann dazu führen, dass bestimmte Perspektiven in der Geschlechterdebatte weniger Gehör finden.

4. "Cancel Culture" und Zensur

Ein weiteres Phänomen, das die Debatte über Geschlechterrollen prägt, ist die sogenannte "Cancel Culture".

4.1 Männer als Hauptziel von "Cancel Culture"

Männer in öffentlichen Positionen sind besonders häufig von öffentlichen Shitstorms betroffen, wenn sie als "problematisch" gelten. Vorwürfe von Sexismus, Fehlverhalten oder unangemessenen Kommentaren können schnell zur beruflichen und sozialen Ächtung führen. Dabei stellt sich die Frage, inwieweit Anschuldigungen immer gerechtfertigt sind oder ob soziale Medien manchmal vorschnell verurteilen.[360]

Ein tragisches Beispiel wäre Alexander Rogers. Die Medien berichten, dass nach einem sexuellen Kontakt mit einer Studentin diese sich unwohl fühlte – eine Aussage, die sie nur im vertraulichen Kreis ihrer Freunde mitteilte. Aus den Berichten geht nicht hervor, dass dabei strafrechtlich relevantes Fehlverhalten vorlag, sondern vielmehr, dass diese subjektive Empfindung dazu führte, dass seine Freunde ihn scharf verurteilten und ihn sozial ausgrenzten. Diese informelle Reaktion, die als Teil einer *Cancel Culture* beschrieben wird, wandelte das Bild eines zuvor populären und vielversprechenden jungen Mannes so drastisch, dass er

---

[360] https://nycmuseumgallery.org/1196/entertainment/how-has-social-media-affected-cancel-culture/

in tiefer Verzweiflung sein Leben beendete.[361] [362] [363] Es gibt an der Uni ähnliche Vorfälle.[364]

4.2 Manipulative Darstellungen und Block-Taktiken

In sozialen Medien kursieren zunehmend Beiträge, die Männer gezielt als "Creeps" darstellen – etwa durch inszenierte Szenen in Fitnessstudios, in denen selbst ein *kurzer Blick* in Richtung einer Content-Creatorin als "aufdringliches Starren" interpretiert wird. Solche Darstellungen schaffen ein Klima der Generalverdächtigung, in dem selbst harmlose Interaktionen als Bedrohung gelten. Die reale Tragweite zeigt sich in Fällen wie einem blinden Mann, der trotz seines Blindenstocks aus einem Fitnessstudio geworfen wurde, weil ihm "auffälliges Starren" unterstellt wurde – eine Anschuldigung, die aufgrund seiner Behinderung offensichtlich absurd ist.[365]

4.3 Blocken und Narrative kontrollieren

Content-Creator nutzen Block-Funktionen strategisch, um kritische Stimmen zu unterdrücken:

- Beispiel: Eine Creatorin behauptete in einem Reel, *"Gewalt und sexualisierte Übergriffe seien ein rein männliches Phänomen"*. Als ich mit einem Justin-Bieber-Video widersprach, wurde ich von der Creatorin geblockt.[366]
- Die Folge war, dass alle meine Kommentare aus ihren Beiträgen verschwanden – die Kommentarspalte gleicht nun einer "Echokammer", in der nur noch zustimmende Meinungen sichtbar sind.

---

[361] https://tinyurl.com/mv7u7rh8
[362] https://tinyurl.com/3muc2azm
[363] https://www.bbc.com/news/articles/cdd0gvjlqyvo
[364] https://freespeechunion.org/i-lived-in-fear-of-being-cancelled-as-an-oxbridge-student-we-all-did/
[365] https://www.kosmo.at/frau-angestarrt-blinder-mann-aus-fitnessstudio-geworfen/
[366] https://youtu.be/o84rnYTuunQ?si=TtnvKGYobl-szpmY

- Andere wiederum lassen ein paar negative Kommentare stehen, doch stammen diese eindeutig nicht von den klügsten Köpfen. Da ich hier selbst geblockt wurde, denke ich, dass man hier weniger eine Echokammer bastelt, sondern eher ein Umfeld schafft, wo Feminismus als die Stimme der Vernunft fungiert, während die Männer wie "wütende Gorillas" wirken.
- Jemand anderes scheint seine Einstellungen so zu handhaben, dass jeder Kommentar erst freigegeben werden muss – oder er wird einfach gelöscht, falls er nicht ins Bild passt.

4.4 Das Pinnen von Beiträgen

Eine weitere Strategie scheint das Pinnen von Beiträgen zu sein: Entweder werden besonders unüberlegte Kommentare oben angeheftet, um die eigene Überlegenheit zu demonstrieren, oder man pinnt interessante, unwiderlegbare Beiträge, damit sich die Community darauf stürzen kann. Letzteres mag zwar etwas unfair wirken, fördert aber zumindest eine Debattenkultur.

4.5 Blocken durch andere Nutzer: Debattensabotage

Auch Nutzer setzen Blocken ein, um Debatten zu manipulieren:

- Taktik: Jemand antwortet auf einen Kommentar und blockt sofort danach. Der Geblockte kann dann nicht mehr reagieren, beziehungsweise weiß nicht einmal, dass ihnen geantwortet wurde, während die blockende Person den Anschein erweckt, "das letzte Wort" und damit Recht zu haben, denn beide Kommentare sind für alle anderen immer noch sichtbar.
- Beobachtung: Diese Methode wird oft genutzt, wenn argumentative Schwächen offenbar werden. Statt inhaltlich zu kontern, wird der Dialog abgebrochen – für Außenstehende sieht es aus, als hätte die blockende Person "gewonnen".

- Männer melden vermehrt Inhalte, wenn Frauen über Finanzen oder andere männerdominierte Bereiche sprechen.[367] Ähnliche Aussagen habe ich von Pro Männlichen Content Creators gehört, dass teils selbst triviale Aussagen bei ihnen gelöscht werden. Das Interesse der Forschung scheint sich hier jedoch eher auf die weibliche Seite zu konzentrieren, weshalb ich sagen muss, dass ich keine Quelle für diese Behauptungen gefunden habe.

4.6 Folgen für den Diskurs

- **Verzerrte Realitätswahrnehmung:** Einseitige Darstellungen prägen das Bild
- **Erosion des Dialogs**: Kritische Perspektiven werden ausgefiltert, Debatten verkommen zu reinen Selbstdarstellungsshows
- **Vertrauensverlust:** Kritische Nutzer zweifeln an der Echtheit von Diskussionen, wenn nur noch plakative Polemik statt Austausch übrig bleibt
- **Custodians of the Internet:** Die Mehrheit der Nutzer wünscht sich, dass ihr Twitter-Feed, ihre Facebook-Seite und ihre YouTube-Kommentare frei von Belästigungen und pornografischen Inhalten bleiben. Ob es sich nun um "Fake News" oder live gestreamte Gewalt handelt – Content-Moderatoren, die nutzergenerierte Beiträge zensieren oder hervorheben, haben heute einen nie dagewesenen Stellenwert. Dies gilt insbesondere, da die Instrumente, mit denen soziale Medien Trolling eindämmen, Hassrede unterbinden und Pornografie zensieren, auch dazu führen können, **dass genau die Stimmen verstummen, die eigentlich gehört werden sollten.**[368]
- **Einschränkung der Meinungsfreiheit:** Wenn Debatten durch strategisches Blocken, "Cancel Culture" oder einseitige Zensur ersticken, wird der offene Austausch von Ideen untergraben. Dies widerspricht dem Ideal einer pluralistischen Demokratie, in der

---

[367] https://tinyurl.com/yf7hudcp
[368] https://www.degruyter.com/document/doi/10.12987/9780300235029/html

kontroverse Standpunkte diskutiert werden müssen – selbst wenn sie unbequem sind.

- **Verstärkung von Polarisierung:** Echokammern und gezielte Narrative führen zu einer **gesellschaftlichen Spaltung**. Nutzer verlernen, mit Differenzen umzugehen, und extreme Positionen gewinnen an Macht (z. B. Red-Pill vs. radikaler Feminismus).

4.7 Fazit

Blockieren sollte eigentlich dazu dienen, vor Belästigungen zu schützen – und das wird es auch in vielen Fällen. Unsere Beispiele zeigen jedoch, dass diese Maßnahme auch missbräuchlich eingesetzt werden kann, um die Kontrolle über Narrative zu erlangen. Ob durch Creator oder Nutzer – das Ziel ist dasselbe: Kritik ersticken und den Anschein moralischer Überlegenheit wahren. Solange Plattformen solche Taktiken belohnen, bleibt echter Austausch auf der Strecke – zugunsten einer Kultur der Spaltung und des performativen "Rechthabens".

Ich vermute, dass dieses Verhalten bei Männern weniger verbreitet ist. Allerdings fehlt mir dafür die eindeutige Expertise. Möglicherweise sind viele auch weniger sensibel dafür oder es ist ihnen einfach häufiger egal. Ergänzung – ich habe meine Meinung geändert: Wenn Männer das tun, dann so als hätten sie Instagram durchgespielt. In meinem Fall scheint der Verantwortliche alle Kommentare manuell freizuschalten. Er genehmigt auch deinen Anfangskommentar und lässt dann Leute zu, die seiner Meinung sind. Deine Antworten hingegen werden offenbar nie freigeschaltet, sondern einfach gelöscht.

5. Bär-vs.-Mann

5.1 Einleitung

Auf Social Media verbreiten sich Reels, die den Vergleich zwischen einem Bären und einem Mann ziehen. Sie sollen verdeutlichen, dass

Männer für Frauen eine größere Bedrohung darstellen können als wilde Tiere. Damit wird versucht, die tiefe Angst von Frauen vor Männern zu veranschaulichen – zum Beispiel, dass ihnen bei Berichten über Gewalt nicht geglaubt wird oder dass manche Frauen sogar lieber sterben würden, als das Risiko einer Vergewaltigung einzugehen. Die Frage ist: Rechtfertigt dieses drastische Format den Zweck?

Diese Darstellungen offenbaren zwei zentrale Aspekte: Generalisierung und Dämonisierung. Die Schlussfolgerung, dass Männer schlimmer als Bären seien, ist eine Form der Dämonisierung. Dabei handelt es sich nicht nur um eine individuelle Verfehlung, sondern um die Dämonisierung einer ganzen Gruppe durch Millionen von Frauen, was einer systematischen Konstruktion eines Feindbildes gleichkommt – der fundamentalen Funktion von Dämonisierung. Während einzelne Personen irrational über Männer urteilen können, wird diese Denkweise zur Hasspropaganda, sobald sie in Medien verbreitet wird.[369] Dementsprechend sehen auch die Kommentarspalten zu den Reels aus.

5.2 Widerspruch unerwünscht

Wer als Mann solche Reels kritisiert, weil der Generalverdacht eine Form der Diskriminierung darstellt und die Dämonisierung zudem viele triggert, wird häufig als "Teil des Problems" abgestempelt. Die Argumentationskette folgt dabei einem manipulativen Muster:

- Warum hinterfragst du den Inhalt, anstatt "Solidarität" zu zeigen?
- Wer sich verteidigt, hat etwas zu verbergen.
- Wer den Vergleich ablehnt, möchte Gewalt gegen Frauen verharmlosen.
- Wer nicht zustimmt, ist wahrscheinlich ein Täter

Diese Rhetorik ist ein klassisches Beispiel für psychologische Manipulation: Sie macht Kritik unmöglich, indem Männer kollektiv für

---

[369] https://de.wikipedia.org/wiki/D%C3%A4monisierung

Taten verantwortlich gemacht werden, die sie nicht begangen haben. Das ist eine Form psychischer Gewalt, die größtenteils unkritisiert bleibt.

5.3 Doppelmoral

Es wird eine kollektive Verantwortung von Männern gefordert. Frauen hingegen werden selten kollektiv für Verbrechen zur Rechenschaft gezogen, die statistisch häufiger von ihnen begangen werden:

- **Partnerschaftsgewalt**: Ca. die Hälfte der Gewalt ist beidseitig, einseitige Gewalt kommt öfters von Frauen[370] [371]
- **Neonatizide, Infantizide und Filizide** (Kindstötungen bis 14 Jahre)[372]
- **Gewalt gegen Kinder:** 10 % der Frauen üben Erziehungsgewalt und 8 % der Männer[373]

Es ist schon ironisch: Spricht man zum Beispiel Neonatizid und Infantizid an, hört man oft sofort: "Ja, aber die Täterinnen sind psychisch krank!" Das mag stimmen, doch was ändert das an der Situation? Genau genommen gar nichts. Eine Studie aus England zeigte beispielsweise, dass 64 % der Täter von Partnerschaftsmorden psychisch krank waren. Während der Fokus früher stark auf männlicher Täterschaft lag und weibliche Täterinnen kaum Beachtung fanden, wird jetzt auf psychische Erkrankungen verwiesen, die bei Männern als Differenzierung abgelehnt wird oder sogar als Versuch der Tatverharmlosung kritisiert wird.

Hier sieht man, wie die kollektive Verantwortung plötzlich keine Rolle mehr spielt, und man genau in das Muster verfällt, das bei Männern vorher kritisiert hat. Dieses Verhalten scheint mir auch keine patriarchale Misogynie zu sein, sondern eher menschliche Reaktanz.

---

[370] https://pmc.ncbi.nlm.nih.gov/articles/PMC1854883/
[371] https://tinyurl.com/55d5rcbx
[372] https://tinyurl.com/msv32ehv
[373] https://www.vaeter-zeit.de/vaeter-maenner/maennergewalt-gewalt-gegen-jungen.php

Man könnte jetzt sagen: "Aber psychisch krank ist doch eine wirklich valide Erklärung!" – Absolut ist es ein Umstand, den man immer bedenken sollte.

Wo genau setzt jetzt dieses Prinzip der kollektiven Verantwortung an? Ich bin der Meinung, kollektive Verantwortung ist eine gesamtgesellschaftliche Aufgabe, die nicht auf eine bestimmte Gruppe projiziert werden sollte. Andernfalls wirkt das Ganze wie ein Vorwurf, was wiederum zu Reaktanz führt. Das Ergebnis ist dann nur die typische Dämonisierung, die wohl auch teils beabsichtigt ist.

5.4 "Mean World Syndrome"[374] und irrationale Angst

Ein weiteres Thema, das man gerne ignoriert, ist, dass Vergleiche wie der Bär-vs.-Mann-Vergleich nicht nur Angst vor tatsächlicher Gewalt durch Männer aufzeigen, sondern auch das Problem der irrationalen Angst, die durch mediale Verzerrungen entsteht – ein Punkt, den ich bereits im Kapitel zur Gewalt thematisiert habe. Ein weiterer Erklärungsansatz hierfür wäre das Mean World Syndrome. Diese psychologische Theorie beschreibt, wie ein übermäßiger Konsum gewaltzentrierter Medien zu einer übersteigerten Angst vor Gewalt führen kann.

Frauen verbringen im Durchschnitt 2,52 Stunden täglich auf Social Media.[375] Wer sich dort einmal für das Thema "Gewalt gegen Frauen" interessiert, wird von Algorithmen mit immer drastischeren Inhalten überflutet. Das Problem dabei: Nicht die Realität bestimmt die Wahrnehmung von Gefahr, sondern die Frequenz und Dramatik der gezeigten Inhalte. Hier könnte man das Beispiel, das wir in Kognitiver Dissonanz bereits hatten, nochmals verwenden. Gewalt nimmt ab: von 79 auf 23 Fälle pro 1.000 Menschen.[376] Auch Sexualdelikte.[377] Angst

---

[374] https://en.wikipedia.org/wiki/Mean_world_syndrome
[375] https://www.presseportal.de/pm/64713/5540659
[376] https://bjs.ojp.gov/press-release/criminal-victimization-2022
[377] https://www.statista.com/statistics/251923/usa-reported-forcible-rape-cases-by-gender/

jedoch nicht: "Es wurde schlimmer." oder "Wir haben den schlimmsten Stand ever."

Diese verzerrte Wahrnehmung bleibt nicht folgenlos. Sie kann kollektive Ängste verstärken und zur Herausbildung gesellschaftlicher Feindbilder beitragen – in diesem Fall gegenüber Männern als Gruppe. In einer Gesellschaft, in der Angst zunehmend als politisches Kapital dient, stellt sich die zentrale Frage: Wem nützt es, wenn Frauen glauben, sie lebten heute in einer gefährlicheren Welt als je zuvor? Man könnte vermuten: dem Feminismus. Denn an wen wenden sich Frauen, wenn sie Angst haben und nach Verständnis suchen?

Doch selbst wenn einige Feministinnen diese Dynamik bewusst einsetzen, liegt das eigentliche Problem tiefer. Oft wird das Thema vermieden, aus Sorge, die Erfahrungen weiblicher Gewaltopfer könnten relativiert werden. Aber wenn wir für einen Moment die emotionale Ebene beiseiteschieben und nüchtern betrachten, was hat es in den letzten 20 Jahren gebracht, primär Rücksicht auf verletzte Gefühle zu nehmen? Geht es Frauen heute besser – oder erleben wir nicht vielmehr einen signifikanten Anstieg von Angststörungen, besonders bei jungen Frauen, die stark in sozialen Medien präsent sind?

Hier zeigt sich ein echtes Dilemma zwischen psychischer Gesundheit und emotionaler Rücksichtnahme. Übrigens gibt es dazu ein sehenswertes Video von Varnan, das diesen Zusammenhang näher beleuchtet.[378]

5.5 Wo bleibt die Medienkompetenz?

Angesichts der negativen Auswirkungen von Panikmache auf die psychische Gesundheit und z.B. in der *Bär-vs.-Mann* Debatte , gezeigte akute Problematik, stellt sich die Frage: Wo bleibt Medienkompetenz im feministischen Diskurs? Anstatt Frauen zu stärken, indem sie lernen, manipulative Angstrhetorik zu durchschauen, werden solche Narrative oft

---

[378] https://youtu.be/6w_96Hnz8JM?si=sMGvMQw9lzedSWCA

noch verstärkt. Dabei wäre es ebenso wichtig, Content-Creator darüber aufzuklären, welche Verantwortung sie für die emotionale Wirkung ihrer Botschaften tragen.

Hier fehlt schlicht Aufklärung an 3 Fronten:

- wie entsteht Kriminalitätsfurcht
- worauf müssten Content-Creator achten
- und worauf die Medienkonsumenten

5.6 Apropos Medienkompetenz

Bei *quer*[379] (BR) wird der Mann als gefühlsempfindlicher Vollidiot dargestellt, der eine Standardaufklärung über Gewalt gegen Frauen vorgesetzt bekommt – ohne jede Reflexion über Generalisierung, Dämonisierung oder Hasspropaganda. Kein Wort über das eigentliche Kernproblem: Irrationale Angst und mangelnde Medienaufklärung im öffentlichen Diskurs.

- Im *Parship*-Video[380] sagt eine Teilnehmerin nach der Wahl des "Bären":
- "... Es sind dann doch zu viele Geschichten, die man gehört hat."

Auf die Frage, was sich ändern müsste, damit sie den Mann wählt, antwortet sie:

- "... Das allgemeine Bild müsste sich ändern ..."
- Und "... Dass Männer auch verstehen, wie das ist als Frau ...".

Die Teilnehmerin suggeriert, Männer könnten sich Frauenängste durch **Vorstellungskraft** aneignen. Doch dieser Ansatz ist naiv:

Gewalterfahrungen sind nicht transferierbar:

---

[379] https://youtu.be/lxeEI_tnKkw?si=CWvzllF_Jgacd21X
[380] https://youtu.be/KwLNSAn1AAo?si=t1VYsc_mvNMOHXxJ

Ein Mann, der nie sexualisierte Gewalt erlebt hat, kann die allgegenwärtige Angst vor Catcalling, Vergewaltigung oder Femiziden nicht "nachfühlen" – ebenso wenig wie eine Frau nachvollziehen kann, wie es ist, als Mann als Opferi häuslicher Gewalt ausgelacht zu werden. Ok, vielleicht ist das Beispiel zu klischeehaft.

Nehmen wir mich als Beispiel: Ich wurde verprügelt, ausgeraubt –, verprügelt und ausgeraubt, und es gab einen Vorfall, bei dem sie, während sie mich festhielten, darüber stritten, wo sie meine Leiche entsorgen sollen. Ich wurde min. 2-mal von Frauen am Hintern gepackt, und mindestens einmal von einem Mann, der mich über mehrere Wochen hinweg in demselben Club immer wieder in der Menge belästigte – ich musste ihm zweimal sagen, er solle aufhören, bevor er endlich damit aufhörte. Einmal wurde ich so heftig getreten, dass ich drei Monate lang akustische Halluzinationen hatte. Ein anderes Mal kam es zu einem Streit auf einer Party, nur Beleidigungen, nichts Körperliches. Wir entschieden uns, die Party zu verlassen. Auf dem Weg nach Hause wurden wir von einem Auto die ganze Zeit verfolgt. Dieser Psycho, der die Hauptkonfliktperson gewesen ist, wurde Jahre später einer meiner besten Kollegen.

Ich erwarte nicht, dass irgendwer das nachvollziehen kann. Ich kann es wahrscheinlich auch nicht erklären. Diese Erfahrungen haben auch einfach kein Gewicht, es ist wie an einer Bushaltestelle auf einen, sich verspätenden, Bus warten. Scheiße passiert. Ein paar Jahre später haben wir mal darüber gesprochen und er hat sich entschuldigt.

Ich glaube nicht, dass das etwas Besonderes ist; so läuft es für Männer der Mittelschicht in einer Kleinstadt. Ihr erzählt uns da einfach nichts Neues. Nur die Angst kann ich nicht nachempfinden, obwohl der Vorfall, bei dem sie meine Leichenentsorgung planten, mich für zwei Monate traumatisiert hatte und es unangenehm war, rauszugehen. Aber das Trauma heilte von alleine. Was wir eben nicht brauchen, ist eine weitere Generation Jungs, denen wir **nur** erzählen, sie sollen keine Mädchen schlagen.

Asymmetrie der Gewaltwahrnehmung:

- Frauen erleben häufiger sexualisierte Gewalt.
- Männer erleben häufiger physische Gewalt in der Öffentlichkeit (z. B. Schlägereien, Raubüberfälle) und vor allem quantitativ mehr Gewalt.
- Beides ist traumatisch – aber die gesellschaftliche Reaktion unterscheidet sich massiv: Während Gewalt gegen Frauen als "Systemversagen" skandalisiert wird, gilt Gewalt gegen Männer oft als "normaler" Teil von Männlichkeit.

Zum Empathie-Problem

Männer scheitern oft daran, die Alltagsängste von Frauen zu verstehen – nicht aus Böswilligkeit, sondern weil beide Geschlechter unterschiedliche Sozialisierungen durchlaufen. Ein Beispiel lieferte Vera Birkenbihl in ihrem Vortrag *"Männer und Frauen"*:[381] In einer Umfrage sollten Männer einschätzen, wie Frauen Vergewaltigung auf einer Skala von 1 ("harmlos") bis 7 ("Mord") bewerten. Das Ergebnis: Während Frauen Vergewaltigung im Schnitt bei 6,5 einordneten, lagen die Männer mit ihrer Schätzung bei 3,5, wohl bemerkt haben sie da die Meinung der Frauen geschätzt.

Diese Kluft spiegelt sich auch in der Aussage der Parship-Teilnehmerin wider, die implizit ein sexistisches Klischee bedient: "Männer sind per se empathielos, Frauen per se unschuldig." Doch das Problem liegt tiefer – in gesellschaftlichen Strukturen, die Empathie aktiv verhindern. Männer lernen von Kindheit an, Schmerz zu verbergen ("Ein Indianer kennt keinen Schmerz!"), während Frauen als "schwach" stigmatisiert werden.

Die Forderung der Teilnehmerin ("Männer müssen verstehen, wie es ist, eine Frau zu sein") ist kein Aufruf zum Dialog, sondern ein Symptom unseres gescheiterten Geschlechterdiskurses. Solange wir Empathie als

---

[381] https://youtu.be/ZuAaD33vW5k?si=Hg-YOgRiWV9S1P31

Einbahnstraße verstehen – Frauen als Opfer, Männer als Täter –, wird sich nichts ändern.

Bei '*Bosetti will reden!*'[382] hatte ich kurz den Eindruck, es würde sich um einen konstruktiven Beitrag handeln. Sie erklärte, dass der Generalverdacht erstmal grundsätzlich falsch sei, immer! – Ein richtiger Ansatz. Doch dann kriegt sie nochmal die Kurve, indem sie fragt, ob wir den Generalverdacht wirklich unter Generalverdacht stellen wollen? Und damit werden Tür und Tor für pauschale Diskriminierung von Männern geöffnet. Bei Männern gilt das als normal – sie gelten als stark und es wird erwartet, dass sie allein damit klarkommen. Endet aber gesellschaftlicher Druck oder psychische Gewalt, die wir allzu oft nicht als solche anerkennen, in Tötung, Gewalt oder Suizid, dann sprechen wir plötzlich nur noch von individueller Schuld.

Zurück zum Thema – ja, wir wollen den Generalverdacht unter Generalverdacht stellen – denn das ist die Ausnahme, die die Regel bestätigt. Sie behauptet auch, dass der Generalverdacht faktenbasiert sei. Doch zu den Fakten über Kriminalitätsfurcht hat sie scheinbar nie recherchiert. Aber schauen wir uns an, was sie vielleicht damit meint, wenn sie sagt, der Generalverdacht sei faktenbasiert.

Was ist ein Generalverdacht überhaupt? Er beschreibt einen Verdacht, der ohne konkrete Anhaltspunkte gegenüber einer ganzen Gruppe geäußert wird.[383] Ist damit nicht faktenbasierter Generalverdacht nicht definitionsgemäß bereits ein Widerspruch? Ich verstehe das eher so, dass sie von einer Generalisierung im Sinne einer Verallgemeinerung spricht.

Umgangssprachlich generalisieren wir gerne – etwa wenn jemand sagt: "Frauen können nicht Autofahren." Betrachtet man die Unfallstatistiken, sieht man, dass Männer häufiger in Unfälle verwickelt sind. Doch darum geht es in dieser Aussage nicht. Eher darum, dass

[382] https://tinyurl.com/4y3dbf4v verfügbar bis 14.05.2026
[383] https://de.wikipedia.org/wiki/Generalverdacht

Frauen im Durchschnitt eine schlechtere Hand-Augen-Koordination und ein eingeschränktes räumliches Fassungsvermögen besitzen. Das bedeutet nicht, dass diese Eigenschaften auf alle Frauen zutreffen, sondern nur auf eine Mehrheit. Der Kernpunkt ist, dass es um die Mehrheit einer Gruppe geht – und hier darf man darüber diskutieren, ob eine solche Pauschalisierung in Ordnung ist.

Allerdings gilt es, zwischen der Generalisierung auf die gesamte Bevölkerungsgruppe aus der Mehrheit dieser Gruppe oder der Mehrheit innerhalb eines speziellen Events zu unterscheiden. Denn es gibt keine Daten, die belegen, dass über 50 % aller Männer Sexualtriebtäter wären, geschweige denn, dass über 50 % am Wochenende im Wald lauern, um einsame Joggerinnen anzugreifen. Eine Verallgemeinerung mit weniger als der Hälfte der Fälle ist eher eine Übertreibung oder ein Klischee und keine logisch sinnvolle Aussage. Also z.B. 80 % aller 5 Sterne Köcher wären Männer, das macht die Aussage, "Männer sind 5 Sterne Köche" trotzdem nicht haltbar.

Angesichts dessen, dass Medienberichte einen wesentlichen Beitrag zur Verstärkung von Kriminalitätsfurcht leisten – ein Phänomen, das in der Medienpsychologie intensiv erforscht wird, – könnte man fragen, ob solche Berichterstattung nicht selbst einen Teil des Problems darstellt.

Und solche Beispiele gibt es zur Genüge, auch in Zeitungen.[384] [385] [386] [387] Die TU Dresden hat die Dämonisierung von Männern sogar unter Fun (Frauen Umwelt Netzwerk) eingeordnet.[388] (Keine Kritik, aber auf eine leicht makabre Art ironisch.)

- Ihre Faktenchecks beziehen sich auf einem WHO Bericht der besagt, jede 3 Frau erlebte schon mal Gewalt in der Partnerschaft.

---

[384] https://www.wienerzeitung.at/a/mann-oder-baer
[385] https://www.glamour.de/artikel/mann-oder-baer-auf-tiktok-kommentar
[386] https://tinyurl.com/34y28k3c
[387] https://tinyurl.com/46z9kbhv
[388] https://tinyurl.com/4bdmtfwx

- ➤ Der Weiße Ring wiederum spricht von jedem zweiten Mann.[389] (verschiedene Örtlichkeiten, verschiedene Gewaltdefinition, vergleichbar ist das jetzt nicht, aber wie Partnerschaftsgewalt aussieht, haben wir uns schon angeguckt.)
- Dann gehen sie nochmals auf alle Toten durch Bären ein, übersehen aber, damit sie die Gefahr vergleichen können, müssen sie es auf eine Begegnung herunterrechnen.
- Die Erkenntnisse, die sie aus dem Thema mitnehmen, sind, dass man das Thema nicht ernst nimmt.
- ➤ Ich würde eher vermuten, dass die Antwort, die sie hören wollen, nur ein Bruchstück des Ganzen ist.
- Fehlende Selbstreflexion und Empathie.
- ➤ Ja, allerdings auf beiden Seiten.
- Und dass Männer mit psychischer Gewalt auf psychische Gewalt reagieren. (Sie haben es nicht so ausgedrückt)
- Und dass ich mich gerade an Misogynie beteilige.
- ➤ Solche Vorwürfe sind vielleicht auch einer der Gründe, warum niemand Lust hat, Ursachen von Kriminalitätsfurcht in diesem Kontext anzusprechen und warum das Kernproblem ignoriert wird, anstatt dass man an Lösungen bastelt.

Man sollte sich bewusst machen: Jeder dieser Beiträge wurde von jemandem geschrieben, produziert und abgesegnet. Irgendwo in diesem Prozess hätte jemand hinterfragen können, ob hier sexistische Narrative bedient werden.

Ergänzend ist mir beim Verfassen des Incel-Kapitels aufgefallen, dass dieses "Bär-vs-Mann"-Narrativ starke Parallelen zum Incel-Shitstorm aufweist: Aus einer Opferperspektive wird dämonisiert. Auf ein gesellschaftliches Problem, für das man selbst nicht verantwortlich ist, wird so radikal hingewiesen, dass psychische Gewalt zum Kommunikationsmittel der Wahl wird – bei Frauen häufig in Form manipulativer Taktiken, bei Männern eher durch direkte Bedrohungen. Beide Seiten sind überzeugt, moralisch im Recht zu sein und glauben der

---

[389] https://weisser-ring.de/gewalt_gegen_maenner

Zweck heiligt die Mittel. Sie suchen Bestätigung und zeigen keinerlei Empathie für den "Feind".

6. Fazit

Soziale Medien haben die Geschlechterdebatte radikal verändert. Während sie Plattformen für Austausch und Bewusstseinsbildung bieten, verstärken sie oft auch polarisierende Narrative und algorithmische Verzerrungen. *Cancel Culture* beeinflusst besonders Männer in öffentlichen Positionen, während Frauen, die sich kritisch zu feministischen Themen äußern, ebenfalls Angriffen ausgesetzt sein können. Dies zeigt, dass die Geschlechterdebatte in sozialen Medien nicht nur Fortschritt, sondern auch neue Herausforderungen mit sich bringt.

XIV. Männerhass

"Es gibt keinen Männerhass" – eine Behauptung, die in sozialen Medien, Talkshows und selbst in akademischen Debatten immer wieder auftaucht. Doch wer mit offenen Augen durch die Welt geht, stößt auf unzählige Beispiele, die das Gegenteil beweisen. Männerhass ist kein Hirngespinst empfindlicher Einzelner. Er ist real, oft gesellschaftlich geduldet – und manchmal breit akzeptiert.

1. Misandrie[390]

Definition:

Misandrie bezeichnet einen tief verwurzelten Hass oder eine feindselige Haltung gegenüber Männern aufgrund ihres Geschlechts. Sie gilt als eine Form von Sexismus und kann sowohl bei Frauen als auch bei Männern auftreten.

---

[390] https://www.bionity.com/de/lexikon/Misandrie.html

Erscheinungsformen:

- Offene Verachtung oder Gewalt gegen Männer
- Subtile Darstellungen in Medien (z. B. Männer als Tölpel oder Bedrohung)
- Verbreitung von Klischees (z. B. Männer als gewalttätig oder emotional unterentwickelt)
- Feministisch geprägte Diskurse, die Männer pauschal als Unterdrücker darstellen. Das führt zu einer verzerrten Sicht. Bevorzugen z.B. in Spanien 84 % der Männer eine gleichberechtigte Aufgabenverteilung, so wird sie nur zu 48 % wahrgenommen.[391] (größte Differenz von 6 untersuchten Ländern)

Historische und literarische Beispiele:

- Radikale feministische Positionen
- Popkulturelle Äußerungen (z. B. Lied "Männer sind Schweine")
- Gesellschaftliche Tendenzen, Männer als "problematisch" zu stigmatisieren

Wissenschaftliche Perspektiven:

- (Eher) Feministische Sicht: Misandrie wird oft als individuelles, nicht strukturelles Problem betrachtet.
- Soziologische Sicht: Einige Forscher sehen eine kulturelle Verankerung von Männerfeindlichkeit, während andere strukturelle Diskriminierung bestreiten.
- (Eher) Feminismus kritische Sicht: Kritiker werfen dem Feminismus vor, Misandrie zu fördern und Männer pauschal zu dämonisieren. Manchmal ebenfalls pauschal, manchmal differenzierter.

Misandrie ist ein umstrittenes, aber zunehmend diskutiertes Phänomen. Während einige es als gesellschaftlich relevant einstufen,

---

[391] https://docs.iza.org/dp17493.pdf

bestreiten andere seine strukturelle Bedeutung. Die Debatte zeigt eine Polarisierung zwischen feministischen und maskulistischen Positionen.

2. Popkultur

Männerhass ist kein Nischenphänomen. Er prägt Filme, Serien, Musik uvm.:

- Comedians wie Daniel Sloss[392] oder Hannah Gadsby[393] bauen ihre Auftritte auf Generalisierungen wie "Männer sind gefährlich" auf – und ernten dafür Standing Ovations.
- Serien wie *The Handmaid's Tale* inszenieren Männer pauschal als Unterdrücker.
- Musik: Songs wie *KETA UND KRAWALL* von Ikkimel normalisieren Verachtung.
- Oder "Dead Men Don't Rape" von Delilah Bon.[394] [395] Das Zitat "Dead men don't rape" wird häufig Aileen Wuornos zugeschrieben. Allerdings gibt es Hinweise darauf, dass es ursprünglich aus feministischen Kreisen stammt und von Wuornos übernommen wurde. Unabhängig von der genauen Herkunft spiegelt es Wuornos' Haltung wider. Als ehemalige Prostituierte, die sieben Männer tötete – nach eigenen Angaben aus Selbstverteidigung gegen Vergewaltigungsversuche –, äußerte sie in Interviews starken Hass gegenüber Männern und der Gesellschaft insgesamt.
- Gibt es auch als T-Shirt.[396]
- Buch: "How to Piss Off Men: 109 Things to Say to Shatter the Male Ego"[397] – Im Grunde eine Anleitung, wie man Männer manipuliert oder psychische Gewalt gegen Männer effektiv ausübt. Ich verstehe, dass manche das witzig finden, mein Humor ist nicht viel

---

[392] https://youtu.be/0uZFHpEh5So?si=r3NI1qYl5FmLYZuT
[393] https://youtu.be/OEPsqFLhHBc?si=er6Yb1rVwS8jYCQG
[394] https://youtu.be/m9keJhpRG5o?si=gLHOieyzUGYuoH6J
[395] https://www.instagram.com/p/DITkT4qo-ze/
[396] https://www.amazon.co.uk/Aileen-Wuornos-Shirt-American-Serial/dp/B0CS3K54KC
[397] https://www.amazon.com/How-Piss-Off-Men-Shatter/dp/1728291925

besser. Aber ich sehe auch, dass es sich gegen verunsicherte Personen richtet, die versuchen so zu tun, als ob. Ich sehe auch, dass ich es nicht mal witzig finden würde, wenn die verunsicherte Person eine Frau wäre. Was im Grunde zeigt, dass auch ich gesellschaftlichen Männerhass verinnerlicht habe.

- Buch: "Ich hasse Männer" von Pauline Harmange. "... Pflichtlektüre für alle Frauen. Pauline Harmange hasst Männer – und zwar alle bis auf ihren Ehemann. ..." heißt es in der Buchbeschreibung auf Amazon.[398]

Kritik daran wird schnell als "mimosenhaft" abgetan – ein Hinweis darauf, wie tief die Akzeptanz solcher Stereotype sitzt. Ich will jetzt auch keine umgekehrte *Cancel Culture* ankurbeln. Medien und Künstler repräsentieren nur die Gesellschaft – und während Frauenhass kritisiert wird, haben Männer es ja offenbar "verdient".

Deutschrap wiederum war schon immer teilweise fragwürdig diesbezüglich. Doch wenn die, die Deutschrap als frauenverachtend kritisiert haben, jetzt sagen, das geht doch klar oder die, die Frauenverachtung gefeiert haben, plötzlich meckern, das geht zu weit, dann hat diese Doppelmoral doch schon den halben Weg zur Empathie geschafft.

3. Social Media

3.1 Hashtags, Hetze und Doppelmoral

Ein Blick in die Suche auf Instagram genügt, um das Ausmaß zu erahnen:

- **#killallmen** wird über **18.900 Mal** genutzt – als "provokanter Witz" getarnt, aber oft mit ernstem Hintergrund.

---

[398] https://www.amazon.de/Ich-hasse-M%C3%A4nner-Pauline-Harmange/dp/3499006758

- **#menaretrash** findet sich **40.600 Mal** – eine pauschale Verurteilung, die bei Geschlechtertausch hart kritisiert werden würde.

Zum Vergleich:

- **#killallwomen**: rund 500 Nennungen.
- **#womenaretrash**: etwa 1.000.

Die Diskrepanz ist kein Zufall. Während Hass gegen Frauen zurecht skandalisiert wird, gelten ähnliche Äußerungen gegen Männer als "Rebellion" oder "Satire". Der vermeintliche Kontext – Feminismus als "Gegenwehr" – rechtfertigt für viele, was bei umgekehrten Rollen als Hetze gelten würde.

3.2 Live Action

Beginen wir das Thema mit einem Zitat aus dem SKiD 2020: "Auch verbale Gewalt im Internet findet gegenüber Männern (671,1) deutlich häufiger statt als gegenüber Frauen (352,0)." (pro 1000 pro Jahr)

Wenn ich sehe, dass sowas thematisiert wird, dann meist gegen Frauen.[399] Doch die Dunkelfeldstudie zeigt, dass Männer fast doppelt so viel verbale Gewalt im Internet erleben. Eine ganz andere Dimension nimmt das jedoch an, wenn man, wie ich, aktiv vielen Feministinnen oder radikalen Feministinnen folgt.

- Männerhass ist eine Revolution und sie ist Wichtig und Richtig.[400]

---

[399] https://youtu.be/Lxpe5vYL5Ks?si=zQVJOKoxE0TI5afB
[400] https://www.instagram.com/p/DKckannNxIe/

- Die Einsamkeit von Männern wird nicht bedauert – sie wird gefeiert. Sie ist das Ziel von Männern. Ihre eigene Schuld. Und überhaupt – Frauen geht es doch gut.[401] [402] [403] [404] [405] [406] [407] [408] [409]

- *Male Loneliness* und gefühlte Wahrheiten, die wir uns schon mal etwas genauer angeschaut haben.[410]

- Male Loneliness ist eigentlich nur ein Joke.[411] [412] [413]

- Sie denkt an die *Male Loneliness,* während sie es sich macht. Und in den Kommentaren denkt eine an die Suizid Raten von Männern.[414]

- Als Alternative zur Bekämpfung der *Male Loneliness* KI Roboter als Partner. Es hat eine gewisse Ironie, dass hier Digisexual-Shaming von jemandem betrieben wird, der selbst einer Minderheit angehört. Er projiziert dämonisierende patriarchale Klischees auf einen alten einsamen Mann. Kennt er ihn persönlich?[415]

- Die Probleme der Männer? Von Männern gemacht. Alle Probleme? Männer.[416] [417]

- Männer sind das Problem.[418] Selbst wenn sie abwesend sind.[419]

- Ich hasse Männer nicht.[420]

- Es gibt keinen Männerhass.[421]

---

[401] https://www.instagram.com/p/DIGotktOcbP
[402] https://www.instagram.com/p/DC9VLMEpsRX/
[403] https://www.instagram.com/p/DIHjhvFpqp7/
[404] https://www.instagram.com/p/DH855jfpw44/
[405] https://www.instagram.com/p/DH84GXMJ2Za/
[406] https://www.instagram.com/p/DI-5sM-uRbv/
[407] https://www.instagram.com/p/DI3xcIMotWj/
[408] https://www.instagram.com/p/DJmtvogMqUG/
[409] https://www.instagram.com/reel/DJkIPg_vHlb/
[410] https://www.instagram.com/p/DI4gmH-pTmM/
[411] https://www.instagram.com/reel/DIpWrvDTmJY/
[412] https://www.instagram.com/p/DIAEF5Zhwsc
[413] https://www.instagram.com/p/DJuP1Duv1BD/
[414] https://www.instagram.com/p/DJUkv92sYD4/
[415] https://www.instagram.com/p/DI0w22esKuG/
[416] https://www.instagram.com/p/DH_ARIYgtJj/
[417] https://www.instagram.com/p/DH9Mx_upKUU/
[418] https://www.instagram.com/p/DJEGzDDO9QR/
[419] https://www.instagram.com/p/DJBst4-ItAR/
[420] https://www.instagram.com/reel/DJFZBXRvIfw/
[421] https://www.instagram.com/p/DI0EwKuRV9H/?img_index=2

- Männer sind zu fragil.[422]
- Femizide.[423]
- Ein Reel von The Times über Probleme von Männern und Jungs.[424] Das Problem ist nicht der Reel, sondern ein großer Teil der Kommentare. Keine Empathie, keine Lösungsvorschläge, kaum Dialog. Selbstverherrlichung. Patriarchat ist schuld, Männer sind schuld. Wir ignorieren als Gesellschaft die Probleme der Männer und wenn es dann ausartet, sind sie selbst schuld, also können wir es ja weiter ignorieren.
- Feministische Aufklärung zu Gewalt gegen Männer, mit Frau als Täter? Ach, nein. Der Tod eines Mannes wird instrumentalisiert, um Männer weiter zu kritisieren.[425] Was sie darüber denkt.[426] Was geschehen ist.[427]
- Viele Frauen cheaten, aber es ist meistens des Mannes Schuld, wenn sie aus Versehen mit jemand anderem schlafen.[428]
- Unterschied zwischen feministischem und konservativem Mann. Der eine betrachtet Frauen als privates, der andere als öffentliches Eigentum.[429]
- "All men" im *Death Note*.[430] Zur Erklärung: *Death Note* ist ein Anime und alles, was man in das *Death Note* schreibt, stirbt in kürzester Zeit.
- Ohne Männer wären Kinder sicher.[431]
- Sein Penis ist abgefallen, weil eine Frau was im Internet schrieb.[432]
- Alle Männer hassen Frauen, aber keiner will gehasst werden.[433]

---

[422] https://www.instagram.com/p/DJTZTRjgZBg/
[423] https://www.instagram.com/reel/DJm1oP4owTj/
[424] https://www.instagram.com/p/DJog_JRv2cZ/
[425] https://www.instagram.com/p/DJb14APMjKH/
[426] https://www.instagram.com/p/DJUNVbGsLrv/
[427] https://tinyurl.com/2w7tfant
[428] https://www.instagram.com/p/DJbKyizPhSY/
[429] https://www.instagram.com/p/DJTp2dAKn8X/
[430] https://www.instagram.com/p/DKZ3Pi9R4k7/
[431] https://www.instagram.com/p/DJT0n7bIavc/
[432] https://www.instagram.com/p/DJFSGk9z1LE/?img_index=1
[433] https://www.instagram.com/p/DJKU5ivyZ-O/?img_index=2

- I love men.[434] Und mehr von ihr.[435] [436]
- Femosphere[437]
- Ick list.[438] [439]
- Die Wahrheit ist: Der Ick ist Emotionale Intelligenz in Aktion.[440]
- Frauen sind überlegen. (wissenschaftlich bewiesen) Wovon sie redet, ist der Matilda Effekt, der besagt, dass Männer die Leistungen von Frauen als ihre eigenen ausgegeben haben oder generell untergraben. Sie begeht ein *Non Sequitur* ("es folgt nicht"), um ihren Glauben einer weiblichen Überlegenheit als wissenschaftlich belegt darzustellen.[441] Und natürlich auch wegen ihrer Klitoris.[442]
- Ich brauche Kinder, damit meine Linie nicht ausstirbt.[443]
- Einer schwangeren Jungfrau kann sie glauben, aber 3 weise Männer.[444]
- Kinderlose Singlefrau ist die größte Gefahr für das Patriarchat. Sei diese Gefahr.[445]
- Und immer wieder selektive Dämonisierung.[446] Wovon sie redet: 21 Prozent der Partnerschaften zerbrechen, wenn die Frau an Krebs erkrankt – hingegen nur 3 Prozent, wenn der Mann betroffen war.[447] Gründe sind, dass Männer sich von der Pflege überfordert fühlen.[448] Es gibt auch eine Studie, die sich anguckt, was passiert, wenn ein Partner Lotto gewinnt. Scheidungsrate doppelt so hoch, wenn die Frau gewinnt, die Scheidungsrate sinkt um 40 %, wenn der Mann

---

[434] https://www.instagram.com/p/DI4SLRJRXBi/
[435] https://www.instagram.com/p/DI-I0U_ozIk/
[436] https://www.instagram.com/p/DIuvxgooEzZ/
[437] https://www.instagram.com/p/DJKDl11KS7v/
[438] https://www.instagram.com/p/DI9pKBiouMd/
[439] https://www.instagram.com/p/DI4hJQ-InVq/
[440] https://www.instagram.com/p/DJALGe7TUIv/?img_index=1
[441] https://www.instagram.com/reel/DImITufRDuV/
[442] https://www.instagram.com/p/DJSvB18pHy_/
[443] https://www.instagram.com/p/DJKfFvCJ-km
[444] https://www.instagram.com/p/DJgx4MftBi6/
[445] https://www.instagram.com/p/DJMj3PcSYaA/
[446] https://www.instagram.com/reel/DJHuK-7pUGi/
[447] https://tinyurl.com/4mpdfjuz
[448] https://www.forum-gesundheitspolitik.de/artikel/artikel.pl?artikel=1669

gewinnt.[449] Das eine ist mal 7, das andere fast mal 4, ist beides nicht so cool.

- Tod dem Patriarch, Incels, Vergewaltigern und Milliardäre.[450]
- God forbid a woman has a hobby.[451]
- God forbid a man has a hobby.[452]
- God forbid a man has rights.[453] Wie schnell man patriarchale Rollenbilder als selbstverständlich erachtet, wenn es einem nützt. Unterhaltszahlungen sollten fair und angemessen sein und nicht aufgrund veralteter Rollenbilder.
- Alle Probleme fangen mit MEN an. MENopause, MENstrual cramps, MENtal breakdown, MANipulation, GovernMENt.[454]
- Frauen machen die Kinder für die Schule fertig und Männer sitzen 40 min auf der Toilette und spielen mit dem Handy.[455] Gibt es dafür wirklich eine Statistik, frage für einen Freund.
- Liebe ist eine Frau. Nie ein Mann.[456]
- Nach Mansplaining jetzt rumgemänner.[457] Sexistische Ideen für Wortneuschöpfungen.
- Pollen sind Männer.[458] Auch an der Pollenallergie sind wir schuld.
- Männer kontrollieren Frauen mit ihrem Penis oder mit Grausamkeit. Alles, was ihren Penis oder ihre Grausamkeit einschränkt, macht ihnen Angst.[459]
- Die Dämonisierung aller Annäherungsmöglichkeiten zwischen den Geschlechtern. Hier wird eine Gitarre zerstört, damit er nicht *Wonderwall* spielen kann.[460]

---

[449] https://tinyurl.com/3t3dkx7c
[450] https://www.instagram.com/p/DJimxDASMeK/
[451] https://www.instagram.com/p/DJSuSAtJeLI/
[452] https://www.instagram.com/p/DJCH1FDh9VO/
[453] https://www.instagram.com/reel/DI_exaBBDiz/
[454] https://www.instagram.com/p/DI8M4-LAR0H/
[455] https://www.instagram.com/p/DJBFXCeAsny/?img_index=1
[456] https://www.instagram.com/p/DH9KsxzJEza/
[457] https://www.instagram.com/p/DI1Tigvquyi/
[458] https://www.instagram.com/reel/DJCUT2YtRRF/
[459] https://www.instagram.com/p/DH59LT4IErl/
[460] https://www.instagram.com/reel/DI9X6pCTqb2/

- Männer sollten Ausgangssperre haben, damit Frauen sich sicher fühlen können.[461] Und in den Kommentaren steht auch direkt: "Steck sie in einen Käfig."
- Respekt als Anerkennung der Menschenwürde ist philosophisch "naturgegeben", biologisch durch Empathie gestützt, aber Frauen schulden dir gar nichts.[462] Die Interpretation mag gewagt sein, aber im Kontext der anderen Beispiele ergibt es, hoffe ich, Sinn.
- Die Paranoia der Frau – sie ist von Männern gemacht.[463]
- Eine Welt ohne Männer wäre besser.[464] [465]
- "Ich bin anders", sagt er. – "Ja. Eine andere Enttäuschung." *Sliders* – voller psychischer Gewalt gegen Männer.[466] [467]
- Weitere Erniedrigungen[468] [469] [470]
- Was Männer wollen, ist jegliches Glück von Frauen und andere Dämonisierungen.[471]
- Incels verdienen keine Liebe. Kein Mitleid. Kein Mitgefühl[472]
- Gewalt gegen Männer[473] [474] [475]
- Sie erzieht ihre Tochter zur Gewalt gegen Männer.[476]
- Männer müssen literarisch getötet werden, um repariert werden zu können.[477]
- Doppelmoral[478]

---

[461] https://www.instagram.com/p/DJj0dIrS7-N/?img_index=1
[462] https://www.instagram.com/p/DJEHDpZu2hd/
[463] https://www.instagram.com/p/DHuMzWXtadQ/
[464] https://www.instagram.com/p/DHrTHUBoW9W/
[465] https://www.instagram.com/p/DJEmiDTI8B2/
[466] https://www.instagram.com/p/DHlpeiJo3-m/
[467] https://www.instagram.com/p/DHHoYWapKLw/
[468] https://www.instagram.com/p/DHjPCDOpEKD/
[469] https://www.instagram.com/reel/DDIWYmqp1hs/
[470] https://www.instagram.com/reel/DIyRWcJR3G4/
[471] https://www.instagram.com/p/DJKN7oQMC09/
[472] https://www.instagram.com/reel/DIG8JZcp6rM/
[473] https://www.instagram.com/p/DHOdyx0pLTH/
[474] https://www.instagram.com/p/DGuAGW3IhzW/
[475] https://www.instagram.com/reel/C8ahOcLSnTl/
[476] https://www.instagram.com/p/DJPNJ_IIxle/
[477] https://www.instagram.com/p/DHMna1Vp3yL/
[478] https://www.instagram.com/p/DIoXrJtvQv0/?img_index=1

- Es ist unmöglich, Männer zu heilen.[479] Fast jeder ihrer Beiträge ist so.
- Patriarchat erhält sich am Leben, indem es jede Frau in die Mutterschaft drängt und dann verstößt.[480]
- Frauen haben Recht – selbst wenn sie Unrecht haben. Denn sie machen alles richtig. Weil sie Frauen sind.[481]
- Not all men - Not all snakes. Tiervergleiche sind entmenschlichend.
- Das Erklären von Generalisierung anhand von Zecken oder Covid – und weil wir hier gedankenlos diskriminieren können – zeigt das, dass wir das auch bei Männern tun können. Das ist zusätzlich abermals entmenschlichend.[482] (Auch wenn sie das nicht böse meint – und ich ihr das durchaus glaube – aber: Wenn ich von drei Nordkoreanern verprügelt werde und aus dieser Erfahrung schließe, dass alle Nordkoreaner gewalttätig sind, dann ist das rassistisch und diskriminierend, bis zu dem Tag, an dem mich wirklich alle Nordkoreaner verprügelt haben.)
- Suizid-Aufklärungsveranstaltung für Männer absagen.[483] Leider erklärt das Video nicht, wo oder was die genauen Umstände sind. Was ich gefunden habe ist, dass es so einen Vorfall 2015 in York an der Uni gab. Im Kontext des *International Men's Day* wollte man insbesondere auf Suizide aufmerksam machen, weil es der größte Killer für Männer unter 45 ist und keine 24 Stunden zuvor sich ein Kommilitone das Leben nahm. Es gab eine Unterschriftensammlung von 200 Unterzeichnern, die meinen, das würde strukturelle Probleme von Frauen untergraben. Daraufhin sagte die Uni die Veranstaltung ab. Dann gab es eine Unterschriftensammlung gegen das Absagen und die kam auf 1000 Unterzeichner, scheint an der Entscheidung nichts geändert zu haben.[484] [485] [486] [487]

---

[479] https://www.instagram.com/p/DIExC9kstm9/?img_index=2
[480] https://www.instagram.com/p/DJbwLsmARbW/
[481] https://www.instagram.com/p/DHMIcMRp00T
[482] https://www.instagram.com/reel/DIJxyEFpOy5/
[483] https://www.instagram.com/reel/DIKmhIFyEpM/
[484] https://tinyurl.com/5c74stux
[485] https://www.bbc.com/news/uk-england-york-north-yorkshire-34857143
[486] https://www.york.ac.uk/news-and-events/news/2015/events/mensday-gender-equality/
[487] https://tinyurl.com/yc8rktx4

- Der erste Kommentar: "'Suicide Awareness' ist nicht irgendeine Therapiesitzung … Es ist traurig, dass seine Freunde gestorben sind, aber eine Selbstmordpräventionskundgebung wird ihm keine Antworten liefern. Dass er versucht, das Ganze auf sich zu beziehen, obwohl es um Suizidaufklärung geht, spricht Bände." – Empathie Fehlanzeige.

- Ein anderer Kommentar: "Jedes Jahr am Gedenktag posten Feministinnen in meinen Veteranengruppen: 'Ich vermisse es, als Männer in den Krieg zogen und nicht zurückkamen.' Ich habe Freunde an ihre Dämonen verloren – und für die Feministinnen scheint, dass ein Spiel zu sein."

- Männer werden von Frauen durch Dating-App angelockt ausgeraubt und/oder getötet[488]

- Das Dämonisieren von Männern ist eine Beleidigung für Dämonen.[489]

- Kritik am menschlichen Miteinander der Frauen ist ein Witz.[490]

- Es gibt keinen allein erziehenden Vater, das machen alles andere Frauen in seinem Leben.[491]

- "Wieso sind IMMER MEHR MÄNNER SINGLE?"[492]

- "FRAUEN brauchen KEINE MÄNNER MEHR!"[493]

- Kritik, dass sie Männer hasst, interessiert sie nicht.[494]

- Wann schaffen wir endlich Männertag ab?[495]

- Ich glaube, viele der gezeigten Beispiele haben das Problem, Männer überhaupt als (gleichwertige) Menschen zu verstehen – Ergebnis von verinnerlichter Misandrie. Aber zum Schluss noch ein positives Beispiel. Nicht alle sind so.[496] Und die meisten ihrer Kommentare stimmen zu. Also es kommt immer darauf an, wo man

---

[488] https://www.instagram.com/p/DIK4Gq_xFxy/
[489] https://www.instagram.com/p/DJgqgeDict8/?img_index=2
[490] https://www.instagram.com/reel/DJ2wMU8JZrr/
[491] https://www.instagram.com/p/DJFMURoIygV/
[492] https://youtu.be/4kf8RcpX82U?si=li7dbj46jxocMnjz
[493] https://youtu.be/_ShWaIErHP4?si=mWEIY1K1CSvVlucL
[494] https://www.instagram.com/p/DJIQ1WIoZQ7/
[495] https://www.instagram.com/p/DKPKthbMQOw/?img_index=1
[496] https://www.instagram.com/p/DJJcuXRM8mv/

guckt und dass der Algorithmus toxisches Verhalten oder Inhalte bevorzugt, ist, denke ich, bekannt.[497]

Natürlich ist das hier keine Studie, es soll eher vermitteln, was Männern als völlig normal präsentiert wird. Es ist vielleicht die Hälfte der männerfeindlichen oder verachtenden Reels, die ich in einem Monat sehe. Durchaus gibt es das auch in die andere Richtung.

3.3. Instagram Reel: Männer leiden im Stillen[498]

Ich ordne das zwar unter Männerhass ein, aber es passt nicht ganz – dennoch passt es eher hier als anderswo. Die Creatorin des Reels hat es satt, täglich Kommentare zu lesen, in denen behauptet wird, dass Männer im Stillen leiden. Ihre Antwort darauf ist, dass sie die Anliegen hört und sogar angeboten hat, gemeinsam das Patriarchat zu bekämpfen.

Dabei stellt sich die Frage, wie das helfen soll, z.B. ein Stück vom Kuchen für Gewaltopfer der staatlichen Hilfe des Bundes, die bereits vorwiegend in feministischer Hand liegen, abzubekommen. Wie soll es verhindern, dass industrielle Arbeitsplätze kontinuierlich abgebaut werden und so die Langzeitarbeitslosigkeit unter Männern steigt?

Ja, sie spricht wahrscheinlich von toxischer Männlichkeit. Allerdings hat das Patriarchat primär dazu geführt, dass Männer als Anführer der Gruppe gelten. Sekundär hat es bestehende toxische Eigenschaften so gelenkt, dass sie die feudalen Strukturen stützen. Wenn wir uns also das Patriarchat wegdenken, befinden wir uns da, wo sich Männer gegenseitig den Kopf einschlagen, wegen Streitigkeiten oder Frauen und ein großer Teil das 30te Lebensjahr nicht erreicht.

---

[497] https://www.iccl.ie/news/82-of-the-irish-public-wants-big-techs-toxic-algorithms-switched-off/
[498] https://www.instagram.com/p/DIJAMJqtqpw/

Natürlich meinte sie das nicht; vereinfacht: Ihre Rhetorik zeichnet das Patriarchat als Wurzel allen Übels, und fällt es weg, wird alles besser werden.

Weiter geht's mit, sie lösen ihre Probleme selbst und Männer müssen ihre Probleme auch selbst lösen. Sie scheint zu glauben, dass diese Kommentare den Anspruch haben, dass sie unsere Probleme lösen soll. Ich denke, das ist ein Missverständnis. Für mich signalisieren diese Kommentare vielmehr, dass man vernünftige und differenzierte Aufklärungsarbeit leisten sollte, z.B. nicht ausschließlich über Gewalt gegen Frauen aufklären, sodass männliche Opfer unsichtbar bleiben. Denn so festigt man patriarchale Rollenstrukturen, wie Männer sind Täter und Frauen sind Opfer. Im Grunde wäre es toll, wenn ihr das machen würdet, was ihr behauptet zu machen. Zudem sollten Feministinnen in Machtpositionen oder als Gleichstellungsbeauftragte ihren Job im Sinne einer echten Gleichberechtigung aller vernünftig erledigen. Das ist, denke ich, nicht zu viel verlangt, zumindest an öffentlichen Stellen.

Am Ende des Reels empfiehlt sie, im Stillen zu leiden – wobei ihr letzter Satz unklar bleibt; vielleicht meinte sie, dass man den Fressnapf des Hundes nachfüllen soll. Grundsätzlich passt, was sie ausdrückt, zu vielen Strömungen innerhalb des Feminismus, bei denen es nicht um die Gleichberechtigung der Männer und damit Gleichberechtigung aller geht. Also wer diese Idee hatte, bitte hört auf zu fragen, sie fühlen sich genervt durch eure Anfragen.

Paar selektive Dialoge aus dem Reel

> ➢ **Aussage**: "Stellt euch mal vor man würde die Wörter "Männer" und "Frauen" tauschen, dann guckt euch die Kommentare an und überlegt wie ihr euch fühlen würdet und wie darauf reagiert würde. Zeit zum entfolgen"
> ➢ **Antwort**: "Ab in den Mimimi-Nationalpark."

➢ **Antwort**: "Mach es doch leise! LEISE! EINFACH GEHEN UND DABEI FRESSE HALTEN!"

➢ **Erweiterte Aussage**: "fassen wir mal kurz die Reaktionen zusammen: Ich sei ungebildet, emotional instabil, nicht kritikfähig, "FRESSE HALTEN", jeeeede Menge Sarkasmus etc. - Weil ich gesagt habt stellt euch vor jemand würde so mit Frauen umgehen wie hier mit Männern umgegangen wird. Realisieren die Personen ihre eigene Doppelmoral noch? Also wirklich - wer so agiert hat kein Interesse an Konstruktiven Veränderungen. Das is nur Bashing, nur Hate und absolut Menschenfeindlich."

➢ **Antwort**: "Heul leise."

➢ **Erweiterte Aussage**: "I know, wurde ja auch schon im Reel vorgeschlagen. Völlig normale und gesunde Art mit Menschen umzugehen."

Die Auswahl ist natürlich selektiv, aber auch nichts Außergewöhnliches. Manche sind ein bisschen konstruktiver und es kommt ein bisschen zum Dialog, andere erklären, warum sie denken, sie wären in der moralischen Überlegenheit: Weil Männer töten und vergewaltigen. Andere erklären "pro alles" für diskriminierend.

➢ **Aussage**: "Diese gruppenbezogene Abwertung von Menschen empfinde ich nicht unbedingt als konstruktiv. Manche Aktivistinnen und Aktivisten merken gar nicht, wie sehr sie denen ähneln, die sie (zu Recht) bekämpfen."

➢ **Antwort**: "Du Mann, du." (Vielleicht ist das für sie die schlimmste denkbare Beleidigung.)

➢ **Antwort**: "pssst, nicht so viel jammern"

➢ **Antwort**: ""Mein Ego ist verletzt, weil Frauen nicht explizit immer sagen, dass es auch gute Männer gibt. Darum invalidiere ich lieber deren Aussagen, die von hunderten Taten und Situationen, durch Männer verursacht, untermauert werden, weil mein Ego wichtiger ist als das tägliche Erleben von Frauen." Hab das mal übersetzt, du Memme."

Es wird auch nicht besser. Ein Dialog lässt sich so nicht führen, das kollektive Leid der Frau gibt ihnen die Lizenz zum "Was auch immer das hier ist". Hier rechtfertigt Unrecht sehr wohl Unrecht. Auch das ist Feminismus, aber nicht alle sind so.

Der Appell, man will keine Kritik hören. Wo haben wir sowas schon mal gesehen, ach ja, wenn Feminismus was zu Recht kritisiert. Die Ablehnung dieser Kritik wird als Verteidigung des Patriarchat ausgelegt, doch wenn man es vergleicht, scheint es eher normale menschliche, wenn auch fragwürdige, Reaktanz zu sein. Auch die Verteidigung von Straftätern, die aufgrund mangelnder Beweise freigelassen werden, beruht vllt. darauf, dass niemand Bock hat, die ganze Zeit als Monster dargestellt zu werden. Feministinnen sagen, es ist ok zu generalisieren, dann werden Männer aus Reaktanz auch alle Männer verteidigen. Denn diese Generalisierung hat auch sein Urteil zu unserem Stempel erklärt.

Die Ironie ist: Lautet der feministische Appell, Männer sollen mehr Gefühle zeigen und wenn sie es tun, sollen sie lieber wieder still sein.

Auch ich habe mich ein bisschen an der Diskussion beteiligt. Der Anfangskommentar ging darum, dass sie sich mit einem Freund unterhalten hat und es ging darum, dass es weniger Hilfe für Männer gibt, die Opfer von Gewalt sind. Sie scheint das damit zu kontern, dass Frauen für ihre Schutzprogramme selbst gekämpft haben. Dann kommt ein Konter und er verweist auf Erin Pizzey, dass Männer auch dafür gekämpft haben (und es immer noch tun) und auf den *Female Empathy Bias.* Dann wird es noch mal etwas unsachlicher und dann stimme ich ihm erstmal zu:

> Ich: "Als Erin Pizzey im Rahmen ihrer Arbeit an Frauenhäusern feststellte, dass auch Männer Opfer häuslicher Gewalt werden können, und es wagte, dies anzusprechen, erhielt sie Mord- und Bombendrohungen von ihren ehemaligen Kolleginnen. Sie musste das Land verlassen, und ihre Errungenschaften wurden aus der feministischen Geschichte gestrichen. Schauen wir uns Deutschland an: Das Familienministerium ist seit 1982 (Korrektur 1985)

durchgehend in der Hand von Frauen. Seit dem Jahr 2000 hatten neun Frauen das Amt der Familienministerin inne – ich glaube, sieben von ihnen waren Feministinnen. Die Unterstützung durch den Bund für Männerhäuser liegt bei null (drei Bundesländer haben, soweit ich weiß, eigene Programme). Aktuell gibt es 49 Plätze für Männer und etwa 7700 für Frauen. Der tatsächliche Bedarf für Männer wird auf rund 420 Plätze geschätzt. Wenn man davon ausgeht, dass Männer diese Angebote im selben Maße in Anspruch nehmen würden wie Frauen, wären es eher 1900 – und unter Berücksichtigung der Dunkelziffer sogar etwa 3800 Plätze. Im Jahr 2000 wurde die damalige feministische Familienministerin gefragt, ob sie vorhabe, Männerhäuser finanziell zu unterstützen. Ihre Antwort war sinngemäß: Solange Männer (die Opfer) keine Gewalt anwenden, brauchen sie auch keine Zufluchtsorte. Im Januar stand das Thema erneut zur Debatte und war sogar eingeplant, wurde jedoch bei den Verhandlungen mit der CDU – zusammen mit der Hilfe für Transpersonen – als erstes gestrichen. Niemand verlangt von euch, dass ihr unsere Probleme löst. Was wir wollen, ist, dass ihr eure Aufklärungsarbeit vernünftig macht und, wenn ihr in Machtpositionen seid, euren Job."

Dazwischen behauptet jemand, dass Erin ins Exil musste, stamme aus antifeministischen Forums und ich verweise auf Wikipedia, da steht es, weil es so in ihrem Buch steht, (sogar in der Beschreibung.) Sie bedankt sich für den Hinweis. (Sage ich doch, nicht alle sind so.)

➤ **Andere:** "du weißt schon das jeder bei Wikipedia reinschreiben kann, auch du!? Passt mal auf an die Männer hier, ihr wollt das wir unseren Job machen und heult gerade! Werdet aktiv, geht auf die Strassen. Nicht nur schreiben und mit uns hier diskutieren und versuchen mundtot zu machen! Als Beispiel ich schaue gerne Krimidokus, was glaubst du wer am meisten getötet wird? Wir waren auf den Strassen, unsere Vorfahren waren auf den Strassen. Und ihr wollt von euren Sessel aus die Welt für euch verändern! Oder sagen Frauen tut euren Job. Was glaubt ihr wie wir die Männer dazu brachten ihren Job zu tun? Eben wegen dem oben gesagtem! Es wurden auch viele private Frauenhäuser gebaut! Lasst bauen, helft euch gegenseitig. Aber erwartet nicht immer das die Frauen euren scheiss erledigen! Wir haben mit uns genug zu tun! Nur weil es ein paar Männer gab die mit uns demonstriert haben. Mehrheit der Männer war trotzdem dagegen und ist es heute noch! Wir Frauen sind noch nicht fertig, als das wir uns mit noch einem anderen Thema beschäftigen könnten! Also hier nicht nur die Finger anstrengen, sondern aktiv werden! Niemand hat uns was geschenkt! Wird euch auch niemand!"

- **Ich**: "Zuschüsse zu Männerhäusern werden im Familienministerium entschieden. Im Januar wurde da eine neue Reform entschieden. Anfangs standen da Männer im Programm, war aber auch das erste, das man zusammen mit der Hilfe für Transpersonen bei den Verhandlungen mit der CDU verworfen wurde. Jetzt baut man die 7700 irgendwo Richtung 21000 aus, während Männer immer noch 49 Plätze haben. Wenn du sagst, wir sollen uns da selbst drum kümmern, dann sagst du, dass wir entweder die Feministinnen aus dem Familienministerium raushalten sollen oder die AFD wählen sollen. Das ist schon ein bisschen antifeministisch, was du da vorschlägst."

- **Andere**: "Fun fact am Rande: JEDE Änderung in Bezug auf Menschenrechte (z.B. Frauenwahlrecht, Homosexualität ist keine Krankheit, Vergewaltigung innerhalb der Ehe usw.) konnte nur durch massiven Druck von außen - durch Proteste & Organisationen durchgesetzt werden. Der Grund, warum das Thema Frauenhaus deutlich präsenter für das Familienministerium ist als Männerhäuser, liegt schlicht daran, dass es viele Organisationen mit Einfluss gibt, die sich darum kümmern. Für Transgender beginnt sich das gerade zu formieren - nur deshalb stand es überhaupt auf der Agenda. Die traurige Wahrheit in Bezug auf Männerhäuser ist leider, dass es zu wenig Organisationen mit Fokus darauf gibt (es gibt btw. durchaus auch feministische Organisationen die sich dahingehend engagieren) & zu wenig Leute drüber sprechen, daher kann die Politik es sich leisten das zu ignorieren. Das ist nicht gut, aber leider Realität. Statt sich also hinzusetzen & über die bösen Feministinnen im Familienministerium zu jammern, wäre es sinnvoller sich ein Beispiel an Feministinnen & feministischen Organisationen (oder auch queeren Organisationen) zu nehmen & das zu machen, was sich seit Jahrhunderten bewährt hat, wenn man ein Thema in den gesellschaftlichen Fokus rücken will: Informationen verbreiten, Menschen mobilisieren, Organisationen gründen & dann laut & lästig zu werden, bis man nicht mehr ignoriert werden kann."

> **Ich**: "Es gibt auch Organisationen, die sich für Männerhäuser einsetzen, irgendwoher sind die restlichen 49 ja hergekommen. Allerdings meiden solche Feministisch besetzten Behörden sich mit Organisationen die sich für Rechte von Männern einsetzen, entgegen der geltenden Regelung zusammenarbeiten. Zb. hier das ADS mit Manndat. https://manndat.de/jungen/antidiskriminierungsstelle-fuer-jungen-nicht-zustaendig.html Wir drehen uns im Kreis."

Mein nächster Kommentar war KI generiert. Es ging um die Frage, ob das Ministerium (nicht ADS wie oben) eine Zusammenarbeit ablehnen kann, selbst wenn ihre Kritik (Kritik an ihrer Politik, scheint einer der Gründe zu sein, das zu verneinen), wie fehlende Förderung von Jungen an der Schule, zutreffend ist.

• **Andere**: "Wir drehen uns nicht im Kreis, dir wurde das Grundproblem jetzt mehrfach, detailliert von mehreren Usern erklärt, du willst aber nur gegen die bösen Feministinnen wettern (und dann noch mit ChatGPT, wie peinlich wird's eigentlich noch?). Ironischerweise verdeutlichst du damit das Grundproblem eigentlich sehr gut. Bye "

Ich hatte es bereits in Kapitel II.3.3 "Individuelle Verantwortung vs. Sozialisierung und strukturelle Einschränkungen" erläutert, aber hier ist ein weiteres Beispiel:

Nicht nur wird das strukturelle Problem, dass Gewalt gegen Männer weitgehend ignoriert wird, übersehen. Auch der sogenannte *Female Empathy Bias* – die Tendenz, Frauen mehr Mitgefühl entgegenzubringen als Männern – findet keine Beachtung. Ebenso wenig wird anerkannt, dass aus der Tatsache, dass 22 % aller Frauen und 8 % aller Männer sich als Feministen bezeichnen, folgt, dass jeder vierte (27 %) Feminist männlich ist.[499] Selbst die Empfehlung, dass Feministen in Machtpositionen, gemäß Artikel 3 des Grundgesetzes – "Männer und Frauen sind gleichberechtigt. Der Staat fördert die tatsächliche Durchsetzung der Gleichberechtigung von Frauen und Männern und wirkt auf die Beseitigung bestehender Nachteile hin."[500] – handeln sollten, wird nicht anerkannt. Stattdessen wird auf Eigenverantwortung verwiesen: Kommt mit euren Problemen selbst zurecht.

Natürlich hätte ich auf Ereignisse wie die oben erwähnte Veranstaltung zur Suizidprävention hinweisen können, die wegen Feministen abgesagt wurde. Aber wie sie bereits sagt, will ich nur gegen den "bösen Feminismus" wettern und jedes weitere Beispiel würde sie erfahrungsgemäß in ihrer Meinung eher bestärken – und ich verstehe durchaus, woher dieser Gedanke kommt. Auch ich empfinde die ständige Betonung von Gewalt gegen Frauen, bei der der Täter stets männlich ist, ebenfalls als eine Form von problematische Rhetorik, die sich in Beispielen wie *Mann-vs.-Bär* manifestiert.

Es gibt jedoch einen Unterschied zwischen dem einmaligen sachlichen und differenzierten Aufzeigen von Missverhältnissen und einer inflationären, wiederholenden, dämonisierenden Rhetorik. Auch dieses Buch läuft Gefahr, Letzteres zu tun, da es versucht, die Schieflage nicht nur durch Studien und Statistiken zu verdeutlichen. Deshalb wiederhole ich mich manchmal – aber **nicht alle Feministen sind so**. Es gibt jedoch einen radikalen Rand, der diese Sichtweise vertritt. Andererseits ist es schwierig, *Mann-vs.-Bär* als eine radikale Randerscheinung zu bezeichnen.

---

[499] https://tinyurl.com/39wdvp38
[500] https://www.gesetze-im-internet.de/gg/art_3.html

Womit sie recht hat, ist, dass Männer sich mehr für ihre eigene Gleichberechtigung einsetzen müssen, ansonsten bleibt der aktuelle Trend bestehen.

4. Alltag

Doch Männerhass ist nicht nur digital oder medial – er zeigt sich im täglichen Leben:

- **Arbeitswelt**: Initiativen wie *"Women-only Spaces"* werden gefeiert, während Männergruppen als "rückwärtsgewandt" gelten.
- **Bildung**: Jungen werden in Schulen zunehmend als "Störfaktoren" wahrgenommen.
- **Feministischer Freizeit Park**, wo du Männerpuppen verprügeln kannst.[501]

5. Gesellschaftliche Misandrie im Selbsttest

Nehmt euch 2 mal 5 bis 10 min und versucht die aktuelle Zahl der Kindstötungen durch Frauen zu finden. Die beste Quelle, die ich dazu gefunden hatte und hier auch verlinkt hatte, sprach von Anteilen in den 3 Unterteilungen.[502] Was ich noch gefunden habe, ist die Anzahl der Tötungen für 2021 und 2022 und Statista hat noch bis 2024 die Anzahl der Morde, aber keine Benennung wie viele davon Frauen als Täter haben.[503] Oft findet man auch, dass die Tätergruppe Eltern sind. Im ersten Fall wird dabei noch zusätzlich der Risikofaktor Partnerschaftsgewalt genannt, meist verübt durch den männlichen Partner.[504] Man schreibt über Kindstötung und schafft es trotzdem Männer zu dämonisieren.

---

[501] https://youtu.be/OObJmnsjnsY?si=y4jYONe1bMoG0O5m
[502] https://tinyurl.com/38n8fwyd
[503] https://tinyurl.com/8a3y3d9p
[504] https://tinyurl.com/mswamx9c

Vielleicht finden Sie eins oder zwei Quellen, dann sind Sie im Quellenfinden geschickter als ich. Und jetzt versuchen sie dasselbe mit wie viel Partnerschaftsmorde durch Männer begangen wurden, bzw. nennt man das jetzt Femizide.

Es geht mir die ganze Zeit so beim Schreiben des Buches, gewisse Dinge sind schwierig zu finden, andere sehr leicht.

6. Männliche Entbehrlichkeit

"Es gibt keinen Männerhass", heißt es oft. Doch wer hinschaut, sieht ein Muster: Männer sterben früher, arbeiten gefährlicher, werden seltener betrauert – und das seit Jahrtausenden. In prähistorischen Massengräbern wie Halberstadt liegen fast ausschließlich Männer, oft mit Kampfverletzungen, ohne rituelle Beisetzung.[505] Ethnografien zeigen: In Stammeskulturen wurden Männer für Jagd und Krieg "verheizt", ihr Tod galt als "natürlich". Frauen hingegen schützt man als "Reproduktionsressource".[506]

Diese funktionale Logik war kein Hass, sondern Überlebensstrategie. Doch im Patriarchat wurde sie zur Ideologie. Plötzlich hieß es: "Ein Mann opfert sich – aus Ehre, nicht aus Not." Die Wehrpflicht des 19. Jahrhunderts zwang arme Bauern in den Krieg, während Eliten sich freikauften. Heute schicken Konzerne Männer in Minen oder auf Ölplattformen, während CEOs sichere Büros bevölkern.

Moderne Kontinuitäten

Noch immer sterben in Kriegen über 80 % Männer. Doch ihre Opfer gelten als "normal" – siehe die UN-Statistik zum Gazakrieg: "70 % der Toten sind Frauen und Kinder".[507] Die Schlagzeile verschweigt, dass fast 10.000 der 34.000 Opfer Männer waren – viele davon Zivilisten. Warum

---

[505] https://www.nature.com/articles/s41467-018-04773-w
[506] https://en.wikipedia.org/wiki/Male_warrior_hypothesis
[507] https://tinyurl.com/3v3c2d8r

lösen männliche Tote weniger Empathie aus? Weil wir Männern unterstellen, sie seien "immer irgendwie beteiligt".[508] Diese Gleichgültigkeit wurzelt tief.

7. Zwischen Vaterland und #MenAreTrash

"Lieber einem Bär begegnen als einem Mann!" – dieser Social-Media-Trend zeigt, wie Misandrie heute funktioniert: Männer werden pauschal als Bedrohung stilisiert, selbst wenn Statistiken anderes sagen. Gewalt ist seit 30 Jahren rückläufig, doch Algorithmen fluten uns mit Gewaltvideos – bis Frauen glauben, die Welt sei gefährlicher denn je und alle Männer potenzielle Täter.

Nationalismus

"Ehre", "Vaterland", "Schutz der Nation" – diese Begriffe kaschieren ein brutales Geschäft. Nationalismus verkauft Männern den Tod als Erlösung: "Stirb für eine Linie auf der Karte, die dir nie gehörte." Die Logik ist immer dieselbe: Männer sind entbehrlich, solange sie Macht erhalten – und sei es nur das Fantasma von Kontrolle.

Feminismus

Radikale Strömungen des Feminismus bedienen dieses Narrativ. Serien wie The Handmaid's Tale reduzieren Männer auf Unterdrücker, Hashtags wie #MenAreTrash werden als "Satire" verharmlost. Gleichzeitig ignoriert die Politik männliche Opfer: In Deutschland gibt es 49 Schutzplätze für Männer, aber 7.700 für Frauen. Als Erin Pizzey 1971

---

[508] https://tinyurl.com/m57z3n86

auf häusliche Gewalt gegen Männer hinwies, erhielt sie Bombendrohungen – von Feministinnen.

Bär vs. Mann: Warum Generalisierung tötet

Der virale Vergleich "Lieber Bär als Mann" ist kein harmloser Joke. Er entmenschlicht Männer kollektiv – ähnlich wie Rassismus ganze Ethnien dämonisiert. Dabei werden 75 % oder 80 % der Kindstötungen von Müttern begangen, 50 % der Partnerschaftsgewalt ist beidseitig. Doch während wir bei Frauen von "psychischer Not" reden, gilt für Männer: "Täter".

Diese Denkweise kostet Leben. Als die Universität York 2015 eine Suizidpräventionsveranstaltung für Männer absagte, hieß es: "Frauenthemen sind wichtiger." Dabei sind Suizide die häufigste Todesursache für Männer unter 45. Die Botschaft ist klar: Euer Schmerz, euer Leben zählt nicht.

8. Psychologische Phänomene

Wenn misandrische Stereotype verinnerlicht werden, können sie alle gängigen Empathy- und Bewertungs-Biases gegen Männer potenzieren. Die folgenden Phänomene zeigen, wie sich dies konkret äußert.

8.1 Intergroup Empathy Bias[509]

- **Definition**: Menschen empfinden automatisch weniger Empathie für als "Outgroup" wahrgenommene Personen. Bei internalisierter Misandrie werden Männer zur Fremdgruppe, deren Schmerz weniger stark resoniert.

---

[509] https://tinyurl.com/mpctps8j

8.2 Ambivalent Sexism / SDO-Korrelation[510]

- **Definition**: Wer misandrische Klischees verinnerlicht, erzielt höhere Werte auf Social Dominance Orientation (SDO) und im Ambivalent Sexism Inventory (ASI) – und zugleich niedrigere Empathiescores für Männer.
- **Beispiel:** Glick & Fiske (1996) entwickelten das ASI und zeigten, dass Personen mit hohem benevolent sexism-Wert (z. B. "Frauen müssen beschützt werden") gleichzeitig eine stärkere Hierarchiepräferenz (SDO) haben und Männern weniger Mitgefühl entgegenbringen.

8.3 Advantage in the domain of harm[511]

- **Definition**: Weibliche Opfer werden per se als schutzbedürftiger und empathiewürdiger eingestuft, auch wenn objektive Umstände (z. B. Schwere einer Gewalttat) gleich sind.
- **Beispiel:** In einer amerikanischen Untersuchung wurden Probanden gebeten, Hilfsbereitschaft bei fiktiven Opferszenarien zu bewerten. Frauen erhielten dabei in allen Fällen höhere Empathie- und Spendenzuschüsse als Männern, obwohl das Leid identisch beschrieben war.

8.4 Benevolent Sexism ("Protective Paternalism")

- **Definition:** Eine Form des Sexismus, bei der Frauen zwar "wohlwollend" beschützt, aber gleichzeitig als weniger kompetent deklariert werden – auf Kosten männlicher Gleichwürdigkeit.
- **Beispiel:** Befragte in Glick & Fiske's Studien stimmten stark zu, dass "Frauen beschützt werden müssen", gleichzeitig lehnten sie ab, dass Männer vergleichbar schutzbedürftig sind.

---

[510] https://en.wikipedia.org/wiki/Susan_Fiske
[511] https://royalsocietypublishing.org/doi/10.1098/rsbl.2024.0381

8.5 Moral Typecasting[512] [513]

- **Definition**: Frauen werden als "moral patients" (Leidende), Männer als "moral agents" (Täter/Verantwortliche) eingestuft.
- **Beispiel**: Bei Zeitungsberichten über Unfälle oder Übergriffe wurde unabhängig vom Geschlecht der handelnden Person häufiger das weibliche Opfer als schutzwürdig inszeniert, während männliche Opfer oft "selbst schuld" schienen.

8.6 Just-World Bias[514]

- **Definition**: Der Glaube an eine gerechte Welt ("Menschen verdienen ihr Schicksal") trifft Männer stark: Ihr Leid wird eher als "selbstverschuldet" interpretiert.
- Männer haben stärkeren Just-World-Glauben. Metaanalysen belegen, dass Männer im Durchschnitt minimal höhere Werte auf Just-World-Skalen erreichen als Frauen.[515] Erwähne ich, weil es auch andersherum funktioniert, z.B. die Kritik am Kleidungsstil der Frauen im Kontext von Catcalling oder Belästigung lässt sich damit erklären. Warum trägst du nicht eine Burka, mit Burka wäre es nicht passiert. Die Logik dahinter ist, dass gecatcallt wird, ist Common Sense, wenn du nicht Burka trägst, sondern etwas, das solch Verhalten noch provoziert, dann bekommt man, wonach man fragt. Die Welt ist fair, du hattest eine Wahl und du hast dich so entschieden.

8.7 Gerichtsurteile & Strafzumessung

- **Definition:** Männliche Angeklagte werden bei identischem Sachverhalt härter bestraft als Frauen – ein Effekt, der durch Männerfeindlichkeit weiter verstärkt wird.

---

[512] https://pubmed.ncbi.nlm.nih.gov/19254100/
[513] https://www.sciencedirect.com/science/article/abs/pii/S0749597820303630
[514] https://tinyurl.com/3v7sf69z
[515] https://tinyurl.com/3s486cew

8.8 Kinder- und Familiendynamik

- **Definition:** In Sorgerechts- oder Missbrauchsfällen wird Müttern tendenziell mehr Empathie und Fürsorge zugesprochen als Vätern – misandrische Einstellungen vergrößern diese Schieflage.

8.9 Male Expendability ("Kanonenfutter")[516]

- **Definition:** Die Annahme, dass Männer biologisch und gesellschaftlich eher entbehrlich sind – z. B. in Kriegen oder gefährlichen Berufen.
- **Beispiel:** Anthropologische Studien belegen, dass Männer in Jagdkulturen häufiger in gefährliche Tätigkeiten gedrängt werden, weil ihre Reproduktivität als weniger limitierend gilt.

9. Struktureller Hass

In Anlehnung was der Feminismus über strukturellen Frauenhass sagt, was sind die Bedingungen für strukturellen Hass?

Struktureller Frauenhass meint nicht einfach nur, dass einzelne Menschen Frauen hassen, sondern dass gesellschaftliche Strukturen — also Regeln, Normen, Institutionen, Traditionen usw. — so beschaffen sind, dass Frauen systematisch benachteiligt, abgewertet oder schlechter behandelt werden.

Es geht um gesellschaftliche Strukturen, die Frauenfeindlichkeit oder Diskriminierung ermöglichen oder sogar begünstigen – ganz unabhängig davon, ob jemand das bewusst beabsichtigt.

"Strukturell" bedeutet dabei:

---

[516] https://www.artofmanliness.com/character/behavior/male-expendability/

- Es liegt nicht nur am Verhalten einzelner Menschen
- Sondern an Machtverhältnissen, ökonomischen Abhängigkeiten, Gesetzen, kulturellen Bildern, Rollenmustern usw.
- Die Bedingungen sind systematisch und wiederkehrend – unabhängig von einzelnen Situationen oder Personen

Beispiele:

Gesetze oder Institutionen

- ➢ Wenn z. B. bestimmte Berufe Frauen lange nicht zugänglich waren.
- ➢ Wenn Männern per Gesetz unmöglich ist, Gleichstellungsbeauftragter zu werden und man so Parität in Fragen der Gleichstellung ausschließt, wäre hier ein Beispiel.

Ökonomisch

- ➢ Wenn Frauen strukturell weniger verdienen (Gender-Pay-Gap), seltener in Führungspositionen kommen, weil z.B. Kinderbetreuung als ihr "Hauptjob" betrachtet wird.
- ➢ Wenn Männer öfter arbeitslos, langzeitarbeitslos oder obdachlos sind. Hinzu kommt, dass es kein großes gesellschaftliches Thema ist und sie selbst schuld sind.

Kulturelle Narrative

- ➢ Geschichten, Medien, Sprache, die Frauen vorrangig als schön, fürsorglich, emotional und weniger rational/kompetent darstellen.
- ➢ Gibt es für Männer auch: z.B. Männer sind Täter.

Gewaltstrukturen

> ➤ Wenn Schutzmechanismen für Frauen bei Gewalt schwächer sind oder Täter oft straflos bleiben (z.B. "Victim Blaming" bei sexueller Gewalt).
> ➤ Kaum Schutzmechanismen und wie bereits gezeigt, Gewalt von Frauen an Männern ist komplett unterrepräsentiert in unseren Statistiken und wird gesellschaftlich ignoriert. Wenn ich schätzen müsste, dann ist der Stand der Männer vielleicht mit den 60ern der Frauen vergleichbar in manchen Punkten.

Bildung und Sozialisation

> ➤ Wenn Mädchen subtil beigebracht wird, sich zurückzuhalten, während Jungen ermutigt werden, durchsetzungsfähig zu sein.
> ➤ Erziehung zur Aufopferung für Familie und Staat.

10. Fazit: Kein Hass ist legitim

Dies sind selbstverständlich nur einige exemplarische Beobachtungen. Dass sich rund 60 % der Männer der Generation Z als diskriminiert empfinden, ist weniger Ausdruck eines vermeintlichen Verlusts an Privilegien, sondern vielmehr ein Indikator für eine wachsende Sichtbarkeit struktureller Benachteiligungen. Themen wie Bildungsverluste, die mangelnde politische Repräsentation männlicher Anliegen oder die fehlende Anerkennung männlicher Verletzlichkeit rücken zunehmend ins öffentliche Bewusstsein.

Hinzu kommen Phänomene wie Misandrie in sozialen Medien oder stereotype Narrative innerhalb der sogenannten Manosphere, die oft problematische Zuschreibungen reproduzieren. Beides kann Polarisierung befördern – sei es durch abwertende Diskurse über Männlichkeit oder durch radikale Gegenreaktionen.

Solange gesellschaftliche und politische Institutionen diese Problemlagen bagatellisieren oder ihnen nur nachrangige Bedeutung beimessen, entsteht ein Vakuum, das von extremen Positionen gefüllt werden kann. Für viele junge Männer stellt sich dadurch letztlich die Frage: Werde ich diskriminiert – oder jemand anderes?

XV. Dating im modernen Geschlechterdiskurs

1. Das veränderte Dating-Verhalten

Die moderne Dating-Kultur, geprägt durch feministische Narrative und technologischen Fortschritt, hat die Erwartungen an Beziehungen grundlegend verändert. Während Frauen heute mehr Autonomie und Wahlfreiheit genießen, entstehen gleichzeitig neue Unsicherheiten und paradoxe Effekte – für beide Geschlechter. Die Weltgesundheitsorganisation (WHO) bezeichnet Einsamkeit mittlerweile als globale Priorität,[517] ein Phänomen, das nicht nur Männer, sondern auch zunehmend Frauen betrifft. Dieses Kapitel beleuchtet die ambivalenten Folgen der neuen Freiheiten, insbesondere die gesundheitlichen und psychosozialen Risiken des Singledaseins.

2. *Hypergamie*

Was ist *Hypergamie*

Hypergamie bezeichnet das soziale Phänomen, dass Menschen – speziell Frauen – dazu neigen, einen Partner mit höherem sozialen Status, mehr Wohlstand oder besseren Bildungs- und Karriereaussichten zu wählen. Der Begriff stammt aus der Soziologie und Evolutionspsychologie und wird oft in Diskussionen über Partnerwahl, Geschlechterrollen und soziale Mobilität verwendet.

---

[517] https://pm-report.de/gesundheitswesen/2024/who-einsamkeit-als-globale-prioritaet.html

In modernen Gesellschaften hat sich das Muster verändert: Frauen erreichen zunehmend selbst hohe Bildungs- und Karrierestufen, was teilweise zu *Homogamie* (Partnerschaften auf ähnlichem Niveau) oder sogar *Hypogamie* (Beziehungen mit einem sozial oder wirtschaftlich "niedrigeren" Partner) führt.

Relativierungen, Widerlegungensversuche und Studien über sexuelle Selektion

Es gibt verschiedene Versuche, das Konzept zu widerlegen oder zu relativieren – primär die Idee, dass Frauen tendenziell nach oben daten oder heiraten (*Hypergamie*).

Relativierungen:

- Eine Erklärung ist die Sozialisierung, also dass Frauen gesellschaftlich dazu erzogen werden, bestimmte Erwartungen an einen Partner zu haben.
- Dem gegenüber steht wieder Biologie.

Widerlegungsversuche:

- Ein Gegenbeispiel wurde mit Schweden angeführt: Dort führte ein sinkender *Gender-Pay-Gap* zu geringerer *Hypergamie*, allerdings auch zu einer höheren Single-Rate. In Deutschland ist der *Gender-Pay-Gap* größer, aber die Single-Rate ähnlich hoch. Ob hier eine Korrelation oder Kausalität besteht, lässt sich nicht eindeutig sagen. Angenommen, alle Frauen verdienen mehr als Männer und die Singlerate ist 90 %, 10 % der Frauen leben in *Hypogamie*, dann hat man Hypergamie nicht widerlegt, sondern literarisch zu 90 % bestätigt, denn das ist genau die Befürchtung, die man hier hat.
- Manchmal werden egalitäre Gesellschaften herangezogen, um zu zeigen, dass es dort keine *Hypergamie* gibt. In den Quellen finden

256

sich jedoch verschiedene Aussagen: Es wird behauptet, dass Frauen gute Jäger bevorzugen, und dass gute Jäger einen hohen sozialen Status genießen – während gleichzeitig diese Aussage negiert wird. Wenn ein hoher Status vorliegt, spricht man von Hypergamie. Wird Hypergamie jedoch so definiert, dass das Streben nach einer höheren sozialen Schicht im Vordergrund steht, ist es in egalitären Gesellschaften technisch nicht möglich, Hypergamie zu finden. Dennoch wohnt diesem Auswahlprinzip, nämlich der sexuellen Selektion nach einem besseren Versorger, dieselbe Idee inne. Das heißt, sobald sich soziale Schichten herausbilden, wird dieses Verhalten wieder als Hypergamie sichtbar.[518] [519] [520] [521]

- Ein weiteres Widerlegungsargument habe ich bei Prof. Neil gesehen (ich habe das genaue Reel nicht gefunden). Er behauptete, dass Frauen weniger selektiv anschreiben, es gibt dazu statistische Daten von OkCupid.

Als ich das zum ersten Mal gehört habe, erschien mir das nicht schlüssig – schließlich wählen Frauen bereits beim Swipen selektiv aus. Warum sollten sie dann plötzlich weniger selektiv sein, wenn sie jemanden anschreiben? Ich meine, ihr Briefkasten ist bereits selektiv. Allerdings scheint es dabei nicht um die bereits gematchten Männer und deren Attraktivität zu gehen, sondern um die allgemeine Attraktivität aller Nutzer.

Das ergibt jedoch auch wenig Sinn: Wenn Frauen bereits selektiv swipen, dann sind auch die Matches selektiv. Um auf ein "weniger selektives" Ergebnis zu kommen, müssten sie die Matches, die sie anschreibt, negativ selektieren.

---

[518] https://pubmed.ncbi.nlm.nih.gov/21516952/
[519] https://en.wikipedia.org/wiki/Ach%C3%A9#Demography
[520] https://pubmed.ncbi.nlm.nih.gov/23813245/
[521] https://pubmed.ncbi.nlm.nih.gov/26189411/

Dann habe ich mir das Ganze noch einmal angesehen und bin auf einen interessanten Reddit-Beitrag gestoßen.[522] Auch wenn der Autor sich für schlauer als Data Science hält, bringt er einen guten Punkt:

Sein erster Einwand ist, glaube ich, Unsinn – er behauptet, es gebe eine Verzerrung durch Attraktivität. Aber diese Verzerrung müsste ja irgendwoher kommen. Entweder müsste man Profile in einer statistisch relevanten Menge bewerten lassen (was ein extremer Aufwand wäre, nur um die Aussagekraft zu verzerren), oder die App müsste diese Verzerrung als Funktion eingebaut haben – wovon mir nichts bekannt wäre.

Sein zweiter Punkt ist hingegen interessant: Wer schreibt eigentlich Nachrichten? Sind es die Männer ohne Matches oder die Frauen, deren Postfach so überläuft, dass sie kaum hinterherkommen? Nein – es sind vor allem attraktivere Männer und weniger attraktive Frauen. Und damit ergibt das Ganze im typischem "Boys Math" wieder Sinn.

Sexuelle Selektion

- Einschätzung der Attraktivität dauert weit weniger als eine Sekunde[523]
- Für Frauen gilt: ʻDie "äußeren" triumphieren über die "inneren" Werte"ʼ.[524]
- Attraktive Menschen sind intelligenter[525]
- ʻIntelligenz ist Männern buchstäblich ins Gesicht geschriebenʼ[526]

---

[522] https://tinyurl.com/55nffmef
[523] https://www.uni-bamberg.de/presse/pm/artikel/studie-attraktivitaet-carbon/
[524] https://www.tagesspiegel.de/wissen/frauen-wollen-einen-gut-aussehenden-partner-4924093.html
[525] https://www.oe24.at/madonna/life/deshalb-sind-attraktive-menschen-intelligenter/566686408
[526] https://tinyurl.com/5aztuxbz

- 'Intelligenz macht tatsächlich sexy'[527]
- Pretty Privilege: Wir schließen vom Aussehen auf den Charakter und die Fähigkeiten eines Menschen[528]
- Familientauglichkeit und sozialer Status sind wichtig[529]
- Intelligenz korreliert mit höheren Bildungsabschlüssen und besseren Beruflichen Laufbahnen[530]

Frauen bevorzugen im Durchschnitt intelligente und attraktive Männer. Studien zeigen eine Korrelation zwischen Attraktivität und Intelligenz. Attraktivität bringt soziale Vorteile ("Pretty Privilege"), das allerdings vor allem in westlichen Gesellschaften mit bestimmten Schönheitsidealen verbunden ist. Intelligenz wiederum korreliert mit Bildung, höhere Bildung mit besseren beruflichen Perspektiven und Einkommen – und damit mit höherem sozialen Status. Sexuelle Selektion ist durch zahlreiche Studien belegt und kann Teile von Hypergamie erklären. Es gibt Debatten über ihr genaues Ausmaß und ihre Ursachen, aber auch ob es bei Gleichstellung nicht ggf. (fast) gänzlich verschwindet.

Das bedeutet im Umkehrschluss auch, dass es bei Männern Hypogamie gibt – also das Bevorzugen von Partnern, deren soziale Merkmale als unterlegen wahrgenommen werden. Männer fühlen sich häufiger gestört, wenn der Partner mehr verdient.[531] Ehrlich gesagt musste ich lachen, als ich den Text der mutmaßlichen Feministin, den ich gerade als Quelle angegeben hatte, las. In ihrem Text beschreibt sie Männer als hochsensible Wesen. Verdient die Frau 40 % oder mehr des Gesamtfamilienbudgets, nimmt der psychische Stress bei Männern deutlich zu. Dies kann zu einer geringeren Lebenserwartung oder sogar zu Impotenz führen.

---

[527] https://tinyurl.com/57b36m7x
[528] https://tinyurl.com/2rphwy3f
[529] https://tinyurl.com/yd8xf3dw
[530] https://synaptiqmatch.com/iq-und-erfolg/
[531] https://freizeit.at/lust-liebe/beziehungsstudie-maenner-hauptverdiener/402295841

Als hochsensibles Wesen habe ich direkt einige Studien zum Thema Neurotizismus gesucht, die belegen, dass Frauen höhere Neurotizismuswerte aufweisen und damit höher sensible Wesen sind.[532] [533] Aber Spaß beiseite: Beim Gender-Pay-Gap scheint es um unsere Potenz zu gehen – dieses Kapitel werde ich definitiv noch einmal überarbeiten. Andererseits ist diese Erwartungshaltung ebenfalls ein Ergebnis der Sozialisierung, und das Erkennen dessen ist ein erster Schritt in Richtung Potenz.

Zurück zum zentralen Problem: Je ausgeprägter oder rigider beide Phänomene in einer Gesellschaft sind, desto stärker führt die finanzielle Gleichstellung zwischen Männern und Frauen zu einem Auseinanderdriften der Geschlechter – auch bekannt als Genderschere, wenn man Hypergamie und Hypogamie nicht abbaut. Vllt. ist 80 20 bei steigenden Singlezahlen als ein Reminder zu verstehen, dass Frauen ihre Hypergamie nicht so schnell loswerden, wie sie Gleichstellung erlangen.

Studienergebnis aus Norwegen[534]

Obwohl die Vereinten Nationen Norwegen in den letzten 15 Jahren wiederholt als das weltweit gleichberechtigtste Land bezeichnet haben, bestehen weiterhin erhebliche geschlechtsspezifische Unterschiede in Bezug auf Bezahlung und Beschäftigungsmuster. In dieser Studie bieten wir theoretische Erklärungen dafür, warum geschlechtsspezifische Beschäftigungs- und Einkommensmuster selbst bei vollständiger Gleichstellung der Geschlechter auf dem Arbeitsmarkt bestehen bleiben können; das heißt, selbst in einer Gesellschaft, in der die Verteilungen des Einkommenspotenzials identisch sind und keine Geschlechterdiskriminierung existiert. Der entscheidende Faktor ist die Partnerwahl von Männern und Frauen sowie die anschließende

---

[532] https://psycnet.apa.org/record/2008-18683-004
[533] https://pmc.ncbi.nlm.nih.gov/articles/PMC3023236/
[534] https://docs.iza.org/dp12185.pdf

Aufteilung von Erwerbs- und Haushaltsarbeit. Hypergamie bedeutet, dass Paare sich so zusammenfinden, dass der Mann ein höheres Einkommenspotenzial hat als die Frau. In Kombination mit der standardmäßigen ökonomischen Theorie der Haushaltsspezialisierung liefert dies eine Begründung dafür, seine berufliche Karriere gegenüber ihrer zu priorisieren.

Wir haben theoretische Grundlagen für die Existenz von Hypergamie dargelegt und überwältigende empirische Beweise präsentiert, dass Hypergamie ein wichtiges Merkmal der Partnerwahlmuster in Norwegen ist. Haushalte werden systematisch so gebildet, dass der Mann im Durchschnitt den höchsten Rang innerhalb der geschlechtsspezifischen Verteilung des Einkommenspotenzials hat, und Männer mit sehr schlechten Einkommensaussichten haben eine hohe Wahrscheinlichkeit, unverheiratet zu bleiben.

3. Genderschere

3.1 Was ist die Genderschere?

Die **Genderschere** beschreibt das gesellschaftliche Phänomen, dass Männer und Frauen sich in bestimmten Aspekten immer weiter voneinander entfernen – besonders in Bezug auf Partnerschaft, Karriere und soziale Dynamiken. Der Begriff wird oft in Diskussionen über Hypergamie, Geschlechterrollen und demografische Entwicklungen verwendet.

3.2 Mögliche Ursachen der Genderschere

Finanzielle Gleichstellung und Hypergamie

- Frauen erreichen immer höhere Bildungsabschlüsse und Einkommen.
- Hypergamie

- Ergebnis: Mehr Frauen und Männer bleiben Single, weil Frauen "nach oben" suchen, aber immer weniger Männer über ihnen stehen.

Verschiebung von Geschlechterrollen

- Traditionell waren Männer Versorger und Frauen kümmerten sich um Haushalt & Familie.
- Diese Rollen sind heute aufgelöst oder vermischt, aber nicht in allen Gesellschaftsbereichen gleichermaßen akzeptiert.
- Viele Frauen möchten einen gleichberechtigten oder "besseren" Partner, während manche Männer sich von traditionellen Erwartungen überfordert fühlen.

Unterschiedliche Partnerwahlstrategien

- Männer tendieren dazu, Frauen nach Jugend und Schönheit auszuwählen (evolutionspsychologische Erklärung: Fruchtbarkeit).
- Frauen bevorzugen oft Status, Intelligenz und Attraktivität (evolutionspsychologisch: Versorgung & Schutz).
- Da Frauen zunehmend selbst gut verdienen, reduziert sich der Pool an "attraktiven" Partnern.

Demografische Veränderungen

- In vielen westlichen Ländern gibt es mehr gut ausgebildete Frauen als Männer.
- Dadurch entsteht ein "Mismatch" auf dem Partnermarkt: Hochgebildete Frauen finden weniger Männer mit einem "gleichen" Status.

Soziale Isolation & Digitale Entwicklungen

- Online-Dating verstärkt bestehende Auswahlmuster: Ein kleiner Teil der Männer erhält die meisten weiblichen Matches, während viele Männer kaum Aufmerksamkeit bekommen.
- Gleichzeitig verstärken Soziale Medien unrealistische Erwartungen an Beziehungen und Partner.

Fazit

Die Genderschere ist das Ergebnis mehrerer gesellschaftlicher, wirtschaftlicher und technologischer Entwicklungen. Sie zeigt sich vor allem in höheren Single-Raten, einem angespannten Partnermarkt und veränderten Geschlechterdynamiken.

4. Die "Single-Epidemie"

Die WHO warnt vor den Folgen sozialer Isolation,[535] die mit einem erhöhten Risiko für Herz-Kreislauf-Erkrankungen, Demenz und vorzeitigen Tod einhergeht. Doch während über *male loneliness* viel diskutiert wird, bleiben die prekären Auswirkungen des Singledaseins auf Frauen oft unsichtbar oder werden sogar falsch dargestellt.

Lebenserwartung und Gesundheit

Verheiratete Frauen über 65 leben im Schnitt **1,5 Jahre länger** als unverheiratete und verbringen **2,0 Jahre mehr in guter Gesundheit**.[536]

Psychische Gesundheit

---

[535]

https://pm-report.de/gesundheitswesen/2024/who-einsamkeit-als-globale-prioritaet.html
[536] https://pubmed.ncbi.nlm.nih.gov/32875051/

- **Depressionen**: Unverheiratete Frauen berichten häufiger über depressive Symptome, wobei die Qualität der Beziehung entscheidend ist: Konfliktreiche Partnerschaften können das Risiko sogar erhöhen.
- **Suizidrisiko**: Single-Frauen begehen zwar seltener Suizid als Männer, doch das Risiko liegt **30 % höher** als bei Verheirateten. Bildung wirkt bei Frauen weniger präventiv – Mutterschaft hingegen senkt die Rate signifikant.
- **Substanzmissbrauch**: In einer 15-Länder-Studie zeigten, dass nie verheiratete Frauen ein **doppelt so hohes Risiko** für Suchterkrankungen wie verheiratete Frauen haben. Geschiedene Frauen litten zusätzlich unter Angststörungen.

Soziale Netzwerke: Ein trügerischer Vorteil?

Zwar gelingt es Single-Frauen oft besser als Männern, Freundschaften zu pflegen, doch ersetzen diese selten die emotionale Sicherheit einer Partnerschaft. Verheiratete Frauen profitieren von stabiler finanzieller Absicherung und praktischer Unterstützung – Faktoren, die Stress reduzieren und das Wohlbefinden steigern. Gleichzeitig zeigt sich ein ambivalentes Bild: Finanziell unabhängige Singles schätzen zwar ihre Freiheit, klagen aber häufiger über Einsamkeit.

"Singles sind doppelt so häufig von Einsamkeit betroffen wie Paare." heißt es bei Parship,[537] aber je länger Frauen Single bleiben, desto besser wird es. Bei Männern wird es nur schlimmer. Im hohen Alter dreht sich der Trend wieder.[538]

5. Single-Frauen

Im Folgenden habe ich mir nochmal die Mühe gemacht, einen etwas umfangreichen Überblick der Auswirkungen zu zeigen.

---

[537] https://tinyurl.com/nhfnru5p
[538] https://tinyurl.com/4x2zcn3p

Lebensspanne

Verheiratete Frauen ab 65 Jahren haben im Durchschnitt eine um 1,5 Jahre höhere Gesamtlebenserwartung und um 2,0 Jahre höhere aktive Lebenserwartung als unverheiratete Frauen. Das bedeutet, dass Singles tendenziell weniger Jahre leben und weniger Jahre in guter Gesundheit verbringen.[539]

Es gibt auch Gegenbehauptungen, so habe ich mehrmals gesehen, dass behauptet wird es gebe eine Harvard Studie, die das behauptet, allerdings konnte ich diese nicht finden.[540] Eine andere Quelle stellt Paul Dolan.[541] Da Bücher nicht von einem anderen Experten geprüft werden müssen, scheint ihm allerdings eine Missinterpretation unterlaufen zu sein.[542] Er gibt seine Fehlinterpretation zu und relativiert seine Aussage, indem er sagt, er glaube, es sei fair zu behaupten, dass Männer mehr von einer Heirat profitieren als Frauen, er akzeptiere aber auch, wenn jemand die Daten anders deuten würde.[543]

Eine andere Harvard Studie, die ich finden konnte besagt, dass ein langes und gutes Leben auf guten Beziehungen aufbaut.[544]

Sterberisiko

Alleinstehende Frauen, besonders Geschiedene oder Verwitwete unter 40, haben ein **48 % höheres Sterberisiko** als Verheiratete – ein Wert, der bei Männern ähnlich hoch ist.[545]

Suizid

---

[539] https://pubmed.ncbi.nlm.nih.gov/32875051/
[540] https://www.instagram.com/katara.selflovejourney/reel/DEw7tKENVpi/
[541] https://tinyurl.com/2s3dhpfr
[542] https://tinyurl.com/mr48bnyy
[543] https://en.wikipedia.org/wiki/Paul_Dolan_(behavioural_scientist)
[544] https://www.fitbook.de/mind-body/studie-gluecklich-laenger-leben
[545] https://tinyurl.com/3sfjtksj

Single-Frauen haben ein höheres Suizidrisiko als verheiratete, aber ein niedrigeres als geschiedene. Bildung schützt Männer, während Mutterschaft bei Frauen einen Schutzfaktor darstellt.[546]

Depressionen

Verheiratete Frauen weisen im Vergleich zu unverheirateten Frauen weniger Symptome von Depressionen auf. Dies wird vor allem auf den schützenden Effekt einer Partnerschaft zurückgeführt, der durch bessere soziale Unterstützung, wirtschaftliche Stabilität und positive gegenseitige Einflüsse entsteht. Dabei spielt auch die Qualität der Beziehung eine wesentliche Rolle – je harmonischer und stabiler die Partnerschaft, desto ausgeprägter ist der schützende Effekt.[547] [548]

Stimmungs-, Angst- und Substanzstörungen[549]

Eine internationale Untersuchung in 15 Ländern ergab, dass Frauen, die nie verheiratet waren, ein höheres Risiko für den erstmaligen Ausbruch psychischer Störungen haben als verheiratete Frauen. Besonders auffällig war, dass sie häufiger unter Suchterkrankungen litten als verheiratete Frauen. Zudem zeigte sich, dass eine frühere Ehe (also Scheidung oder Trennung) das Risiko für psychische Störungen weiter erhöht, insbesondere in Bezug auf Substanzmissbrauch. Diese Ergebnisse deuten darauf hin, dass die Schutzwirkung der Ehe für Frauen vor allem im Bereich der psychischen Gesundheit eine Rolle spielt.

Glücklich im Kontext des Familiengefüge[550]

Die Studie zeigt, dass unser Wohlbefinden im höheren Alter stark von unserer Stellung innerhalb des Familiengefüges abhängt. Neben den

---

[546] https://pophealthmetrics.biomedcentral.com/articles/10.1186/s12963-021-00263-2
[547] https://tinyurl.com/246h3t8x
[548] https://pubmed.ncbi.nlm.nih.gov/9870051/
[549] https://pmc.ncbi.nlm.nih.gov/articles/PMC2891411/
[550] https://tinyurl.com/45t6s4ey

aktuellen Beziehungen spielen auch frühere familiäre Übergänge – wie Geburten und Todesfälle – eine wichtige Rolle. Hünteler und Hank identifizieren unterschiedliche Generationenverläufe, die das "Verwandtschaftsreservoir" (Eltern, Kinder, Enkel) abbilden. Dabei haben Personen mit einem kleinen familiären Netzwerk ein erhöhtes Risiko für körperliche Einschränkungen, während Menschen in dreigenerationellen Strukturen, seltener an Depressionen und Gesundheitsproblemen leiden. Der Zeitpunkt von Rollenübergängen, etwa wenn Kinderlose früh den Verlust eines Elternteils erleben, beeinflusst ebenfalls das langfristige Wohlbefinden.

Kinder machen meistens glücklich[551] [552]

Kinder machen kein Unterschied[553] (Sie weist auch darauf hin, dass die erhöhten Depressionen von Single-Frauen vllt. etwas mit Sozialisierung zu tun haben könnten.)

Kinder machen nicht glücklich[554]

Prof. Martin Schröder fand heraus, dass es Frauen messbar gut geht, genauso zufrieden wie die Männer sind und wenn man fragt, warum sie so leben wie sie leben, dann ist die Antwort, weil sie es so entscheiden. Frauen sind dann unzufrieden, wenn der Mann die gesamte Hausarbeit macht. Soziale Kontakte steigern Zufriedenheit (bis zu 5 gute Freunde), Selbstverbesserung nicht[555]

Frauen sind als Singles glücklicher als Männer[556]

In vielen dieser Punkte haben Männer ähnliche Ergebnisse: In einigen profitieren verheiratete Männer mehr, in anderen, verheiratete Frauen.

---

[551] https://wzb.eu/de/pressemitteilung/kinder-machen-gluecklich-meisten
[552] https://tinyurl.com/3k9cawxk
[553] https://www.hu-berlin.de/de/pr/nachrichten/dezember-2024/nr-241218-1
[554] https://tinyurl.com/2e85a5re
[555] https://youtu.be/Yt_i98OnTF4?si=mf8z6gwAWhZd0_6g
[556] https://journals.sagepub.com/doi/10.1177/19485506241287960

Hinsichtlich Glück ist man sich nicht so einig. Es gibt auch noch ein paar Studien, die zeigen, dass Frauen Wohlbefinden aus Fähigkeit mit ihrem Geld zu machen, was sie wollen, schöpfen oder das sie als Single besser soziale Netzwerke aufbauen als Männer oder verheiratete Frauen, aber insgesamt scheinen Frauen ebenfalls unter dem Singledasein zu leiden. Es scheint mir eher eine Single-Epidemie zu sein.

6. Kontrapunkte: Singledasein als Empowerment?

Feministische Strömungen betonen, dass Singledasein kein Defizit, sondern eine bewusste Lebenswahl sein kann. Frauen, die bewusst allein leben, berichten von größerer Zufriedenheit mit ihrer Autonomie und Karriere.

Dennoch bleibt die Tatsache, dass der gesellschaftliche Fokus auf individueller Selbstverwirklichung kollektive Sicherheitsnetze schwächt. Wo früher Familien und Gemeinschaften auffingen, lastet heute der Druck, alle Lebensbedürfnisse – emotional, finanziell, sozial – allein zu erfüllen, auf dem Einzelnen. Dies überfordert viele, unabhängig vom Geschlecht.

7. Fazit

Die "Single-Epidemie" offenbart ein Paradox: Trotz größerer Freiheiten und Optionen steigen Einsamkeit und psychische Belastungen. Feministische Fortschritte haben zwar überholte Rollenbilder aufgebrochen, doch fehlen bis heute tragfähige Alternativen für das Miteinander.

XVI. Die Incel-Subkultur[557]

---

[557] https://en.wikipedia.org/wiki/Incel

1. Definition und Entstehung

Incels (Kurzform für "involuntary celibate", deutsch: unfreiwillig zölibatär) sind Teil einer Online-Subkultur, die sich überwiegend aus heterosexuellen Männern zusammensetzt. Sie definieren sich durch ihre Unfähigkeit, romantische oder sexuelle Beziehungen zu finden, obwohl sie dies wünschen. Viele vertreten eine misogyne Ideologie, die Frauen für ihre Situation verantwortlich macht und Gewalt rechtfertigt. Der Begriff entstand 1997 durch die kanadische Studentin Alana, die eine inklusive Plattform für Menschen schuf, die über soziale Isolation und sexuelle Abstinenz diskutieren wollten. Ab den 2010er Jahren entwickelte sich die Bewegung jedoch zu einer Gemeinschaft, die mit Terrorakten wie denen von Elliot Rodger und Alek Minassian in Verbindung gebracht wird. (So behauptet Wikipedia)

2. Ideologie und Kernkonzepte

Blackpill

Anhänger der Blackpill-Ideologie gehen davon aus, dass Aussehen und Genetik den Partnerschaftserfolg biologisch determiniert vorgeben und jegliche Selbstverbesserung zwecklos sei.[558] Dieses fatalistische Weltbild führt zu Resignation und verdecktem oder offenem Hass auf Frauen, da den Betroffenen jede Einflussmöglichkeit abgesprochen wird.[559]

Feindbilder

- **"Femoids"**: Ein abwertender Slang-Begriff, in dem Frauen als entmenschlichte Objekte dargestellt werden.[560] "Female" und "android" kann auch als Kritik am Hypergamie Verhalten verstanden

---

[558] https://cujournal.ie/article/id/26/
[559] https://www.crimejusticejournal.com/article/view/2138
[560] https://www.adl.org/resources/backgrounder/incels-involuntary-celibates

werden, im Sinne von: Du kannst deiner Programmierung nicht entkommen, was ein Verweis auf biologischen Determinismus ist.

- **"Chads"**: Attraktive, selbstbewusste Männer werden verspottet und als unerreichbar idealisiert, was das Gefühl der Ausschließung verstärkt.

Gewaltverherrlichung

Einige Foren feiern Elliot Rodger als "Supreme Gentleman" und Märtyrer, glorifizieren seine Tat als "Incel-Rebellion" und bezeichnen ihn in Hassthreads als "Heiligen".[561] Gewaltaufrufe gegen "Chads" und "Femoids" werden explizit befürwortet und als legitime Gegenmaßnahme gegen eine vermeintlich frauendominierte Gesellschaft propagiert.[562]

Vernetzung mit anderen Bewegungen

Die Incel-Szene überschneidet sich stark mit der Manosphäre (MGTOW, Pickup-Artists) und zieht ideologische Nähe zu rechtsextremen und antifeministischen Gruppierungen.[563]

So viel Hass hat mich selten erreicht

Bei Jasmin Gnu – "So viel Hass hat mich selten erreicht … – Rezo konfrontiert mich!"[564] kann man sich anschauen, wie so ein Incel Shitstorm aussieht. An einer Stelle verweist Rezo auf deren Gedanke, es könnte (aus ihrer Sicht) nicht an ihnen liegen, und kontert, indem er individuelle Verantwortung betont: Man kann ja an sich arbeiten.

Hypergamie, Gleichstellung und Single-Rate

Während Feministen Gleichberechtigung und Chancengleichheit fordern – was sich im sinkenden Gender-Pay-Gap (in Deutschland 16 %

---

[561] https://en.wikipedia.org/wiki/Elliot_Rodger
[562] https://www.bbc.com/news/world-us-canada-43892189
[563] https://tinyurl.com/7nvjy3wz
[564] https://youtu.be/tYUCE0uSyrQ?si=nhgTv4B00thN9gHl

im Jahr 2024) und annähernd gleichem sozioökonomischem Status der Geschlechter zeigt –, verweisen Incels auf den Anstieg der Single-Rate als Beleg für eine anhaltende, teils biologische Hypergamie. Eine aktuelle norwegische Studie belegt tatsächlich, dass Frauen in einer der weltweit gleichstellungsstärksten Gesellschaften immer noch häufiger Partner mit höherem Status wählen.[565] Gleichzeitig zeigen Langzeiterhebungen, dass Hypergamie in westlichen Ländern mit zunehmender Gleichstellung langsam zurückgeht, aber nicht so rasch wie ökonomische Indikatoren.

Gesellschaftliche Kritik und Grenzen der Incel-Erzählung

Die Incel-Debatte wirft eine wichtige Frage auf: Wie verändert sich eine Gesellschaft, in der ein erheblicher Teil alleinstehend bleibt? Die Kritik richtet sich gleichermaßen gegen Soziologen, Feministen und politische Entscheidungsträger, deren Reformen zwar rechtliche Gleichstellung und Chancengleichheit gefördert haben, aber nicht die "versprochene Homogamie" gewährleisten konnten.

3. Struktur und Online-Präsenz

Incel-Foren wie ehemalige Subreddits (z. B. r/incels) oder spezialisierte Plattformen dienen als Rückzugsorte. Moderierte Bereiche schließen oft Frauen und LGBTQ+-Personen aus. Trotz wiederholter Sperrungen großer Plattformen (z. B. Reddit, 2017) migrieren Nutzer auf Nischenseiten wie 4chan oder Darknet-Foren. Diskussionen drehen sich um Selbsthass, Rachefantasien und pseudowissenschaftliche Rechtfertigungen der eigenen Lage.

---

[565] https://www.frisch.uio.no/publikasjoner/pdf/2020/Formatert/jhr.58.3.1219-10604R1.full.pdf

4. Studie: Levels of Well-Being Among Men Who Are Incel[566]

Die Studie Levels of Well-Being Among Men Who Are Incel offenbart tiefgreifende psychosoziale Krisen unter selbstidentifizierten Incel-Männern. Verglichen mit einer Kontrollgruppe von Nicht-Incels zeigten diese deutlich höhere Werte bei Depressionen, Ängsten und Einsamkeit: Während 75 % der Incels unter mittelschweren bis schweren Depressionen litten, traf dies nur auf 33 % der Nicht-Incels zu. Ähnlich gravierend war der Unterschied bei Angststörungen (67 % vs. 38 %). Diese Belastungen spiegeln sich auch in einer radikal geringeren Lebenszufriedenheit wider, die maßgeblich auf soziale Ausgrenzung, romantische Ablehnung und das Gefühl gesellschaftlichen Scheiterns zurückgeführt wird.

Ein zentraler Faktor hierfür ist die ausgeprägte Tendenz zur interpersonellen Opferrolle (TIV). Incels neigen stärker dazu, sich als moralisch überlegen zu betrachten, empathielos auf andere zu reagieren und vergangene Kränkungen immer wieder gedanklich durchzukauen. Paradoxerweise verstärkte diese Opferhaltung jedoch vor allem bei Nicht-Incels das Gefühl der Einsamkeit – bei Incels selbst war dieser Effekt schwächer, vermutlich weil ihr bereits extrem hohes Einsamkeitsniveau kaum noch steigerungsfähig war ("Deckeneffekt").

Überraschend war das Ergebnis zum soziosexuellen Verlangen: Zwar gaben Incels ein signifikant stärkeres Interesse an kurzfristigen Sexualkontakten an als Nicht-Incels, doch dieses unerfüllte Bedürfnis verschlimmerte – entgegen der Erwartung – nicht zusätzlich ihre psychische Gesundheit. Dies widerspricht der Annahme, dass rein sexuelle Frustration ihr Leidensdruck entscheidend prägt. Stattdessen deuten die Daten darauf hin, dass tieferliegende Faktoren wie soziale Isolation, Identitätskrisen oder die internalisierte "Blackpill"-Ideologie (der Glaube, ihre Lage sei genetisch bedingt und unveränderlich)

---

566 https://tinyurl.com/5pyd24tv

dominieren. Möglicherweise haben Incels gelernt, ihr sexuelles Verlangen abzuwerten oder als irrelevant zu betrachten, um kognitive Dissonanzen zu reduzieren.

Demografisch widerlegt die Studie gängige Klischees: Incels sind keineswegs eine homogen weiße oder rechtsgerichtete Gruppe. 36 % identifizierten sich als BIPOC (Schwarze, Indigene oder People of Color), und politisch waren sie gespalten (45 % links, 39 % rechts). Auffällig sind jedoch sozioökonomische Benachteiligungen: 17 % der Incels waren NEET (nicht in Ausbildung, Beschäftigung oder Schulung), und 50 % lebten bei ihren Eltern – Faktoren, die ihre Attraktivität auf dem Partnerschaftsmarkt mindern und ihre Marginalisierung verstärken.

5. Gewalt und Terrorismus

Seit 2014 wurden mehrere Gewalttaten mit Incel-Bezug verübt:

- **Elliot Rodger** (2014): Tötete sechs Menschen in Kalifornien und wurde zur Ikone der Bewegung.
- **Alek Minassian** (2018): Verübte einen Auto-Anschlag in Toronto und rief zur "Incel-Rebellion" auf.
- **Jake Davison** (2021): Schoss in Plymouth (UK) fünf Menschen nieder, darunter seine Mutter.
- Regierungen wie Kanada und die USA stufen Incel-Ideologien zunehmend als terroristische Bedrohung ein.

Allerdings:

- Die Bundesregierung sieht **keine konkrete Gefährdungsrelevanz** durch die Incel-Szene in Deutschland.[567] [568]
- Kein Mord lässt sich in Deutschland ausschließlich auf Incels zurückführen

---

[567] https://dserver.bundestag.de/btd/20/006/2000624.pdf
[568] https://www.praeventionstag.de/nano.cms/news/details/5919

- Gewaltbereite Incels sind nur eine Untergruppe und die gesamte Gemeinschaften deshalb zu stigmatisieren, könnte mehr schaden als nutzen[569]

Das ZDF[570] spricht von min. 58 Morden, die sich mit einem Incel-Bezug in Verbindung bringen lassen. Was das genau heißt, lässt sich nur erahnen. Um überhaupt einen Fall präsentieren zu können, muss man nach England reisen und selbst dann handelt es sich nicht um ein Incel, sondern es hat nur Incel Parallelen.

6. Kehrseite

William Costello[571] – von dem auch die oben erwähnte Studie stammt – weist darauf hin, dass unter Incels etwa 30 % an den letzten zwei Wochen jeden Tag Selbstmordgedanken hatten. Im Vergleich dazu gab 5 % der Bevölkerung an, mindestens einmal im letzten Jahr solche Gedanken gehabt zu haben. 30 % der Männer haben vermutlich Autismus, verglichen mit 1 % der Gesamtbevölkerung.[572] Er nutzt diese Statistik, um zu verdeutlichen, dass man, um den Kreislauf zu durchbrechen, Incels zeigen muss, dass die Gesellschaft weitaus mehr Verständnis für ihre Probleme haben, als sie glauben.

Allerdings trifft diese Aussage für eine bestimmte Gruppe nicht zu – und zwar für Feministen. Man muss nicht einmal ein Incel sein, um solche Erfahrungen zu machen; aus eigener Erfahrung kann ich sagen, es reicht schon, wenn man eine andere Meinung vertritt, und man wird schnell als Incel abgestempelt. Anstatt sachlich zu diskutieren, erläutern sie dann gerne, warum dich niemals eine Frau mögen könnte – sei es, weil dein Penis zu klein ist, du arm bist, wahrscheinlich noch bei deiner Mutter wohnst oder dass du "kein Mann" seist. Und wenn du verletzt bist, gilt: Verletzlichkeit ist ebenfalls unmännlich.

---

[569] https://tinyurl.com/5n6h32cf
[570] https://www.zdf.de/video/reportagen/die-spur-224/incels-amok-frauenhass-toxisch-100
[571] https://www.instagram.com/p/DHduTEjIORw/
[572] https://www.instagram.com/p/DHifrNWI7Rl/

Offensichtlich kennen Feministen die Schwachstellen ihres Feindbilds und nutzen das bestehende Machtgefälle, um diese gegen die sozial schwache und ausgegrenzte, labile männliche Gruppe auszuspielen. Wie viele **der 7 478 Selbstmo**rde[573] von Männern sich als Incels identifizieren, wissen wir nicht; ebenso wenig wie, in wie vielen Fällen Mobbing eine Hauptmotivation war. Es gilt also: Wenn ein Incel Amok läuft, sehen wir es überall in den Nachrichten, doch wenn ein Incel aufgrund von Mobbing Selbstmord begeht, dann steht es nicht einmal in irgendeiner Statistik. Das rechtfertigt keinen Frauenhass, differenziert aber.

Natürlich würde sich der seriöse Feminismus von solch einem Vorgehen distanzieren, doch feministische Diskurse behandeln Incels meist als frauenhassende Bewegung, ohne auf die individuellen und sozialen Ursachen einzugehen. Statt einer differenzierten Betrachtung wird häufig das Patriarchat als Hauptproblem benannt, während die spezifischen psychischen und sozialen Belastungen dieser Männer ausgeblendet bleiben. Feministische Quellen, die Incels als heterogene Gruppe mit unterschiedlichen Perspektiven analysieren, sind selten.

Gleichzeitig fehlt ein ernsthafter Versuch, die eigenen Kreise für eine differenzierte Auseinandersetzung mit diesem Phänomen zu sensibilisieren – sei es, um vorschnelle Stigmatisierung zu vermeiden oder um Mobbing gegen diese ohnehin marginalisierte Gruppe zu unterbinden. Genau das aber wäre ein wichtiger Schritt, um den Kreislauf aus sozialer Ausgrenzung und Radikalisierung zu durchbrechen. Ironischerweise ist es genau das, was viele Incels sich wünschen und was William Costello als essenziellen ersten Schritt in Richtung Besserung bezeichnet.

7. Kulturelle Darstellungen

Die Incel-Ideologie findet sich in Literatur (Michel Houellebecqs **Whatever**) und Serien wie *Law & Order: SVU* (Folge "Holden's

---

[573] https://tinyurl.com/3nbype9c

Manifesto"). Filme wie *The Beast* (2023) thematisieren die Radikalisierung.

8. Fazit

Wie manche Studien betonen, erfordert die komplexe Incel-Problematik nicht nur interdisziplinäre Forschung, sondern auch eine systematische Aufarbeitung der strukturellen und individuellen Faktoren – unter Einbezug aller relevanten Akteure aus Politik, Medien und zivilgesellschaftlichen Initiativen. Nur so lässt sich eine transparente Debattenkultur fördern, die Radikalisierungsmechanismen entschärft und Lösungsansätze jenseits von Stigmatisierung ermöglicht.

XVII. Die Wehrpflicht

1. Einleitung

Die Wehrpflicht ist eines der ältesten Instrumente staatlicher Autorität – und zugleich ein Brennglas für gesellschaftliche Ungleichheiten. Über Jahrhunderte hinweg wurden fast ausschließlich Männer zum Militärdienst verpflichtet, während Frauen von dieser "Pflicht" ausgenommen blieben. Auch heute, in einer Zeit, die formale Gleichberechtigung proklamiert, halten viele Staaten an dieser Praxis fest.

2. Historischer Hintergrund

Die Wehrpflicht wurzelt in einer Vorstellung von Männlichkeit, die Stärke, Opferbereitschaft und Schutzverantwortung idealisiert. Seit der Antike galt der Militärdienst als **Ritus des Mannseins**:

- Im antiken Sparta wurden Jungen ab dem siebten Jahr zu Kriegern erzogen.[574]
- Im preußischen Heer des 18. Jahrhunderts war der Dienst Ehre und Pflicht zugleich.
- Selbst in modernen Demokratien wie Deutschland wurde die Wehrpflicht bis 2011 ausschließlich für Männer erhoben.

Diese Tradition spiegelt ein patriarchales Tauschgeschäft wider: Männer erhielten gesellschaftlichen Status und Macht – im Gegenzug für ihre Bereitschaft, ihr Leben im Krieg zu riskieren.

3. Gesellschaftlicher Druck

Männer, die sich dem Dienst entzogen, wurden historisch und kulturell marginalisiert:

- **Strafrechtliche Sanktionen**: In der Bundesrepublik drohten Wehrdienstverweigerern bis 1983 Haftstrafen.
- **Soziale Stigmatisierung**: In den USA galten "Draft Dodgers" während des Vietnamkriegs als Feiglinge – viele flohen nach Kanada.[575]

Diese Dynamik verstärkt toxische Männlichkeitsnormen: Der Mann als "Beschützer" muss Leid ertragen, ohne zu klagen – ein Narrativ, das emotionale Verwundbarkeit tabuisiert.

4. Moderne Paradoxien

Während viele Länder die Wehrpflicht abschafften, bleibt sie in Staaten wie Südkorea, Israel oder Norwegen (seit 2015 geschlechtsneutral) erhalten. Doch selbst in "fortschrittlichen" Nationen zeigt sich eine Schieflage:

---

[574] https://en.wikipedia.org/wiki/Spartan_army#Training
[575] https://en.wikipedia.org/wiki/Draft_evasion_in_the_Vietnam_War

- **Deutschland**: Obwohl die Wehrpflicht 2011 ausgesetzt wurde, sind im Spannungsfall weiterhin nur Männer verpflichtet (§ 3 WPflG).
- **USA**: Obwohl Frauen seit 2015 alle Kampfrollen übernehmen dürfen, müssen sich ausschließlich Männer für den *Selective Service* registrieren – sonst drohen Strafen wie Studienbeihilfenentzug.

5. Fazit

Die Debatte über die Wehrpflicht offenbart einen grundlegenden Widerspruch: Wie kann eine Gesellschaft einerseits Gleichberechtigung fordern, andererseits an geschlechtsspezifischen Pflichten festhalten?

Lösungsansätze:

- **Geschlechtsneutralität**: Ein verpflichtender Dienst für alle – ob militärisch oder zivil – fördert Fairness und Gemeinschaftssinn.
- Mit Chancengleichheit kommt auch Pflichtengleichheit.

Letztlich geht es nicht nur um Militärpolitik, sondern um die Frage, welche Art von Gesellschaft wir sein wollen: Eine, die Männer in überholte Rollen drängt – oder eine, die Schutz, Verantwortung und Opferbereitschaft als menschliche, nicht geschlechtsspezifische Werte begreift.

XVIII. Härtere Strafen für Männer

1. Einleitung

Das Strafrecht soll neutral und objektiv sein – doch Studien zeigen, dass Geschlechterstereotype Urteile prägen. Männer erhalten bei vergleichbaren Delikten bis zu **63 % längere Haftstrafen** als Frauen.[576] Diese Diskrepanz wirft Fragen auf: Handelt es sich um eine statistische Notwendigkeit oder um ein strukturelles Vorurteil? Dieses Kapitel untersucht, wie gesellschaftliche Rollenbilder die Justiz beeinflussen – und warum selbst ein vermeintlich neutrales System Ungleichheit reproduziert.

2. Die Datenlage

Forschungsergebnisse weltweit belegen konsistent geschlechtsspezifische Unterschiede:

- Sexuellen Fehlverhaltens unter Lehrern führte bei Männern zu 54 % zu einer Haftstrafe und durchschnittlich 2,4 Jahre Haft, bei Frauen zu 44 % und 1,6 Jahre.[577]
- Die meisten Studien bestätigen, dass es geschlechtsspezifische Unterschiede bei der Strafzumessung gibt – und dass Frauen dabei in der Regel mildere Urteile erhalten als Männer (Doerner & Demuth, 2014; Holland & Prohaska, 2021; Koons-Witt et al., 2012; Spivak et al., 2014; Tillyer et al., 2015). Evil Woman Hypothesis – auch Frauen können betroffen sein, wenn sie gegen bestehende Geschlechterrollen verstoßen, zum Beispiel: Mutter sein.[578]
- In der Studie wurden 98,1 % der Fälle durch Plea-Deals gelöst. Frauen erhielten dabei häufiger reduzierte Anklagen und wurden seltener inhaftiert (17 % gegenüber 28 % bei Männern). Über alle acht Hauptdeliktkategorien hinweg war der Anteil inhaftierter Männer stets höher, wobei Frauen bei Raub und Körperverletzung eher zu Haftstrafen verurteilt wurden, während Männer bei

[576] https://repository.law.umich.edu/cgi/viewcontent.cgi?article=1164&context=law_econ_current
[577] https://tinyurl.com/mr3b6pv3
[578] https://www.crimejusticejournal.com/article/download/3622/1564

Eigentumsdelikten überproportional inhaftiert waren. Obwohl die Gefängnisstrafen in ihrer Dauer zwischen den Geschlechtern nicht variierten, erhielten Männer signifikant längere Bewährungs- und Jail-Strafen.[579]

Selbst bei Berücksichtigung von Vorstrafen und Tatmodalitäten bleibt die Lücke bestehen.

3. Fazit

Die härtere Bestrafung von Männern ist kein Naturgesetz, sondern ein Relikt überholter Geschlechterbilder. Ein gerechtes System muss:

- **Kontext berücksichtigen**: Warum begehen Männer bestimmte Straftaten? Welche Rolle spielt Armut, Trauma oder Sozialisation?
- **Entkriminalisieren**: Therapie statt Haft bei nicht-gewalttätigen Delikten.
- **Menschlichkeit priorisieren**: Strafe sollte vom Tatbestand abhängen – nicht vom Geschlecht.

Solange die Justiz Männer als "geborene Täter" und Frauen als "Opfer" framet, bleibt sie ein Spiegel gesellschaftlicher Doppelmoral. Die Herausforderung liegt nicht in der Bestrafung, sondern in der Prävention – und darin, beide Geschlechter als *vollständige Menschen* zu sehen.

XIX. Abtreibung

Die Abtreibungsdebatte dreht sich um die grundlegende Frage, ab wann ein Embryo als "Mensch" im Sinne der Menschenrechte gilt – und damit als Träger eines eigenen Lebensrechtes. Diese Diskussion erfordert eine präzise Unterscheidung zwischen dem biologischen Menschsein, das von einem breiten gesellschaftlichen und wissenschaftlichen Konsens

---

[579] https://tinyurl.com/4fc2786m

weitgehend anerkannt wird, und der ethisch-rechtlichen Zuschreibung von vollumfänglichen Menschenrechten.

1. Gesellschaftlicher Konsens: Wann beginnt das Menschsein?[580]

Empirische Befragungen zeigen, dass es in der Bevölkerung keine einheitliche Auffassung über den genauen Beginn des Menschseins gibt. Eine Studie der Universität Freiburg ergab, dass etwa 30 % der Befragten den Schutz des Embryos bereits ab der Befruchtung für notwendig halten, während 25 % den Beginn des Menschseins mit der Einnistung – etwa sechs Tage nach der Befruchtung – verknüpfen. Mehr als 40 % der Teilnehmer legen spätere Kriterien zugrunde, etwa die Entwicklung des Gehirns oder das Schmerzempfinden. Insgesamt betrachten etwa 55 % der Befragten den Embryo spätestens ab dem sechsten Tag als "Menschen". Dieser Befund weist darauf hin, dass ein gesellschaftlicher und wissenschaftlicher Konsens besteht, der das Menschsein des Embryos in einem sehr frühen Stadium anerkennt. (Allerdings ist die Umfrage alt und mit 428 Befragten nicht repräsentativ, zeigt aber in welche Richtung sich die Meinungen bewegen.)

2. Norbert Hoersters Position[581]

Norbert Hoerster betont, dass ein Embryo unbestritten aus biologischer Sicht ein menschliches Wesen ist. Diese Tatsache wird von einem breiten Teil der Bevölkerung, wie die oben genannten Daten nahelegen, anerkannt. Dennoch argumentiert Hoerster, dass der Embryo im Frühstadium seiner Existenz noch nicht als "Mensch im Vollsinn" oder als vollwertige Rechtsperson mit eigenem Lebensrecht betrachtet werden muss. Für die Zuerkennung eines vollen Lebensrechts sind bestimmte Eigenschaften – wie Bewusstsein, Selbstreflexion und die Fähigkeit, zukünftige Interessen zu entwickeln – entscheidend. Da ein

---

[580] https://tinyurl.com/mszzuwva
[581] https://www.bpb.de/themen/umwelt/bioethik/33779/wann-beginnt-das-recht-auf-leben/

Embryo diese Merkmale im frühen Entwicklungsstadium noch nicht besitzt, kann ihm aus ethischer und rechtlicher Perspektive noch nicht automatisch der Status einer vollwertigen Person zugeschrieben werden. Somit zeigt sich: Der Embryo ist zwar biologisch menschlich und wird von vielen bereits als Mensch anerkannt, aber das alleinige Menschsein begründet nicht in vollem Umfang Menschenrechte, wenn die normativen ethischen Voraussetzungen noch nicht erfüllt sind. Persönlich mag ich dieses Argument nicht, es fühlt sich so an, als würden wir die Kategorie eines Untermenschen einführen.

3. Das Potenzialitätsargument

Ein häufiger Ansatz im Embryonenschutz ist das Potenzialitätsargument. Befürworter behaupten: "Aus dem Embryo wird ein Mensch, also muss er wie ein Mensch behandelt werden." Dieses Argument appelliert an das im Embryo innewohnende Potenzial, sich zu einem voll entwickelten Menschen heranzubilden, und wird von vielen Pro-Life-Vertretern als Grundlage für einen absoluten Schutz herangezogen.

Einwände gegen das Potenzialitätsargument:

Biologie versus Ethik

Zwar besagt das Potenzialitätsargument, dass das in der embryonalen Entwicklung innewohnende Potenzial den Embryo schützenswert macht. Allerdings reicht das bloße Vorhandensein dieses Potenzials nicht aus, um ihm im frühen Stadium bereits volle Menschenrechte zuzuerkennen. Ein Samenkorn, das das Potenzial hat, zu einem Baum zu werden, wird nicht ab dem ersten Moment als Baum geschützt. Rechte sollten sich an den tatsächlich vorhandenen, ethisch relevanten Eigenschaften orientieren – nicht allein am Potenzial. Allerdings scheint die Analogie nicht ganz zu stimmen. Samen und Baum sind eher mit Embryo und Erwachsenen vergleichbar als mit "Mensch vs. Mensch". Auch wenn der Baum zur Kiefer gehört, ist der Samen trotzdem kein Unterkiefer.

Logische Inkonsistenz

Wenn allein das Potenzial ausschlaggebend wäre, müssten auch Empfängnisverhütung und unbefruchtete Keimzellen als schützenswert gelten – was in der Praxis nicht der Fall ist. – Weder Eizelle noch Sperma haben allein Potenzial.

Praktische Absurdität

Würde man das Potenzial als einziges Kriterium nehmen, ergäbe dies, dass in Notfallsituationen, in denen das Leben der Mutter gefährdet ist, der Fötus uneingeschränkt geschützt werden müsste – auch wenn dies zu gravierenden Konsequenzen für die Frau führt. – Die Mutter hat wohl dasselbe Recht, ihr Leben zu schützen.

Und dann gibt es Einwände gegen die Einwände der Einwände.

4. Das Menschseins-Argument

Ein anderes Argument lautet: "Um Menschenrechte zu haben, reicht es aus, menschlich zu sein." Wenn also 55 % der Bevölkerung und 55 % der Wissenschaft Konsens zum Menschsein geben, dann gilt der Embryo als Mensch. Diese Position stellt das bloße Menschsein in den Vordergrund – unabhängig vom Potenzial oder ob das Individuum bereits alle Eigenschaften einer vollwertigen Person besitzt.

Das "Deutsches Institut für Menschenrechte"[582] beantwortet die Frage "Sind die Menschenrechte universell gültig?" mit "Menschenrechte gelten überall auf der Welt und für **jeden Menschen**. Ihre Universalität wird durch die Vielfalt der Menschen und Kulturen nicht infrage gestellt. ..." weiterhin auf die Frage "Was hat Inklusion mit den Menschenrechten zu tun?" mit "Inklusion bedeutet, dass **jeder Mensch dazugehört**, **egal** wie er aussieht, **was er kann** oder **wie alt** oder reich **er ist**. Jeder soll sein Leben selbstbestimmt gestalten können, **niemand** soll

---

[582] https://tinyurl.com/44v3x79v

benachteiligt, ausgegrenzt oder diskriminiert werden – das ist Inklusion und das ist auch ein Kerngedanke der Menschenrechte. Damit das möglich ist, müssen Barrieren abgebaut und individuelle Unterstützung gewährt werden. Wenn alle dabei sein können, ist es normal, verschieden zu sein."

Wie die Antworten zeigen ist an Menschenrechte nur eine Bedingung geknüpft und das ist Menschsein und dann gelten sie für alle Menschen, mehrmals wird darauf hingewiesen, dass es keine Exkludierung gibt und es auch nicht an Eigenschaften bzw. Können oder Alter geknüpft ist.

Aber gibt es keine Möglichkeit, sie auszuhebeln? Hier wiederum antwortet das "Deutsches Institut für Menschenrechte" auf die Frage "Darf der Staat die Menschenrechte beliebig einschränken?", mit "Nein. Eingriffe in die Menschenrechte sind nur unter bestimmten Voraussetzungen erlaubt: Sie müssen auf einem Gesetz beruhen und durch ein öffentliches Interesse oder den Schutz der Grundrechte von Dritten gerechtfertigt sein. Außerdem muss die Einschränkung "verhältnismäßig" sein. ..." – Also geht es doch? – Rechtlich vielleicht, moralisch verweise ich hier abermals auf Norbert Hoerster.

Er weist darauf hin, dass die Verfassung jedem Menschen ein unveräußerliches Recht auf Leben zuschreibt. Wird dieser Status dem Embryo zugestanden, so folgt daraus, dass jede Abtreibung grundsätzlich verboten sein müsste – abgesehen von Fällen, in denen sie der Rettung des Lebens oder dem Schutz vor gravierenden Gesundheitsschäden der Schwangeren dient. Hoerster zieht dabei auch einen Vergleich: Wenn bereits das Lebensrecht für ein geborenes Kind gilt, stellt sich die Frage, ob es dann vertretbar wäre, ein solches Kind zu töten, etwa aufgrund von persönlichen oder sozialen Belastungen. Und dies beantwortet er mit: "Nein, wer behauptet, unsere derzeit geltende Freigabe der Frühabtreibung sei mit dem Menschsein des Embryos und seinem daraus folgenden Lebensrecht vereinbar, täuscht sich und andere."[583] Daher verweist er auch später auf, dass der Embryo im

---

[583] https://www.bpb.de/themen/umwelt/bioethik/33779/wann-beginnt-das-recht-auf-leben/

Frühstadium seiner Existenz noch nicht als "Mensch im Vollsinn" betrachtet werden muss.

Hinzu kommt, dass der Artikel, der den Konsens zum Menschsein belegt, so alt ist, dass er schon im SPIEGEL-Archiv liegt. Zudem ist die Humangenetik nur eine von vielen Fachgruppen, und die angesagten 55 % repräsentieren lediglich eine knappe Mehrheit – immerhin wurden nur 428 Personen befragt, was keineswegs repräsentativ für Deutschland oder gar die Welt ist. Vielleicht hat sich der Konsens bereits wieder gewandelt. Dass dieser sich wandelnde Konsens sich auf die Bewertung der Frage auswirkt, erklärt auch, warum diese Diskussion sich nicht ausschließlich um das Menschsein dreht und sich stattdessen auf Frauenrechte fokussiert. Aber sollten wir wirklich eine grundlegende biologische und philosophische Frage des Menschsein der politischen Debatte über Frauenrechte versus religiöse Dogmen unterordnen? Damit soll nicht der Wert der Frauenrechte infrage gestellt werden, sondern vielmehr, ob die Wissenschaft sich nicht verpflichtet sehen sollte, der unvoreingenommenen Suche nach Wahrheit zu folgen.

5. Die Rolle der Männer – Ein vernachlässigter Faktor

Die Abtreibungsdebatte wird überwiegend als Frauenthema geführt, wobei die Mitverantwortung und Interessen der Männer häufig im Hintergrund bleiben. Männer sind als Partner, Väter und Erzeuger unmittelbar in den Prozess involviert, erhalten jedoch meist kein direktes Mitspracherecht. Dieser Widerspruch – Mitverantwortung ohne entsprechende Entscheidungsbefugnis – führt dazu, dass die männliche Perspektive oft vernachlässigt wird. Dabei geht es nicht primär darum, den Diskurs zu einem reinen "Männer-Thema" umzufunktionieren, sondern darum, anzuerkennen, dass das Lebensrecht des Embryos als solches unabhängig von den elterlichen Interessen bewertet werden muss.

6. Zukunftsszenario: Künstliche Gebärmütter

Technologische Fortschritte in der Ektogenese – also der Entwicklung von Embryonen in künstlichen Gebärmüttern – könnten theoretisch einen Kompromiss zwischen dem Selbstbestimmungsrecht der Frau und dem Schutz des Lebens darstellen. Der Embryo könnte aus dem Mutterleib verlagert werden, um unter kontrollierten Bedingungen weiter zu gedeihen, ohne die körperliche Autonomie der Frau einzuschränken. Doch auch diese Option wirft neue ethische und praktische Fragen auf: Wer trägt die Verantwortung für einen in eine künstliche Gebärmutter verpflanzten Embryo? Dürfen Staaten Frauen zur Nutzung dieser Technologie verpflichten oder ihnen diese Option verweigern? Und wie wird über das weitere Schicksal des Embryos entschieden, insbesondere wenn finanzielle, rechtliche und moralische Interessen in Konflikt geraten? Historische Erfahrungen mit restriktiven Reproduktionsgesetzen mahnen, z.B. Rumänien 1966 mit dem Dekret 770, vor der Gefahr der Vernachlässigung. Es sei noch erwähnt, dass sich diese Technologie noch in den Kinderschuhen befindet und wohl auch nicht in den kommenden Jahren auf den Markt kommt.

7. Fazit: Warum die Debatte keine Sieger kennt

Die Diskussion um Abtreibung bleibt eine Tragödie ohne klare Sieger. Es steht außer Frage, dass ein Embryo aus biologischer Sicht ein menschliches Wesen ist – und der gesellschaftliche Konsens deutet darauf hin, dass viele bereits früh im Entwicklungsprozess das Menschsein anerkennen. Doch daraus folgt nicht automatisch, dass er im ethischen und rechtlichen Sinne als vollwertige Person mit umfassenden Menschenrechten betrachtet werden muss – zumindest nach Norbert Hoerster und anderen. Die Abtreibungsdebatte zwingt uns, kontinuierlich zwischen biologischen Fakten, normativen ethischen Überlegungen und gesellschaftlichen Konsenslinien zu verhandeln. Wer Abtreibung erlaubt, muss erklären, warum Embryonen keine Menschenrechte besitzen; wer sie verbietet, muss darlegen, warum einem sich entwickelnden menschlichen Wesen – dessen volle Rechte vielleicht erst mit

bestimmten ethisch relevanten Eigenschaften begründet werden können
– Vorrang vor den Rechten einer bereits geborenen Person eingeräumt
wird.

Letztlich zeigt die Debatte, dass das Wesen des Menschseins weit
mehrdimensional ist, als es rein biologische Kriterien ausdrücken können.
Es gibt keine einfachen Antworten, sondern nur einen fortwährenden
Diskurs, der uns dazu auffordert, die Balance zwischen individuellen
Rechten, gesellschaftlichen Normen und ethischen Grundsätzen immer
wieder neu zu verhandeln.

XX. Nach uns die Sintflut

Die Geburtenrate ist mehr als eine demografische Kennzahl: Sie steht
im Zentrum eines ethischen Spannungsfelds, das individuelle
Lebensentwürfe gegen kollektive Zukunftsszenarien stellt. Weltweit
sinken die Geburtenzahlen – in einigen Ländern weit unter die
Reproduktionsschwelle von 2,1 Kindern pro Frau. Während dies für
manche ein Zeichen von Fortschritt ist (Emanzipation von biologischen
"Zwängen", Selbstbestimmung), wirft es fundamentale Fragen auf:
Dürfen wir als Generation entscheiden, ob die menschliche Existenzlinie
fortgesetzt wird? Und falls ja, welche moralischen Pflichten leiten sich
daraus ab?

Die Debatte ist geprägt von Paradoxien. Einerseits betonen liberale
Gesellschaften das Recht auf reproduktive Autonomie – niemand soll
gezwungen werden, Kinder zu bekommen. Andererseits zeigt die
kollektive Realität, dass ein dauerhafter Geburtenrückgang Systeme
destabilisiert, die auf generationenübergreifender Solidarität beruhen:
Renten, Gesundheitswesen, sogar kulturelle Kontinuität. Hier prallen
zwei Denkweisen aufeinander: Individualismus, der persönliche Freiheit
über das Überleben der Gruppe stellt, und Kollektivismus, der die
Gesellschaft als schützenswertes Ganzes begreift.

Doch wie lässt sich eine niedrige Geburtenrate überhaupt moralisch kritisieren, ohne in autoritäre Muster zu verfallen? Ein Ansatzpunkt ist das "Recht auf Existenz" künftiger Generationen – doch hier stößt man schnell an Grenzen. Nichtexistierende können keine Träger von Rechten sein, da Rechte an Subjekte gebunden sind. Gleichzeitig sind wir Teil eines Lebenskreislaufs, der über Jahrtausende von Generationen weitergegeben wurde. Die Entscheidung, diesen Kreislauf zu unterbrechen, wirft existenzielle Fragen auf: Sind wir "Hüter" der menschlichen Kontinuität, oder ist diese Idee ein Relikt vergangener Denkmuster?

Aus Sicht der kritischen Theorie offenbart sich hier ein Machtgefälle: Die Lebenden verfügen über die Deutungshoheit, über Ressourcen und die Möglichkeit, die Existenz zukünftiger Menschen zu ermöglichen – oder zu verwehren. Individualismus erscheint in diesem Licht nicht als neutrale Freiheit, sondern als Privileg der Gegenwart, das potenzielles Leben der Zukunft ausschließt. Doch selbst diese Analyse führt nicht zwangsläufig zu einer Pflicht, Kinder zu zeugen. Sie zeigt lediglich, dass die Debatte nie rein privat, sondern immer auch politisch ist.

Letztlich bleibt die Geburtenraten-Debatte eine Gratwanderung. Weder lässt sich eine kollektive Fortpflanzungspflicht ohne Zwang durchsetzen, noch kann man die Folgen schrumpfender Gesellschaften ignorieren. Vielleicht liegt die Antwort weder in moralischen Appellen noch in staatlicher Bevormundung, sondern in einer strukturellen Ermöglichung von Entscheidungsfreiheit: Familienfreundliche Politik, gerechte Verteilung von Care-Arbeit und die Anerkennung, dass Kinder keine Privatsache sind, sondern ein kollektives Projekt – eines, das Raum für Zweifel, Ambivalenz und Freiheit lässt.

1. Korrelation vs. Kausalität

Eine Grundregel der Statistik ist: **Korrelation ist nicht gleich Kausalität**.

- **Korrelation**: Zwei Phänomene treten gemeinsam auf (z. B. Feminismus und Geburtenrückgang).
- **Kausalität**: Ein Phänomen verursacht direkt das andere (z. B. Feminismus *führt zu* Geburtenrückgang).
- Eine Korrelation kann auch eine Kausalität sein, wenn der kausale Zusammenhang (Ursache → Wirkung) noch nicht klar ist oder noch nicht entdeckt wurde.
- Je häufiger eine Korrelation in einem gewissen Kontext auftritt, desto wahrscheinlicher ist eine Kausalität.

2. Faktoren, die die Geburtenrate senken können

Urbanisierung

In städtischen Gebieten sind die Lebenshaltungskosten oft höher, der Wohnraum begrenzt und die Vereinbarkeit von Familie und Beruf schwieriger. Diese Rahmenbedingungen führen dazu, dass Paare tendenziell weniger Kinder bekommen.

Wirtschaftliche Belastungen

Hohe Mieten, steigende Preise und unsichere Arbeitsmärkte zwingen viele junge Menschen dazu, ihre Familienplanung aufzuschieben oder zu verkleinern, um finanzielle Stabilität zu wahren.

Höherer Bildungsstand und Karrierefokus

Frauen mit höherer Bildung und Karrierezielen entscheiden sich häufig später für eine Familiengründung. Längere Ausbildungszeiten und berufliche Ambitionen verringern oft die Anzahl der Kinder, die man bekommen kann.

Zugang zu Verhütungsmitteln und reproduktiven Rechten

Ein verbesserter Zugang zu Verhütungsmitteln und reproduktiven Gesundheitsdiensten ermöglicht eine effektivere Familienplanung, was zu einem bewussteren Umgang mit der Kinderzahl führt.

Spätere Heirat und Partnerschaftsgründung

In modernen Gesellschaften gründen Menschen ihre Familien tendenziell später, was das reproduktive Zeitfenster verkürzt und somit die durchschnittliche Kinderzahl senkt.

Individualismus und veränderte Lebensziele

Der Trend zu mehr Selbstverwirklichung und persönlicher Freiheit führt dazu, dass Kinder als weniger zwingend notwendig angesehen werden. Der Wunsch, sich selbst zu verwirklichen, konkurriert häufig mit der traditionellen Familiengründung.

Säkularisierung

Mit dem Rückgang religiöser Bindungen verliert auch der gesellschaftliche Druck, große Familien zu gründen. Säkularisierte Gesellschaften neigen dazu, weniger Kinder zu bekommen, da religiöse Normen und Traditionen an Einfluss verlieren.

3. Geburtenraten im Westen[584]

Hier die Geburtenraten (Kinder pro Frau) in westlichen Ländern:

- **Deutschland**: 1,46
- **Italien**: 1,22
- **Spanien**: 1,12
- **Griechenland**: 1,43

---

[584] https://data.worldbank.org/indicator/SP.DYN.TERT.IN

- **Portugal**: 1,43
- **Frankreich**: 1,79 (höchste in der EU)[585]
- **Schweden**: 1,52[586]
- **Norwegen**: 1,41
- **USA**: 1,66
- **Kanada**: 1,33
- **Großbritannien**: 1,57
- **Irland**: 1,70
- **Schweiz** 1,39

Top 5 Länder mit den höchsten Geburtenraten:

- **Niger**: 6,75
- **Tschad**: 6,22
- **Somalia**: 6,20
- **Mali**: 5,87
- **Afghanistan**: 4,52

Kein westliches Land erreicht die **Bestandserhaltungsgrenze von 2,1**. Die Welt liegt bei 2,2, fallend.

Überbevölkerung könnte zwar ebenfalls ein Problem sein, doch der Trend zeigt in die entgegengesetzte Richtung.

4. Feminismus und Geburtenrate

Auch wenn es schwierig ist, eine direkte Kausalität zwischen Feminismus und dem Geburtenrückgang herzustellen, lässt sich kaum leugnen, dass bestimmte feministische Narrative möglicherweise nicht förderlich für eine gesunde Geburtenrate sind.

---

[585] https://data.worldbank.org/indicator/SP.DYN.TFRT.IN?locations=FR
[586] https://tinyurl.com/5n6rrxth

- Fehlende und fehlerhafte feministische Aufklärung zu dem Thema.
- Auch faktenbasierte und wiederholt kommunizierte feministische Aufklärung kann ungewollt Ängste vor Männern verstärken. 155 Tötungsdelikte durch Partnerschaftsgewalt an Frauen – im Vergleich zu 1 328 tödlichen Autounfällen,[587] an denen Frauen beteiligt waren. Dennoch ist die Angst vor Autofahren unter Frauen kaum verbreitet, während männerbezogene Bedrohungsszenarien stärker präsent erscheinen. Allerdings ist ein Mord auch nicht mit einem Unfall gleichzusetzen, emotional oder in seiner gesellschaftlichen Bedeutung.
- Feminismus-Diskurse, die Beziehungserfolge als *"Bare Minimum"* framen: Selbst glückliche Ehefrauen werden nicht als Beweis für gelungene Partnerschaften, sondern als Opfer internalisierter Erwartungen gedeutet.
- Die Abschaffung des Einkommensteuersplittings diskriminiert die traditionelle Familie
- Eine feministische Rhetorik, die Kinderlosigkeit als "Befreiung" romantisiert, ohne die Konsequenzen für Rentensysteme oder die Gesellschaft zu benennen

Hier verweise ich noch einmal auf das Kapitel "Single-Frauen". Wer Beiträge des Feminismus zu diesem Thema kennt, war wahrscheinlich überrascht, denn Feminismus betont meist nur die positiven Auswirkungen für Single-Frauen. Auch die Prognose, dass 2030 etwa 45 % aller Frauen von 25 bis 44 kinderlose Singles sein werden, wird von manchen gefeiert.[588] [589]

- Vor allem auf Social Media hat dieser Trend einen hohen Einfluss, und die Geschlechter driften immer weiter auseinander.
- Hassrhetorik auf beiden Seiten

---

[587] https://tinyurl.com/33bt4fj3
[588] https://www.instagram.com/p/DGdDp19zl26/
[589] https://www.morganstanley.com/ideas/womens-impact-on-the-economy

- Beziehungsunfähigkeit auf beiden Seiten: Trend – Frauen haben höhere Ansprüche,[590] Männer ziehen sich zurück – das führt zu mehr Singles

5. Rente und Generationenvertrag

Der Generationenvertrag basiert auf einer einfachen Prämisse: Die Jungen finanzieren die Alten. Doch wenn die Jungen fehlen, bricht das System zusammen.

"Derzeit stehen einem Altersrentner 1,8 Beitragszahler gegenüber. Anfang der 1960er Jahre war das Verhältnis noch solider: hier kamen auf einen Altersrentner sechs aktiv versicherte Erwerbspersonen. ... Prognosen des IW Köln zufolge kommen im Jahr 2030 auf einen Rentner noch 1,5 Beitragszahler. Im Jahr 2050 könnten es sogar nur noch 1,3 Beitragszahler sein."[591]

Die Entscheidung, keine Kinder zu bekommen, ist individuell legitim – kollektiv aber ein **Akt der Entsolidarisierung**. Wer von Infrastruktur, Renten und Gesundheitssystem profitiert, die andere durch ihre Kinder finanzieren, na ja ich weiß nicht, wie ich es nett, aber richtig ausdrücken könnte. Den heutigen Zustand verdanken wir Entscheidungen, die vor 20 bis 60 Jahren getroffen wurden. Die Entscheidungen, die wir heute treffen, dürfen die Leute in 20 bis 60 Jahren ausbaden.

6. Gefahren dieser Entwicklung

Die sinkenden Geburtenraten im Westen sind keine abstrakte Prognose – sie sind bereits Realität. Die Folgen treffen nicht nur Rentensysteme, sondern die Gesellschaft als Ganzes.

---

[590] https://www.instagram.com/p/DI_oIiFsZp3/
[591] https://tinyurl.com/3smmz27w

6.1 Wohlstandsverlust und Inflation

Eine schrumpfende junge Generation bedeutet weniger Arbeitskräfte, die Steuern zahlen, Innovationen fördern und Konsum ankurbeln. Die Konsequenzen:

- **Arbeitskräftemangel**: Bis 2030 fehlen in Deutschland laut Institut der deutschen Wirtschaft (IW) 5 Millionen Fachkräfte.[592]
- **Lohn-Preis-Spirale**
- Auch das Angebot-Nachfrage-Verhältnis entwickelt sich zugunsten der Inflation.
- Stagnation: Ohne junge Konsumenten und Gründer sinkt die Wirtschaftsdynamik.

Beispiel Japan: Seit Jahrzehnten kämpft das Land mit Wachstumsstillstand und Wohlstandesminderung – direkt korreliert mit seiner Überalterung . (Geburtenrate: 1,26[593]. Inflation trifft jetzt nicht zu, aber das hat andere Gründe, wie dass die Alten aus Angst vor Altersarmut stark sparen und so Geld aus dem Wirtschaftskreislauf verschwindet.)[594]

6.2 Altersarmut

Wenn immer weniger Junge für immer mehr Alte zahlen, wird Altersarmut zum Massenphänomen.

Laut Deutscher Rentenversicherung liegt das Rentenniveau heute bei 48 %, bis 2040 sinkt es auf 43 %. Bei steigenden Lebenshaltungskosten bedeutet das: Rentner landen trotz jahrzehntelanger Arbeit bei der Grundsicherung.

---

[592] https://tinyurl.com/bdh7fa54
[593] https://tinyurl.com/3z3hkn6n
[594] https://www.fr.de/wirtschaft/japan-macht-die-geburtenrate-zur-chefsache-92324022.html

Der Feminismus thematisiert Altersarmut zwar, jedoch meist als reines Frauenproblem, bekannt als "Gender Pension Gap". Dabei trifft die Krise alle, doch Lösungen bleiben aus. Der Fokus liegt oft auf Umverteilung ("mehr vom Kuchen für Frauen"), statt auf einer Vergrößerung des Kuchens durch mehr Beitragszahler und somit mehr Kinder.

6.3 Politische Extreme

Wirtschaftliche Abstiegsängste bilden den Nährboden für Populismus und Extremismus.

Historische Beispiele:

- Die Weimarer Republik kollabierte unter Hyperinflation und Massenarbeitslosigkeit – und ebnete den Weg für den Nationalsozialismus.
- Brexit: Viele Wähler entschieden sich aus Frust über stagnierende Löhne und überlastete Sozialsysteme für den EU-Austritt
- Trump könnte auch als Beispiel herhalten. Ich weiß nicht, wie weit ihre Ausführungen stimmen (siehe Quelle[595]), aber das ist die Idee, was eine Reaktion auf die aktuelle Entwicklung sein könnte.

Heute beobachten wir ähnliche Muster: Rechtspopulistische Parteien in Europa instrumentalisieren die Angst vor Überfremdung durch Migration – ein Versuch, dem Geburtenrückgang entgegenzuwirken. Gleichzeitig wächst der Neid auf kinderreiche Familien ("Die kriegen ja auch Kindergeld!" oder heute habe ich einen Reel gesehen, der das Geschäftsmodell alleinerziehende Zweifachmutter vorgestellt hat).

---

[595] https://www.instagram.com/p/DIzlCPkMiek/

6.4 Der Ruf nach Verantwortung

Die Debatte um Rentenkürzungen für Kinderlose ist nur der Anfang. Schon heute gibt es Forderungen wie:

- "Kinderlosensteuer": Eine jährliche Abgabe für Menschen ohne Kinder, um die Rentenkassen zu stützen.
- Erbschaftssteuer-Bonus für Eltern, die Vermögen an ihre Kinder weitergeben.
- "Forderungen, Kinderlosen die Rente zu kürzen oder gleich ganz zu streichen, sind populär." hieß es zum Beispiel in einem Stern Artikel. Auch wenn der Artikel insgesamt dagegen argumentiert.[596]

Dahinter steckt eine fordernde Logik: Statt Anreize zu schaffen, wird bestraft. Doch Zwang führt nicht zwangsläufig zu mehr Geburten – vielleicht auch nur zu mehr Unmut. Doch je dramatischer die Lage wird, desto logischer erscheint es, Verantwortungen wieder sichtbar zu machen. Falls also ein Teil der Rentner in Armut leben muss, dann vielleicht jener, der zu dieser Entwicklung beigetragen hat.

6.5 Die Romantisierung der Kinderlosigkeit

Während der Feminismus zu Recht betont, dass Kinder keine Pflicht sind, verklärt er Kinderlosigkeit oft als ultimative Selbstverwirklichung. Hashtags wie #ChildfreeByChoice oder Bestseller wie *"No Kid - 40 Gründe, keine Kinder zu haben*" feiern die Freiheit – doch sie verschweigen die Kehrseite:

- Armut im Alter: Viele der alleinstehenden Frauen über 80 in Deutschland leben in Armut
- Soziale Isolation: Ohne Familie steigt das Risiko, im Alter vereinsamt zu sterben.

---

[596] https://tinyurl.com/29surtcr

Gleichzeitig wird ignoriert, dass viele Frauen *ungewollt* kinderlos bleiben – aus Angst vor Karriereknicks oder finanzieller Unsicherheit.

6.6 Die schlimmste Kombination

Die schlimmste Kombination scheint darin zu bestehen, dass Kollektivismus vorherrscht, während gebärfähige Frauen sich häufig in Richtung westlichen Individualismus orientieren. Dies zeigt sich in Werten wie Südkorea (0,78), Taiwan (0,9), Singapur (1,04) und Japan (1,26). In diesen Ländern haben die Männer oft sehr traditionelle Vorstellungen.

6.7 Südkoreas und Japans Maßnahmen

Südkorea kämpft mit der weltweit niedrigsten Geburtenrate und versucht nun mit finanziellen Anreizen, mehr Menschen zur Heirat und Familiengründung zu bewegen.

In der Stadt Busan gibt es ein Pilotprojekt, bei dem Singles zwischen 23 und 43 Jahren an Events teilnehmen können, um potenzielle Partner kennenzulernen. Erfolgreiche Matches erhalten zunächst 604 Dollar pro Person. Wenn das Paar sich verliebt und die Familien sich kennenlernen, gibt es weitere 1.200 Dollar. Entscheiden sie sich zu heiraten, erhalten sie 24.000 Dollar als Hochzeitsgeschenk. Zusätzlich stellt die Stadt ein Wohnungsdepot von 36.000 Dollar oder eine Mietunterstützung von 960 Dollar monatlich für fünf Jahre bereit.

Insgesamt können Paare zwischen 64.000 und 85.000 Dollar erhalten. Falls das Programm erfolgreich ist, soll es 2025 auch auf ausländische Einwohner ausgeweitet werden. Ziel ist es, die demografische Krise mit einer multikulturellen Gemeinschaft zu bekämpfen.[597] Es gibt viele solcher Programme, doch der Erfolg lässt zu wünschen übrig.

---

[597] https://tinyurl.com/4swbzrb2

Obwohl Städte wie Seoul Dating-Events mit attraktiven Anreizen wie Geldgeschenken organisieren, zeigen Daten, dass von über 4.000 Teilnehmern in den letzten drei Jahren nur 24 geheiratet haben. Viele Gemeinden haben ihre Programme bereits eingestellt, vor allem wegen eines starken Ungleichgewichts zwischen männlichen und weiblichen Teilnehmern.

In ländlichen Regionen fehlt es an Frauen, da viele junge Frauen in größere Städte abwandern, wo sie bessere Karrierechancen sehen. In einigen Fällen wurden sogar weibliche Regierungsangestellte gezwungen, an den Veranstaltungen teilzunehmen, um den Frauenmangel auszugleichen.

Zudem sind Frauen in Südkorea generell weniger an Partnerschaften interessiert als Männer: Nur 18 % der jungen Frauen halten Partnervermittlungsprogramme für notwendig, während es bei den Männern 51 % sind.[598]

Japan wiederum setzt auf eine staatliche Dating-App, um diesem Trend entgegenzuwirken. Die App soll Heiratswillige unterstützen, die bisher keine aktiven Schritte zur Partnersuche unternommen haben. Im Gegensatz zu herkömmlichen Dating-Apps erfordert die Registrierung umfangreiche Dokumente, darunter Einkommensnachweise, eine Identitätsprüfung und eine Erklärung zur Heiratsabsicht.

Neben der App fördert Japan auch familienfreundliche Maßnahmen, wie in der Stadt Akashi, wo Eltern von kostenlosen Windeln und Kita-Plätzen ab dem zweiten Kind profitieren. Diese Anreize haben dort bereits zu einem Anstieg der Geburtenrate geführt.[599]

Japans Plan 2025 zur Bewältigung der Bevölkerungskrise kombiniert finanzielle Anreize, strukturelle Reformen und eine gelockerte Einwanderungspolitik. Angesichts einer seit 15 Jahren rückläufigen Bevölkerung und einer Rekordzahl an Todesfällen – mit nur 730.000

---

[598] https://www.koreatimes.co.kr/www/nation/2025/03/113_385407.html
[599] https://tinyurl.com/3vffuhu4

Geburten im letzten Jahr – droht bis 2070 ein drastischer Rückgang von 125 auf 87 Millionen Einwohner. Um dem entgegenzuwirken, stellt die Regierung 5,3 Billionen Yen für Unterstützungsprogramme für junge Familien bereit und plant, jährlich zusätzlich 3,6 Billionen Yen für Kindergeld sowie eine verstärkte Kinderbetreuungs- und Ausbildungsförderung auszugeben.

Parallel dazu soll durch flexiblere Visabestimmungen der Zuzug ausländischer Arbeitskräfte – insbesondere in Branchen wie Altenpflege und Landwirtschaft – gefördert werden, um den inländischen Arbeitskräftemangel auszugleichen. Gleichzeitig versucht die Regierung, durch Maßnahmen wie die Einführung einer Vier-Tage-Woche und flexiblere Elternregelungen die Vereinbarkeit von Beruf und Familie zu verbessern. Dabei wird betont, dass es nur zu echten Veränderungen kommen kann, wenn auch Männer stärker in die Kindererziehung einbezogen werden.

Ein weiterer negativer Faktor ist der Rückgang der Heiratsrate, der durch traditionelle Geschlechterrollen und wirtschaftliche Unsicherheiten begünstigt wird. Insgesamt zeigt sich, dass Japans Ansatz zur Bewältigung der demografischen Krise umfassende Maßnahmen erfordert, die weit über reine finanzielle Anreize hinausgehen.[600]

7. Fazit: Individualismus vs. Überleben

Der moderne Feminismus steht vor einem Dilemma: Einerseits fordert er zu Recht Gleichberechtigung, andererseits ignoriert er die demografischen Folgen einer Gesellschaft, die Kinder als Privatsache begreift. Die Parole *"Mein Körper, meine Wahl"* ist Ausdruck von Freiheit – aber auch von Kurzsichtigkeit.

---

[600] https://tinyurl.com/3hw7n28m

Ein Teil der Antwort liegt wohl in Politik:

- Infrastruktur: Kostenlose Kitas, Ganztagsschulen und bezahlbarer Wohnraum für Familien.
- Finanzielle Anreize: Steuerbefreiungen für Eltern, Lohnzuschüsse während der Elternzeit.
- Kulturwandel: Wertschätzung für Elternschaft – nicht als "Opfer", sondern als gesellschaftliche Investition.

Schweden und Norwegen machen es vor. Doch mit begrenztem Erfolg: 2010 lagen die Geburtenraten in beiden Ländern noch bei fast 2, heute sind es nur noch 1,52 und 1,41 – ein Zeichen dafür, dass neben der Politik auch die gesellschaftliche Einstellung eine Rolle spielt. Doch es bringt hier nichts, wenn die Allgemeinheit das annimmt und junge Frauen bei ihrer Meinung verbleiben, das ergibt eher die schlimmste Kombination.

Doch es braucht wohl mehr als das:

- Selbstbestimmung **und** Gemeinwohl vereint,
- Elternschaft durch Infrastruktur und finanzielle Anreize attraktiv macht,
- Jungs, wahrscheinlich müsst ihr mehr Care-Arbeit übernehmen, sonst wird das nichts,
- Feminismus – vllt weniger negative Narrative

Eine Gesellschaft, in der jeder zuerst nur an sich selbst denkt, hat keine Zukunft – sie steuert unweigerlich auf ihren eigenen Kollaps zu.

XXI. Die Zukunft der Geschlechterdebatte

Ja, was soll ich sagen? Am Anfang hielt ich dieses Kapitel für eine gute Idee, aber damals dachte ich, 100 Seiten für das Buch würden reichen. Mittlerweile merke ich aber, dass ein ernsthafter Versuch, die

Zukunft vorauszusagen, Glaskugel-Leserei gleicht. Deshalb skizziere ich lieber nur ein paar zentrale Punkte, die man vielleicht verbessern könnte.

Als Erstes müsste man die in unserer Gesellschaft verankerte Misandrie so weit abbauen, dass sie überhaupt als gesellschaftliches Problem wahrgenommen wird. Nur dann können wir an einer Gleichstellung im Sinne von Empathie arbeiten und das Leben sowie die Probleme von Männern als gleichwertig erkennen. Erst ab hier kann man überhaupt diese Debatte auf Augenhöhe führen.

Es braucht einen umfangreichen Index der Benachteiligungen der Geschlechter versucht möglichst fair und objektiv zu erfassen. Rechnet den bereinigten Gender-Pay-Gap zu Ende, selbst eine Näherungsrechnung ist besser als das, was wir jetzt haben. Die Statistik für Zeit könnte alle 24h erheben und hinsichtlich der Geschlechteransicht in mehr Gruppen angezeigt werden, Singles, Pärchen, Verheiratet, Verheiratet mit Kind, Singles mit Kind. Wenn man die Entwicklungen zwischen diesen Gruppen nicht kennt, kann man viele Aussagen, die man hier zur Carearbeit macht, so eigentlich gar nicht machen. Es braucht mehr offizielle Dunkelfeldstudien, die man kommuniziert. Einmal im Jahr, die strafrechtlich relevant sind, ist ganz nett, aber es wäre auch cool, wenn wir den Leuten regelmäßig die Lebensrealität mal zeigen.

Neutrale Instanz, die Förderungen und Quoten überprüft. Besteht hier Bedarf oder eine Benachteiligung? Wie ist der Erfolg der Maßnahme? Und am Ende wird die Bevölkerung transparent informiert. Für Gewaltprävention und Hilfsprogramme könnte man etwas Ähnliches machen. Männer müssten mehr aktiv in ihren eigenen Soft Power Strukturen werden.

Sexistische Narrative sollten als solche betitelt werden, wenn sie es nach der traditionellen Theorie auch sind und objektive Daten/Thesen/Studien das untermauern. Wie gesagt, in der traditionellen Theorie kann man alles mit besseren Daten/Thesen/Studien/Argumenten falsifizieren. In der kritischen Theorie kann man nur glauben und hoffen. Dasselbe gilt im Kontext von normalen Diskriminierungen, wie Generalisierungen und Dämonisierungen.

Gleichberechtigte Forschung: Auf 2,25 Studien über Frauen kommt eine für Männer.[601]

Nachwort

Ja, was soll ich noch sagen. Wenn Ihr bei manchen Themen nur halb so überrascht wart wie ich, dann wart Ihr ziemlich überrascht – im positiven wie im negativen Sinn – und dass ihr manches aus diesem Buch für eure eigene Perspektive mitnehmen könnt.

---

[601] https://direct.mit.edu/qss/article/3/1/244/108658/Researching-women-and-men-1996-2020-Is

Quellensammlung

1. https://youtu.be/6w_96Hnz8JM?si=4aOrJAA19owxvOkt
2. https://blogs.law.columbia.edu/critique1313/files/2019/09/Horkheimer-Traditional-and-Critical-Theory-2.pdf
3. https://en.wikipedia.org/wiki/Positivism
4. https://en.wikipedia.org/wiki/Critical_theory
5. https://plato.stanford.edu/entries/critical-theory/
6. https://opentextbc.ca/introductiontosociology3rdedition/chapter/1-3-theoretical-perspectives/
7. https://en.wikipedia.org/wiki/Critical_theory
8. https://plato.stanford.edu/entries/popper/#BasiStatFalsCon
9. https://papers.ssrn.com/sol3/papers.cfm?abstract_id=3467041
10. https://public.websites.umich.edu/~eandersn/hownotreview.html
11. https://books.google.de/books?id=w2gzw6zz4fIC
12. https://plato.stanford.edu/archIves/sum2023/entries/feminism-epistemology/
13. https://direct.mit.edu/qss/article/3/1/244/108658/Researching-women-and-men-1996-2020-I s
14. https://pmc.ncbi.nlm.nih.gov/articles/PMC5751942/
15. https://pmc.ncbi.nlm.nih.gov/articles/PMC10691233/
16. https://www.cambridge.org/core/journals/behavioral-and-brain-sciences/article/abs/socialization-versus-biology-time-to-move-on/34AD05119B350119A57B9C2D8FE4B8DA
17. https://www.frontiersin.org/journals/psychology/articles/10.3389/fpsyg.2020.00609/full
18. https://www.bundesregierung.de/breg-de/schwerpunkte-der-bundesregierung/75-jahre-grundgesetz/gleichberechtigung-grundgesetz-2262564
19. https://www.bpb.de/kurz-knapp/lexika/das-junge-politik-lexikon/320423/gleichberechtigung/
20. https://www.europarl.europa.eu/about-parliament/de/democracy-and-human-rights/fundamental-rights-in-the-eu/promoting-equal-opportunities
21. https://www.bmfsfj.de/bmfsfj/themen/gleichstellung
22. https://eige.europa.eu/publications-resources/thesaurus/terms/1059?language_content_entity=de
23. https://www.politische-bildung-brandenburg.de/lexikon/paritaet-parite
24. https://www.welt.de/debatte/kommentare/article188529839/Gender-Debatte-Paritaet-bedeutet-das-Gegenteil-von-Freiheit.html
25. https://de.wikipedia.org/wiki/Sexismus
26. https://youtu.be/ayxgHMu3bwU?si=lPq5KXHjT3273Rj4
27. https://www.bpb.de/themen/gender-diversitaet/frauen-in-deutschland/49418/frauenanteil-im-deutschen-bundestag/
28. https://de.statista.com/statistik/daten/studie/1558420/umfrage/sitzverteilung-im-deutschen-bundestag/
29. https://www.bpb.de/themen/parteien/parteien-in-deutschland/zahlen-und-fakten/140358/die-soziale-zusammensetzung-der-parteimitgliederschaften/
30. https://www.statista.com/statistics/955972/women-share-political-party-members-germany/
31. https://www.bundestag.de/dokumente/textarchiv/2025/kw09-wahlergebnis-statistik-1055550
32. https://de.wikipedia.org/wiki/Liste_fraktionsloser_Mitglieder_des_Deutschen_Bundestags

33. https://www.bundesstiftung-gleichstellung.de/wissen/themenfelder/repraesentanz-und-teilhabe-von-frauen-in-der-politik-2/
34. https://en.wikipedia.org/wiki/Motherhood_penalty
35. https://www.cdu-deutschlands.de/mitglied-werden
36. https://www.spd.de/unterstuetzen/mitglied-werden
37. https://www.gruene.de/mitglied-werden
38. https://en.wikipedia.org/wiki/Gender-equality_paradox
39. https://ifstudies.org/blog/of-boys-and-toys
40. https://pmc.ncbi.nlm.nih.gov/articles/PMC7002030/
41. https://www.hessenschau.de/wirtschaft/frauen-nur-halb-so-oft-in-fuehrungspositionen-wie-maenner-v1,frauen-in-fuehrungspositionen-102.html
42. https://www.nationalgeographic.de/wissenschaft/2022/07/warum-maenner-frueher-sterben-studie-liefert-erste-eindeutige-beweise
43. https://www.welt.de/partnerschaft/article10874913/Maenner-haeufiger-Opfer-von-Gewalt-als-Frauen.html
44. https://www.maennergewaltschutz.de/maennerschutz-und-beratung/bedarf/
45. https://www.bundestag.de/dokumente/textarchiv/2025/kw05-de-sexuelle-gewalt-1042042
46. https://www.deutschlandfunk.de/gewalthilfegesetz-100.html
47. https://www.bundestag.de/mediathek?videoid=7629270#url=L21lZGlhdGhla292ZXJsYXk/dmlkZW9pZD03NjI5Mjcw&mod=mediathek
48. https://www.deutschlandfunk.de/gewalthilfegesetz-100.html
49. https://www.instagram.com/reel/DHA8KrnsQ9O/
50. https://manndat.de/jungen/antidiskriminierungsstelle-fuer-jungen-nicht-zustaendig.html
51. https://jungenleseliste.de/stand-der-jungenleseforderung-in-den-bundeslandern/
52. https://britishbusinessexcellenceawards.co.uk/from-the-awards/new-research-shows-uks-gender-pay-gap-reverses-as-young-women-now-out-earn-men
53. https://manndat.de/geschlechterpolitik/gleichstellungsbeauftragte-verhindern-gleichstellung-teil-1.html
54. https://manndat.de/geschlechterpolitik/gleichstellungsbeauftragte-verhindern-gleichstellung-teil-2.html
55. https://manndat.de/geschlechterpolitik/gleichstellungsbeauftragte-verhindern-gleichstellung-teil-3-der-experte.html
56. https://manndat.de/jungen/antidiskriminierungsstelle-fuer-jungen-nicht-zustaendig.html
57. https://www.researchgate.net/figure/Abbildung-33-Jugendarbeitslosigkeit-15-bis-24-Jahre-in-Deutschland-nach-Geschlecht_fig1_346005254
58. https://www.instagram.com/p/DH_K_MsKUu8/
59. https://journals.plos.org/plosone/article?id=10.1371/journal.pone.0205349
60. https://de.wikipedia.org/wiki/Index_der_geschlechtsspezifischen_Entwicklung
61. https://de.wikipedia.org/wiki/Index_der_geschlechtsspezifischen_Ungleichheit
62. https://de.wikipedia.org/wiki/Global_Gender_Gap_Report
63. https://eige.europa.eu/gender-equality-index/2024/DE
64. https://www.oecd.org/content/dam/oecd/en/publications/reports/2024/09/education-at-a-glance-2024-country-notes_532eb29d/germany_937cfefb/7060bda5-en.pdf

65. https://en.wikipedia.org/wiki/Selectorate_theory
66. https://academic.oup.com/isq/article-abstract/45/1/27/1792550

67. https://bristoluniversitypressdigital.com/edcollchap/book/9781529239492/ch005.xml
68. https://wac.colostate.edu/docs/books/positionality/chapter6.pdf
69. https://academic.oup.com/isq/article-abstract/45/1/27/1792550
70. https://cawp.rutgers.edu/news-media/press-releases/rethinking-womens-political-power
71. https://www.wilsoncenter.org/sites/default/files/media/documents/publication/womens_political_networks_complete_guide.pdf
72. https://academic.oup.com/sp/advance-article/doi/10.1093/sp/jxae019/7900929
73. https://mediarep.org/server/api/core/bitstreams/d1b53c1b-3f8d-4ecd-82a7-44543371b446/content
74. https://www.kas.de/en/single-title/-/content/frauen-maenner-und-kaum-unterschiede
75. https://bristoluniversitypressdigital.com/edcollchap/book/9781529239492/ch005.xml
76. https://academic.oup.com/isq/article-abstract/45/1/27/1792550
77. https://wac.colostate.edu/docs/books/positionality/chapter6.pdf
78. https://www.researchgate.net/publication/284545645_Power_and_social_influence_in_relationships
79. https://www.britishcouncil.org/research-insight/engendering-soft-power-women-representation
80. https://www.eui.eu/Documents/MWP/ProgramActivities/2017-2018/master-classes/Ridgeway-Gender-status-leadership.pdf
81. https://www.researchgate.net/publication/284545645_Power_and_social_influence_in_relationships
82. https://pmc.ncbi.nlm.nih.gov/articles/PMC5680601/
83. https://neurosciencenews.com/power-dynamics-happiness-relationships-18829/
84. https://journals.sagepub.com/doi/10.1177/08912432241230555
85. https://en.wikipedia.org/wiki/Expectation_states_theory
86. https://www.verywellmind.com/understanding-gender-roles-and-their-effect-on-our-relationships-7499408
87. https://nielseniq.com/global/en/insights/analysis/2024/shaping-success-a-deep-dive-into-womens-impact-on-the-cpg-landscape/
88. https://girlpowermarketing.com/statistics-purchasing-power-women/
89. https://www.pewresearch.org/social-trends/2008/09/25/women-call-the-shots-at-home-public-mixed-on-gender-roles-in-jobs/
90. https://www.bundesregierung.de/breg-de/schwerpunkte-der-bundesregierung/75-jahre-grundgesetz/artikel-3-gg-2267592
91. https://www.bmfsfj.de/resource/blob/94418/d666740ce14dd9af4f5cfd0a4882692f/neue-wege-fuer-jungs-broschuere-data.pdf   Kapitel 5.1
92. https://frauensicht.ch/gesellschaft/geschlechterrollen/diskriminierung-billige-ausreden-von-maennern/
93. https://www.instagram.com/p/DI-6fiyuIIs/
94. https://www.spiegel.de/kultur/gesellschaft/warum-es-keinen-sexismus-gegen-maenner-oder-rassismus-gegen-weisse-gibt-a-1236954.html
95. https://www.derstandard.at/story/3000000243900/werden-mittlerweile-maenner-staerker-diskriminiert-als-frauen
96. https://mads.de/feminismus-als-problem-wieso-sich-maenner-benachteiligt-fuehlen/

97. https://www.spiegel.de/kultur/gesellschaft/warum-es-keinen-sexismus-gegen-maenner-oder-rassismus-gegen-weisse-gibt-a-1236954.html

98. https://www.brigitte.de/aktuell/gesellschaft/studie--45-prozent-der-maenner-fuehlen-sich-vom-feminismus-diskriminiert-13789116.html

99. https://www.20min.ch/story/jeder-zweite-mann-fuehlt-sich-diskriminiert-358528104146

100. https://www.ipsos.com/de-at/millennials-and-gen-z-less-favour-gender-equality-older-generations

101. https://www.amazon.com/WAR-AGAINST-BOYS-Misguided-Feminism/dp/0684849577

102. https://medium.com/@alexandermoreaudelyon/erin-pizzey-the-story-of-the-feminist-who-was-threatened-for-acknowledging-male-victims-a5a810964857

103. https://en.wikipedia.org/wiki/Erin_Pizzey

104. https://search.worldcat.org/de/title/829180547

105. https://www.nationalgeographic.de/geschichte-und-kultur/2023/07/frauen-jagd-geschlechter-mythos-jaeger-sammler

106. https://www.sciencedirect.com/science/article/abs/pii/S1090513824000497

107. https://www.vivekvenkataraman.com/blog/2023/7/5/debunking-a-debunking

108. https://science.orf.at/stories/3220047/

109. https://sportsandmedicine.com/de/2022/08/leistungsunterschiede-zwischen-mann-und-frau-im-sport/

110. https://www.nationalgeographic.de/geschichte-und-kultur/2023/07/frauen-jagd-geschlechter-mythos-jaeger-sammler

111. https://phys.org/news/2023-10-prehistoric-gender-roles-women-hunters.html

112. https://www.sueddeutsche.de/sport/ultralaeufe-frauen-maenner-vergleich-zeiten-lux.XttGSoGctvy32gKnbaydhJ?reduced=true

113. https://www.markus-bussmann.com/2013/07/ausdauerjagd.html

114. https://deutsch.wikibrief.org/wiki/Persistence_hunting

115. https://de.wikipedia.org/wiki/Hetzjagd

116. https://www.biomedcentral.com/about/press-centre/science-press-releases/24-sep-2014-

117. https://de.wikipedia.org/wiki/Hadza

118. https://www.taylorfrancis.com/books/mono/10.4324/9781351329248/ache-life-history-kim-hill-magdalena-hurtado

119. https://johnhawks.net/weblog/high-adult-mortality-in-some-contemporary-hunter-gatherers/

120. https://www.sciencedirect.com/science/article/abs/pii/S030544031200297X

121. https://www.sci.news/othersciences/anthropology/neanderthals-upper-paleolithic-humans-head-trauma-injuries-06612.html

122. https://de.wikipedia.org/wiki/J%C3%A4ger_und_Sammler

123. https://www.cambridge.org/core/books/abs/cambridge-world-history-of-violence/violence-in-palaeolithic-and-mesolithic-huntergatherer-communities/3A47960C35DF4B0246A6436FC1353E87

124. https://johnhawks.net/weblog/high-adult-mortality-in-some-contemporary-hunter-gatherers/

125. https://www.koeblergerhard.de/Fontes/CodexHammurapi_de.htm

126. https://en.wikipedia.org/wiki/Mosuo

127. https://manndat.de/jungen/bildung/was-der-bildungsbericht-verschweigt-teil-5-1-schlechtere-benotung-bei-gleichen-leistungen.html

128. https://www.instagram.com/p/DH_K_MsKUu8/

129. https://www.bpb.de/themen/bildung/dossier-bildung/315992/bildungsungleichheiten-zwischen-den-geschlechtern/

130. https://psycnet.apa.org/record/2014-15035-001

131. https://www.tandfonline.com/doi/full/10.1080/01425692.2022.2122942
132. https://www.bbc.com/news/education-31751672
133. https://srcd.onlinelibrary.wiley.com/doi/10.1111/cdev.12079
134. https://boys-up.de/jungen-im-bildungsabseits/
135. https://youtu.be/ZuAaD33vW5k?si=spUQGGIliUZ3hJ7-
136. https://pmc.ncbi.nlm.nih.gov/articles/PMC3101894/
137. https://www.bmfsfj.de/resource/blob/94418/d666740ce14dd9af4f5cfd0a4882692f/neue-wege-fuer-jungs-broschuere-data.pdf   Kapitel 5.1
138. https://op.europa.eu/webpub/eac/education-and-training-monitor/de/country-reports/germany.html
139. https://www.smartick.com/data/charted-high-school-dropout-rates-in-the-united-states/
140. https://www.pewresearch.org/short-reads/2021/11/08/whats-behind-the-growing-gap-between-men-and-women-in-college-completion/
141. https://www.pewresearch.org/social-trends/2011/08/17/iv-by-the-numbers-gender-race-and-education/
142. https://www.statista.com/statistics/184266/educational-attainment-of-high-school-diploma-or-higher-by-gender/
143. https://youtu.be/sABcWG9OHOk?si=l5Q1DeWXxfkWn2pV
144. https://youtu.be/FLlc45TDx5I?si=S9dV8cabs9Lznxbc
145. https://youtu.be/7A0ZfAoKPrA?si=4s6SiFGvZvG31EHi
146. https://www.researchgate.net/publication/323197652_The_Gender-Equality_Paradox_in_Science_Technology_Engineering_and_Mathematics_Education
147. https://www.theguardian.com/inequality/2018/feb/16/guilt-over-household-chores-is-harming-working-womens-health-housework
148. https://www.science.org/doi/10.1126/sciadv.adt1646
149. https://ifstudies.org/in-the-news/liberal-women-lonelier-more-unhappy-than-conservative-counterparts-american-family-survey
150. https://www.mlive.com/news/kalamazoo/2012/04/a_closer_look_at_the_gender_ga.html
151. https://www.rsfjournal.org/content/11/1/154
152. https://jbhe.com/2024/12/young-black-women-are-significantly-outpacing-black-men-in-educational-attainment/
153. https://www.pewresearch.org/social-trends/2021/10/05/rising-share-of-u-s-adults-are-living-without-a-spouse-or-partner/
154. https://www.uni-paderborn.de/gleichstellung/genderportal/gender-glossar/leaky-pipeline
155. https://www.destatis.de/DE/Presse/Pressemitteilungen/2024/08/PD24_315_213.html
156. https://www.destatis.de/DE/Themen/Gesellschaft-Umwelt/Bevoelkerung/Geburten/kinderlosigkeit-und-mutterschaft.html
157. https://journals.indianapolis.iu.edu/index.php/advancesinsocialwork/article/download/23220/23016
158. https://ijds.org/Volume15/IJDSv15p089-110Mirick5906.pdf
159. https://www.bzh.bayern.de/fileadmin/user_upload/Publikationen/Beitraege_zur_Hochschulforschung/2021/2021-3-Brandt-Briedis-Schwabe.pdf
160. https://www.womeninstem.co.uk/breaking-stereotypes/is-the-maternal-wall-causing-a-critical-leak-in-the-stem-pipeline/
161. https://www.bu.edu/articles/2019/pregnant-and-phd/
162. https://occrl.illinois.edu/our-products/voices-and-viewpoints-detail/current-topics/2023/06/15/doctoral-student-moms-the-invisible-nontraditional-students-on-campus

163. https://pmc.ncbi.nlm.nih.gov/articles/PMC3939045/
164. https://awis.org/resource/motherhood-causing-critical-leak-stem-pipeline/
165. https://www.sciencedirect.com/science/article/pii/S0277539524001407?#s0120
166. https://ugeo.urbistat.com/AdminStat/de/de/demografia/eta/deutschland/276/1
167. https://en.wikipedia.org/wiki/Variability_hypothesis
168. https://academiainsider.com/iq-phd/
169. https://www.religjournal.com/pdf/ijrr10001.pdf
170. https://www.sueddeutsche.de/panorama/neue-studie-also-doch-maenner-sind-intelligenter-als-frauen-1.859443
171. https://www.deutschlandfunkkultur.de/radikale-foerderung-eine-niederlaendische-uni-will-nur-noch-100.html
172. https://www.uni-due.de/physik/gleichstellung/gleichstellungsmassnahmen.php
173. https://www.spiegel.de/lebenundlernen/uni/us-experiment-frauen-bei-professur-im-vorteil-a-1029276.html
174. https://largescaleassessmentsineducation.springeropen.com/articles/10.1186/s40536-019-0070-9
175. https://www.destatis.de/DE/Themen/Gesellschaft-Umwelt/Bildung-Forschung-Kultur/Hochschulen/Tabellen/personal-hochschulen.html
176. https://unric.org/en/gender-equality-smaller-pay-gaps-in-belgium-italy-and-luxembourg/
177. https://pubmed.ncbi.nlm.nih.gov/19883140/
178. https://journals.sagepub.com/doi/10.1177/0956797617741719
179. https://www.centreforsocialjustice.org.uk/library/lost-boys
180. https://op.europa.eu/webpub/eac/education-and-training-monitor/de/country-reports/germany.html
181. https://www.academics.de/ratgeber/weibliche-fuehrungskraefte
182. https://www.diw.de/documents/dokumentenarchiv/17/diw_01.c.510355.de/20150707_f%C3%BChrungskr%C3%A4ftemonitor_wichtigsteergebnisse.pdf
183. https://statistik.arbeitsagentur.de/DE/Statischer-Content/Grundlagen/Methodik-Qualitaet/Methodenberichte/Beschaeftigungsstatistik/Generische-Publikationen/Methodenbericht-Beschaeftigte-mit-Leitungsfunktion.pdf?__blob=publicationFile
184. https://www.destatis.de/DE/Themen/Branchen-Unternehmen/Unternehmen/Kleine-Unternehmen-Mittlere-Unternehmen/aktuell-beschaeftigte.html
185. https://www.ifm-bonn.org/fileadmin/data/redaktion/publikationen/ifm_materialien/dokumente/IfM-Materialien-253_2017.pdf
186. https://ftp.zew.de/pub/zew-docs/gutachten/Die_volkswirtschaftliche_Bedeutung_der_Familienunternehmen_Auflage_6_2023.pdf
187. https://www.kfw.de/PDF/Download-Center/Konzernthemen/Research/PDF-Dokumente-Fokus-Volkswirtschaft/Fokus-2024/Fokus-Nr.-455-Maerz-2024-Chefinnen.pdf
188. https://www.vgsd.de/selbststaendige-frauen-verdienen-44-prozent-weniger-als-selbststaendige-maenner/
189. https://life-online.de/die-auswertung-fuer-den-girlsday-und-boysday-2024-ist-da/
190. https://www.randstad.de/karriere/berufe/frauen-handwerksberufe-maenner-soziale-berufe/#section-title-49661
191. https://donortracker.org/donor_profiles/germany/gender
192. https://www.frauengesundheitsportal.de/aktuelles/aktuelle-meldungen/lost-in-perfection-fast-jeder-zweite-berufstaetige-haeufig-unter-druck/

193. https://www.cream-migration.org/publ_uploads/CDP_13_23.pdf
194. https://www.destatis.de/EN/Themes/Labour/Labour-Market/Quality-Employment/Dimensio
n1/1_5_GenderPayGap.html
195. https://ec.europa.eu/eurostat/statistics-explained/index.php?title=Gender_pay_gap_statistics
196. https://www.destatis.de/DE/Themen/Arbeit/Verdienste/Verdienste-GenderPayGap/_inhalt.ht
ml#sprg633332
197. https://pubmed.ncbi.nlm.nih.gov/19883140/
198. https://www.researchgate.net/publication/323197652_The_Gender-Equality_Paradox_in_Sci
ence_Technology_Engineering_and_Mathematics_Education
199. https://docs.autismresearchcentre.com/papers/2009_Auyeung_etal_ChildEQSQ_JADD.pdf
200. https://www.pewresearch.org/social-trends/2023/04/13/in-a-growing-share-of-u-s-marriages-
husbands-and-wives-earn-about-the-same/
201. https://docs.iza.org/dp12185.pdf
202. https://www.wmtxlaw.com/divorce-and-custody-statistics-2024/
203. https://melbournefamilylawyers.com.au/news/child-custody-statistics-by-gender
204. https://melbournefamilylawyers.com.au/news/child-custody-statistics-by-gender
205. https://ascentlawfirm.com/are-mothers-more-likely-to-get-child-custody-during-divorce/
206. https://www.complexfamilylaw.com/featured-articles/gender-bias-where-are-we/
207. https://www.linkedin.com/pulse/bias-against-men-child-custody-cases-nbqxe/
208. https://www.micklinlawgroup.com/3-statistics-point-to-men-sabotaging-their-alimony-rights
/
209. https://www.deutschlandfunk.de/ehegattensplitting-abschaffen-nachteile-vorteile-100.html
210. https://www.bls.gov/news.release/pdf/atus.pdf
211. https://www.destatis.de/DE/Themen/Gesellschaft-Umwelt/Einkommen-Konsum-Lebensbedi
ngungen/Zeitverwendung/Tabellen/erwerbsarbeit-unbezahlte-arbeit-geschlecht-zve.html
212. https://www.destatis.de/DE/Themen/Gesellschaft-Umwelt/Einkommen-Konsum-Lebensbedi
ngungen/Zeitverwendung/Tabellen/arbeit-muetter-vaeter-zve.html
213. https://www.apa.org/news/press/releases/2011/12/working-moms
214. https://www.parent.com/blogs/conversations/2023-is-part-time-employment-the-ideal-situati
on-for-working-parents
215. https://www.mother.ly/parenting/maternal-gatekeeping-why-moms-end-up-doing-it-all/
216. https://pmc.ncbi.nlm.nih.gov/articles/PMC9977166/#S17
217. https://scholarsarchive.byu.edu/facpub/4214/
218. https://www.mybestself101.org/blog/encouraging-men-to-open-up
219. https://www.sciencedirect.com/science/article/pii/S175606162300071X
220. https://www.instagram.com/p/DIJCBP7tryr/
221. https://www.gesundheitsforschung-bmbf.de/de/geschlechtersensible-forschung-im-fokus-der
-bmbf-forderung-17772.php
222. https://orwh.od.nih.gov/sex-as-biological-variable
223. https://report.nih.gov/funding/categorical-spending#/
224. https://orwh.od.nih.gov/including-women-and-minorities-in-clinical-research-background
225. https://www.appliedclinicaltrialsonline.com/view/women-and-trials-when-gender-considerat
ion
226. https://pmc.ncbi.nlm.nih.gov/articles/PMC10062729/
227. https://www.sciencedirect.com/science/article/abs/pii/S1551714422000441
228. https://trialsjournal.biomedcentral.com/articles/10.1186/s13063-022-07004-2

229. https://www.quarks.de/gesundheit/medizin/gender-health-gap/
230. https://ec.europa.eu/eurostat/en/web/products-eurostat-news/w/ddn-20250314-3
231. https://ec.europa.eu/eurostat/statistics-explained/index.php?title=Causes_of_death_statistics
232. https://ec.europa.eu/eurostat/web/products-eurostat-news/-/edn-20210428-1
233. https://ec.europa.eu/eurostat/statistics-explained/index.php?title=Mental_health_and_related_issues_statistics
234. https://www.theguardian.com/commentisfree/2025/may/07/the-guardian-view-on-bias-in-medical-research-disregard-for-womens-health-belongs-in-the-past
235. https://www.ncbi.nlm.nih.gov/books/NBK612400/
236. https://www.heise.de/en/background/Gender-health-gap-There-is-a-lack-of-basic-research-10308180.html
237. https://cdn.jss.org.au/wp-content/uploads/2024/02/05144735/The-Man-Box-2024-7.1-LR.pdf
238. https://www.destatis.de/DE/Themen/Gesellschaft-Umwelt/Gesundheit/Todesursachen/Tabellen/suizide.html
239. https://de.statista.com/statistik/daten/studie/1353141/umfrage/strafgefangene-im-offenen-geschlossenen-vollzug-nach-geschlecht/
240. https://youtu.be/XBov_16F1GU?si=ymXjMzOI_PAjEsnr
241. https://pubmed.ncbi.nlm.nih.gov/24525762/
242. https://youtu.be/XBov_16F1GU?si=p84lXAviHpYaZ_VY
243. https://www.continuingedcourses.net/active/courses/course040.php
244. https://introspectioncounseling.com/what-are-mens-issues-in-therapy/
245. https://www.centreformalepsychology.com/male-psychology-magazine-listings/are-men-less-willing-to-engage-in-traditional-talking-therapy-because-therapy-has-been-feminised
246. https://pubmed.ncbi.nlm.nih.gov/34959153/
247. https://pubmed.ncbi.nlm.nih.gov/37755928/
248. https://pubmed.ncbi.nlm.nih.gov/38996078/
249. https://www.focus.de/gesundheit/ratgeber/wie-haeufig-hinter-gewalttaten-tatsaechlich-psychische-erkrankungen-stecken_b2d72fce-2520-435b-b8cf-baba38731796.html
250. https://www.vaeter-zeit.de/vaeter-maenner/maennergewalt-gewalt-gegen-jungen.php
251. https://www.tauwetter.de/images/phocadownload/pdf/2021/2021%20Schlingmann%20-%20Sexualisierte%20Gewalt%20gegen%20Manner.pdf
252. https://www.bka.de/SharedDocs/Downloads/DE/Publikationen/PolizeilicheKriminalstatistik/2023/BundesdatenDelikte/03_MordTotschlagToetungAufVerlangenBRD.html
253. https://www.kriminalpolizei.de/ausgaben/2023/september/detailansicht-september/artikel/toetungsdelikte-durch-frauen.html
254. https://www.stern.de/panorama/verbrechen/muetter--die-ihre-babys-toeten--das-sind-keine-monster---stern-lesestueck-am-sonntag-6578280.html
255. https://pubmed.ncbi.nlm.nih.gov/23593128/
256. https://www.sciencedaily.com/releases/2014/02/140225122423.htm
257. https://jamanetwork.com/journals/jama/fullarticle/190980
258. https://publications.aap.org/pediatrics/article-abstract/110/2/e18/64327/Underascertainment-of-Child-Maltreatment?redirectedFrom=fulltext?autologincheck=redirected
259. https://journals.sagepub.com/doi/abs/10.1177/19253621221077870
260. https://www.cdc.gov/mmwr/volumes/69/wr/mm6939a1.htm/

261. https://www.bka.de/SharedDocs/Downloads/DE/Publikationen/PolizeilicheKriminalstatistik/2023/BundesdatenDelikte/04_VergewaltigungSexNoetigungBRD.html
262. https://www.instagram.com/p/DJWXygbIt_K/?img_index=1
263. https://www.cdc.gov/nisvs/documentation/nisvsReportonSexualViolence.pdf
264. https://pubmed.ncbi.nlm.nih.gov/36227317/
265. https://www.tandfonline.com/doi/pdf/10.3402/vgi.v3i0.14834
266. https://nij.ojp.gov/library/publications/sexual-offenders-intellectual-disabilities-exploratory-comparison-study
267. https://en.wikipedia.org/wiki/Sexual_abuse_and_intellectual_disability
268. https://journals.sagepub.com/doi/10.1177/15248380251325210?int.sj-abstract.similar-articles.8
269. https://www.bka.de/DE/UnsereAufgaben/Forschung/ForschungsprojekteUndErgebnisse/Dunkelfeldforschung/SKiD/Ergebnisse/Ergebnisse_node.html
270. https://pmc.ncbi.nlm.nih.gov/articles/PMC10732194/
271. https://pubmed.ncbi.nlm.nih.gov/26934546/
272. https://www.bka.de/DE/UnsereAufgaben/Forschung/ForschungsprojekteUndErgebnisse/Dunkelfeldforschung/SKiD/Befragungsperson/SKiD_Fragebogen.html
273. https://uscholar.univie.ac.at/detail/o:1162297
274. https://www.hilfetelefon.de/aktuelles/weiter-steigende-zahlen-im-bereich-haeusliche-gewalt/
275. https://pmc.ncbi.nlm.nih.gov/articles/PMC1854883/
276. https://www.researchgate.net/publication/259905459_A_Typology_of_Domestic_Violence_Intimate_Terrorism_Violent_Resistance_and_Situational_Couple_Violence_by_Michael_P_Johnson
277. https://www.maennergewaltschutz.de/neuigkeiten/kfn-studie-maenner-partnerschaftsgewalt/
278. https://www.researchgate.net/publication/386189016_Bidirectional_and_Unidirectional_Intimate_Partner_Violence_A_Comprehensive_Review
279. https://www.gewaltinfo.at/themen/geschlechtsspezifische-burschen-und-maennerarbeit/maenner-als-opfer-haeuslicher-gewalt.html
280. https://www.spiegel.de/wissenschaft/mensch/weibliche-uebergriffe-die-verdraengte-gewalt-a-718585.html
281. https://psycnet.apa.org/record/2010-06192-009
282. https://www.researchgate.net/publication/272209909_Motivations_for_Men_and_Women's_Intimate_Partner_Violence_Perpetration_A_Comprehensive_Review
283. https://psycnet.apa.org/record/2012-19696-004
284. https://pmc.ncbi.nlm.nih.gov/articles/PMC3384540/
285. https://pmc.ncbi.nlm.nih.gov/articles/PMC6157722/
286. https://www.researchgate.net/publication/335132754_Meta-analysis_and_systematic_review_for_the_treatment_of_perpetrators_of_intimate_partner_violence
287. https://pmc.ncbi.nlm.nih.gov/articles/PMC10666508/
288. https://pubmed.ncbi.nlm.nih.gov/38506141/
289. https://www.instagram.com/p/DIvLYafIQ-P/
290. https://www.ons.gov.uk/peoplepopulationandcommunity/crimeandjustice/articles/redevelopmentofdomesticabusestatistics/researchupdatedecember2024
291. https://www.frauenhauskoordinierung.de/themenportal/gewalt-gegen-frauen/gewaltformen/femizide

292. https://www.swr.de/swraktuell/baden-wuerttemberg/suedbaden/kommentar-femizide-in-sued baden-100.html
293. https://de.wikipedia.org/wiki/Femizid
294. https://www.bmi.bund.de/SharedDocs/schwerpunkte/DE/gewalt-gegen-frauen/gewalt-gegen-frauen-artikel.html
295. https://www.euronews.com/my-europe/2021/07/07/nine-out-of-ten-hate-crimes-going-unrep orted-eu-report-claims
296. https://www.amnesty.eu/news/the-eu-must-act-to-prevent-and-prosecute-homophobic-transp hobic-crime-0799/
297. https://www.europarl.europa.eu/RegData/etudes/ATAG/2022/733520/EPRS_ATA%282022 %29733520_EN.pdf
298. https://www.justice.gov/crt/hate-crime-laws
299. https://eur-lex.europa.eu/eli/dir/2012/29/oj/eng
300. https://www.unodc.org/documents/data-and-analysis/gsh/2023/GSH23_Special_Points.pdf
301. https://www.spiegel.de/kultur/feminismus-und-strafrecht-warum-der-begriff-femizid-strafrec htlich-unbrauchbar-ist-kolumne-a-2c851939-3e9f-4e90-b324-0d188cc59226
302. https://www.bundestag.de/dokumente/textarchiv/2021/kw09-pa-familie-femizide-822324
303. https://en.wikipedia.org/w/index.php?title=Who_Stole_Feminism%3F
304. https://en.wikipedia.org/wiki/Rape_culture
305. https://www.bmi.bund.de/SharedDocs/schwerpunkte/DE/gewalt-gegen-frauen/gewalt-gegen-frauen-artikel.html
306. https://assets.publishing.service.gov.uk/media/5a81b1c5e5274a2e87dbf034/HO-Domestic-H omicide-Review-Analysis-161206.pdf
307. https://www.researchgate.net/publication/359384749_Mental_Disorders_and_Intimate_Part ner_Femicide_Clinical_Characteristics_in_Perpetrators_of_Intimate_Partner_Femicide_and _Male-to-Male_Homicide
308. https://pmc.ncbi.nlm.nih.gov/articles/PMC8977448/
309. https://de.wikipedia.org/wiki/Imperativ_%28Modus%29#Infinitiv
310. https://www.welt.de/kultur/plus250679146/Karriere-Auf-viele-Jobs-brauche-ich-mich-nicht-zu-bewerben-ich-bin-keine-Frau-keine-Minderheit.html
311. https://www.dtv.de/buch/maenner-toeten-14922
312. https://www.nw.de/lokal/bielefeld/mitte/23741262_Maenner-toeten-Irritierende-Slogans-an-Waenden-und-Ladenfassaden-im-Bielefelder-Westen.html
313. https://www.vaeter-zeit.de/vaeter-maenner/maennergewalt-gewalt-gegen-jungen.php
314. https://www.gewaltinfo.at/fachwissen/gewalt-an-kindern-und-jugendlichen-durch-erwachsen e.html
315. https://beauftragte-missbrauch.de/fileadmin/Content/pdf/Pressemitteilungen/2020/01_Januar /28/Fact_Sheet_Zahlen_und_Fakten_sexueller_Missbrauch.pdf
316. https://en.wikipedia.org/wiki/Rape_in_Germany#cite_note-16
317. https://www.aktion-tu-was.de/fileadmin/dokumente/infotext-kindesmisshandlung-p.pdf
318. https://www.leuphana.de/news/meldungen/titelstories/mobbingstudie.htm
319. https://girlsschools.org/wp-content/uploads/2019/04/Research-Brief-on-Girls-and-Bullying.p df
320. https://journals.sagepub.com/doi/10.1177/026975809600400201
321. https://www.researchgate.net/profile/Derek-Chadee/post/Where-would-I-find-research-on-th e-following-pre-2000-UK-Is-victimisation-associated-with-heightened-fear-of-crime/attach

ment/59d62b1a79197b80779897bc/AS%3A341909391331349%401458528959987/downlo
ad/Hale+1996.pdf
322. https://journals.sagepub.com/doi/10.1177/07340168221088570
323. https://www.instagram.com/p/DH0H1ZsPPru/
324. https://www.mdr.de/nachrichten/deutschland/gesellschaft/kriminalitaet-statistik-sicherheit-gr
enzkontrollen-migration-100.html
325. https://en.wikipedia.org/wiki/Mean_world_syndrome
326. https://digitalcommons.pace.edu/dissertations/AAI30249838/
327. https://www.nature.com/articles/s41599-020-0430-7
328. https://www.aijssnet.com/journals/Vol_6_No_3_September_2017/11.pdf
329. https://www.instagram.com/p/DJOVsJSCBxj/?img_index=1
330. https://ovc.ojp.gov/about/crime-victims-fund
331. https://www.nursefamilypartnership.org/about/proven-results/prevent-child-abuse-neglect/
332. https://oig.hhs.gov/reports-and-publications/workplan/summary/wp-summary-0000782.asp
333. https://cvg.org/impact/
334. https://national-policies.eacea.ec.europa.eu/youthwiki/chapters/germany/17-funding-youth-p
olicy
335. https://www.hilfetelefon.de/fileadmin/content/04_Materialien/1_Materialien_Bestellen/Jahre
sberichte/2022/BAFZA_Hilfetelefon_Jahresbericht_Das_Jahr_in_Zahlen_2022_web_bf.pdf
336. https://www.big-berlin.info/sites/default/files/downloads/490_BIG_Projektdokumentation_2
013_en.pdf
337. https://stop-partnergewalt.org/stop-wirkt-erfolgsgeschichten/
338. https://www.demokratie-leben.de/dl/foerderung/wen-wir-foerdern
339. https://www.who.int/publications/i/item/9789241564793
340. https://pubmed.ncbi.nlm.nih.gov/26689979/
341. https://en.wikipedia.org/wiki/Child_discipline
342. https://www.bka.de/DE/UnsereAufgaben/Forschung/ForschungsprojekteUndErgebnisse/Dun
kelfeldforschung/SKiD/Ergebnisse/Ergebnisse_node.html
343. https://de.wikipedia.org/wiki/Intersektionalit%C3%A4t
344. https://de.wikipedia.org/wiki/Standpunkt-Theorie
345. https://committees.parliament.uk/writtenevidence/18973/pdf/
346. https://www.canada.ca/en/correctional-service/corporate/library/research/research-brief/24-0
8.html
347. https://www.focus.de/gesundheit/ratgeber/wie-haeufig-hinter-gewalttaten-tatsaechlich-psych
ische-erkrankungen-stecken_b2d72fce-2520-435b-b8cf-baba38731796.html
348. https://pmc.ncbi.nlm.nih.gov/articles/PMC3154094/
349. https://familyconflict.eu/wp-content/uploads/BatesFrankfurt-DEU.pdf
350. https://ijfrp.journals.yorku.ca/index.php/ijfrp/article/view/39581
351. https://pmc.ncbi.nlm.nih.gov/articles/PMC3154094/
352. https://de.wikipedia.org/wiki/D%C3%A4monisierung
353. https://en.wikipedia.org/wiki/Mean_world_syndrome
354. https://en.wikipedia.org/wiki/Cognitive_dissonance
355. https://merionwest.com/2021/09/02/the-psychology-of-critical-social-justice/
356. https://en.wikipedia.org/wiki/Social_justice
357. https://newdiscourses.com/2020/02/naming-enemy-critical-social-justice/
358. https://en.wikipedia.org/wiki/James_A._Lindsay
359. https://www.youtube.com/watch?v=kVk9a5Jcd1k&ab_channel=MichaelNayna

360. https://nycmuseumgallery.org/1196/entertainment/how-has-social-media-affected-cancel-culture/
361. https://www.dailymail.co.uk/news/article-14066353/sexual-encounter-Oxford-student-Alexander-Rogers-cancelled.html
362. https://www.stuff.co.nz/world-news/360483365/alexander-rogers-wasnt-just-cancelled-he-was-bullied-death
363. https://www.bbc.com/news/articles/cdd0gvjlqyvo
364. https://freespeechunion.org/i-lived-in-fear-of-being-cancelled-as-an-oxbridge-student-we-all-did/
365. https://www.kosmo.at/frau-angestarrt-blinder-mann-aus-fitnessstudio-geworfen/
366. https://youtu.be/o84rnYTuunQ?si=TtnvKGYobl-szpmY
367. https://newsroom.iza.org/en/archive/research/gender-bias-on-social-media-women-face-unequal-scrutiny/
368. https://www.degruyter.com/document/doi/10.12987/9780300235029/html
369. https://de.wikipedia.org/wiki/D%C3%A4monisierung
370. https://pmc.ncbi.nlm.nih.gov/articles/PMC1854883/
371. https://www.researchgate.net/publication/386189016_Bidirectional_and_Unidirectional_Intimate_Partner_Violence_A_Comprehensive_Review
372. https://www.kriminalpolizei.de/ausgaben/2023/detailansicht-2023/artikel/toetungsdelikte-durch-frauen.html
373. https://www.vaeter-zeit.de/vaeter-maenner/maennergewalt-gewalt-gegen-jungen.php
374. https://en.wikipedia.org/wiki/Mean_world_syndrome
375. https://www.presseportal.de/pm/64713/5540659
376. https://bjs.ojp.gov/press-release/criminal-victimization-2022
377. https://www.statista.com/statistics/251923/usa-reported-forcible-rape-cases-by-gender/
378. https://youtu.be/6w_96Hnz8JM?si=sMGvMOw9lzedSWCA
379. https://youtu.be/lxeEI_tnKkw?si=CWvzllF_Jgacd21X
380. https://youtu.be/KwLNSAn1AAo?si=t1VYsc_mvNMOHXxJ
381. https://youtu.be/ZuAaD33vW5k?si=Hg-YOgRiWV9S1P31
382. https://www.zdf.de/comedy/bosetti-will-reden/bosetti-will-reden-vom-15-mai-2024-100.html verfügbar bis 14.05.2026
383. https://de.wikipedia.org/wiki/Generalverdacht
384. https://www.wienerzeitung.at/a/mann-oder-baer
385. https://www.glamour.de/artikel/mann-oder-baer-auf-tiktok-kommentar
386. https://www.spiegel.de/netzwelt/web/tiktok-baer-oder-mann-auf-wen-allein-im-wald-lieber-treffen-a-e33ea737-3284-4982-b320-29cc2bc983f8
387. https://www.morgenpost.de/vermischtes/article242308280/Baer-oder-Mann-TikTok-Trend-deckt-Aengste-junger-Menschen-auf.html
388. https://tu-dresden.de/bu/der-bereich/chancengleichheit/fun/news/mann-oder-baer-tiktok-trends-als-gesellschaftlicher-spiegel-1
389. https://weisser-ring.de/gewalt_gegen_maenner
390. https://www.bionity.com/de/lexikon/Misandrie.html
391. https://docs.iza.org/dp17493.pdf
392. https://youtu.be/0uZFHpEh5So?si=r3NI1qYl5FmLYZuT
393. https://youtu.be/OEPsqFLhHBc?si=er6Yb1rVwS8jYCQG
394. https://youtu.be/m9keJhpRG5o?si=gLHOievzUGYuoH6J

395. https://www.instagram.com/p/DITkT4qo-ze/
396. https://www.amazon.co.uk/Aileen-Wuornos-Shirt-American-Serial/dp/B0CS3K54KC
397. https://www.amazon.com/How-Piss-Off-Men-Shatter/dp/1728291925
398. https://www.amazon.de/Ich-hasse-M%C3%A4nner-Pauline-Harmange/dp/3499006758
399. https://youtu.be/Lxpe5vYL5Ks?si=zQVJOKoxE0TI5afB
400. https://www.instagram.com/p/DKckannNxIe/
401. https://www.instagram.com/p/DIGotktOcbP
402. https://www.instagram.com/p/DC9VLMEpsRX/
403. https://www.instagram.com/p/DIHjhvFpqp7/
404. https://www.instagram.com/p/DH855jfpw44/
405. https://www.instagram.com/p/DH84GXMJ2Za/
406. https://www.instagram.com/p/DI-5sM-uRbv/
407. https://www.instagram.com/p/DI3xcIMotWj/
408. https://www.instagram.com/p/DJmtyogMqUG/
409. https://www.instagram.com/reel/DJkIPg_yHlb/
410. https://www.instagram.com/p/DI4gmH-pTmM/
411. https://www.instagram.com/reel/DIpWrvDTmJY/
412. https://www.instagram.com/p/DIAEF5Zhwsc
413. https://www.instagram.com/p/DJuP1Duv1BD/
414. https://www.instagram.com/p/DJUkv92sYD4/
415. https://www.instagram.com/p/DI0w22esKuG/
416. https://www.instagram.com/p/DH_ARIYgtJj/
417. https://www.instagram.com/p/DH9Mx_upKUU/
418. https://www.instagram.com/p/DJEGzDDO9QR/
419. https://www.instagram.com/p/DJBst4-ItAR/
420. https://www.instagram.com/reel/DJFZBXRvIfw/
421. https://www.instagram.com/p/DI0EwKuRV9H/?img_index=2
422. https://www.instagram.com/p/DJTZTRjgZBg/
423. https://www.instagram.com/reel/DJm1oP4owTj/
424. https://www.instagram.com/p/DJog_JRv2cZ/
425. https://www.instagram.com/p/DJb14APMjKH/
426. https://www.instagram.com/p/DJUNVbGsLry/
427. https://www.swr.de/swraktuell/rheinland-pfalz/kaiserslautern/urteil-landgericht-kaiserslauter
    n-prozess-toedlicher-messerstich-im-hauptbahnhof-nach-sexueller-belaestigung-102.html
428. https://www.instagram.com/p/DJbKyizPhSY/
429. https://www.instagram.com/p/DJTp2dAKn8X/
430. https://www.instagram.com/p/DKZ3Pi9R4k7/
431. https://www.instagram.com/p/DJT0n7bIavc/
432. https://www.instagram.com/p/DJFSGk9z1LE/?img_index=1
433. https://www.instagram.com/p/DJKU5ivyZ-O/?img_index=2
434. https://www.instagram.com/p/DI4SLRJRXBi/
435. https://www.instagram.com/p/DI-I0U_ozIk/
436. https://www.instagram.com/p/DIuvxgooEzZ/
437. https://www.instagram.com/p/DJKDl11KS7v/
438. https://www.instagram.com/p/DI9pKBiouMd/
439. https://www.instagram.com/p/DI4hJQ-InVq/

440. https://www.instagram.com/p/DJALGe7TUIv/?img_index=1
441. https://www.instagram.com/reel/DImITufRDuV/
442. https://www.instagram.com/p/DJSvB18pHv_/
443. https://www.instagram.com/p/DJKfFvCJ-km
444. https://www.instagram.com/p/DJgx4MftBi6/
445. https://www.instagram.com/p/DJMj3PcSYaA/
446. https://www.instagram.com/reel/DJHuK-7pUGi/
447. https://www.esanum.de/blogs/onkologie-blog/feeds/today/posts/in-guten-und-in-schlechten-zeiten-in-gesundheit-und-krankheit
448. https://www.forum-gesundheitspolitik.de/artikel/artikel.pl?artikel=1669
449. https://www.sbs.com.au/news/article/does-winning-the-lottery-lead-to-divorce-its-different-for-women-and-men/o110o00tb
450. https://www.instagram.com/p/DJimxDASMeK/
451. https://www.instagram.com/p/DJSuSAtJeLI/
452. https://www.instagram.com/p/DJCH1FDh9VO/
453. https://www.instagram.com/reel/DI_exaBBDiz/
454. https://www.instagram.com/p/DI8M4-LAR0H/
455. https://www.instagram.com/p/DJBFXCeAsny/?img_index=1
456. https://www.instagram.com/p/DH9KsxzJEza/
457. https://www.instagram.com/p/DI1Tigvquyj/
458. https://www.instagram.com/reel/DJCUT2YtRRF/
459. https://www.instagram.com/p/DH59LT4IErl/
460. https://www.instagram.com/reel/DI9X6pCTqb2/
461. https://www.instagram.com/p/DJj0dIrS7-N/?img_index=1
462. https://www.instagram.com/p/DJEHDpZu2hd/
463. https://www.instagram.com/p/DHuMzWXtadO/
464. https://www.instagram.com/p/DHrTHUBoW9W/
465. https://www.instagram.com/p/DJEmiDTI8B2/
466. https://www.instagram.com/p/DHlpeiJo3-m/
467. https://www.instagram.com/p/DHHoYWapKLw/
468. https://www.instagram.com/p/DHjPCDOpEKD/
469. https://www.instagram.com/reel/DDlWYmqp1hs/
470. https://www.instagram.com/reel/DIyRWcJR3G4/
471. https://www.instagram.com/p/DJKN7oQMC09/
472. https://www.instagram.com/reel/DIG8JZcp6rM/
473. https://www.instagram.com/p/DHOdyx0pLTH/
474. https://www.instagram.com/p/DGuAGW3IhzW/
475. https://www.instagram.com/reel/C8ahOcLSnTl/
476. https://www.instagram.com/p/DJPNJ_IIxle/
477. https://www.instagram.com/p/DHMna1Vp3yL/
478. https://www.instagram.com/p/DIoXrJtvQv0/?img_index=1
479. https://www.instagram.com/p/DIExC9kstm9/?img_index=2
480. https://www.instagram.com/p/DJbwLsmARbW/
481. https://www.instagram.com/p/DHMIcMRp00T
482. https://www.instagram.com/reel/DIJxyEFpOy5/
483. https://www.instagram.com/reel/DIKmhIFvEpM/

484. https://www.independent.co.uk/student/news/university-of-york-s-decision-to-cancel-international-men-s-day-frankly-looks-rather-silly-says-mp-in-parliamentary-debate-on-male-suicide-a6741811.html

485. https://www.bbc.com/news/uk-england-york-north-yorkshire-34857143

486. https://www.york.ac.uk/news-and-events/news/2015/events/mensday-gender-equality/

487. https://www.washingtonexaminer.com/red-alert-politics/2195937/despite-male-suicide-school-cancels-mens-health-day-after-feminists-complain/

488. https://www.instagram.com/p/DIK4Gq_xFxv/

489. https://www.instagram.com/p/DJgqgeDict8/?img_index=2

490. https://www.instagram.com/reel/DJ2wMU8JZrr/

491. https://www.instagram.com/p/DJFMURoIygV/

492. https://youtu.be/4kf8RcpX82U?si=li7dbj46jxocMnjz

493. https://youtu.be/_ShWaIErHP4?si=mWEIY1K1CSvVlucL

494. https://www.instagram.com/p/DJIQ1WIoZQ7/

495. https://www.instagram.com/p/DKPKthbMQOw/?img_index=1

496. https://www.instagram.com/p/DJJcuXRM8mv/

497. https://www.iccl.ie/news/82-of-the-irish-public-wants-big-techs-toxic-algorithms-switched-off/

498. https://www.instagram.com/p/DIJAMJqtqpw/

499. https://de.statista.com/statistik/daten/studie/1295284/umfrage/einstellung-der-deutschen-gegenueber-feminismus/

500. https://www.gesetze-im-internet.de/gg/art_3.html

501. https://youtu.be/OObJmnsjnsY?si=y4jYONe1bMoG0O5m

502. https://www.kriminalpolizei.de/ausgaben/2024/dezember/detailansicht-dezember/artikel/gewaltkriminalitaet-durch-kinder-und-jugendliche.html

503. https://de.statista.com/statistik/daten/studie/167208/umfrage/kinder-und-jugendliche-mordopfer-unter-18-jahren-in-deutschland/

504. https://www.uniklinikum-dresden.de/de/das-klinikum/kliniken-polikliniken-institute/pso/forschung-und-lehre/forschergruppen/filizid-aufarbeitung

505. https://www.nature.com/articles/s41467-018-04773-w

506. https://en.wikipedia.org/wiki/Male_warrior_hypothesis

507. https://www.deutschlandfunk.de/uno-analyse-70-prozent-der-toten-sind-frauen-und-kinder-104.html

508. https://unric.org/de/berichte-ueber-massengraeber-in-gaza-un-hochkommissar-fuer-menschenrechte-tuerk-fordert-untersuchung/

509. https://www.researchgate.net/publication/328004056_Insights_From_fMRI_Studies_Into_Ingroup_Bias

510. https://en.wikipedia.org/wiki/Susan_Fiske

511. https://royalsocietypublishing.org/doi/10.1098/rsbl.2024.0381

512. https://pubmed.ncbi.nlm.nih.gov/19254100/

513. https://www.sciencedirect.com/science/article/abs/pii/S0749597820303630

514. https://lup.lub.lu.se/luur/download?func=downloadFile&recordOId=9186735&fileOId=9186737

515. https://www.researchgate.net/publication/232558222_A_meta-analytic_review_of_the_relationship_between_gender_and_belief_in_a_just_world

516. https://www.artofmanliness.com/character/behavior/male-expendability/

517. https://pm-report.de/gesundheitswesen/2024/who-einsamkeit-als-globale-prioritaet.html

518. https://pubmed.ncbi.nlm.nih.gov/21516952/
519. https://en.wikipedia.org/wiki/Ach%C3%A9#Demography
520. https://pubmed.ncbi.nlm.nih.gov/23813245/
521. https://pubmed.ncbi.nlm.nih.gov/26189411/
522. https://www.reddit.com/r/PurplePillDebate/comments/ot4qzd/what_the_okcupid_data_really_says/
523. https://www.uni-bamberg.de/presse/pm/artikel/studie-attraktivitaet-carbon/
524. https://www.tagesspiegel.de/wissen/frauen-wollen-einen-gut-aussehenden-partner-4924093.html
525. https://www.oe24.at/madonna/life/deshalb-sind-attraktive-menschen-intelligenter/566686408
526. https://www.welt.de/vermischtes/article160308431/Was-das-Gesicht-ueber-die-Intelligenz-verraet.html
527. https://www.augsburger-allgemeine.de/panorama/US-Studie-Intelligenz-macht-Maenner-sexy-id4276291.html
528. https://www.oe24.at/madonna/life/pretty-privilege-darum-haben-es-schoene-menschen-leichter-im-leben/555925590
529. https://www.focus.de/gesundheit/news/mann-kaempft-frau-waehlt-partnersuche_id_2436636.html
530. https://synaptiqmatch.com/iq-und-erfolg/
531. https://freizeit.at/lust-liebe/beziehungsstudie-maenner-hauptverdiener/402295841
532. https://psycnet.apa.org/record/2008-18683-004
533. https://pmc.ncbi.nlm.nih.gov/articles/PMC3023236/
534. https://docs.iza.org/dp12185.pdf
535. https://pm-report.de/gesundheitswesen/2024/who-einsamkeit-als-globale-prioritaet.html
536. https://pubmed.ncbi.nlm.nih.gov/32875051/
537. https://innofact-marktforschung.de/parship-studie-immer-mehr-junge-menschen-fuehlen-sich-einsam-ganz-besonders-singles/
538. https://www.barmer.de/gesundheit-verstehen/psyche/einsamkeit/einsame-frauen-und-maenner-1140290
539. https://pubmed.ncbi.nlm.nih.gov/32875051/
540. https://www.instagram.com/katara.selflovejourney/reel/DEw7tKENVpi/
541. https://www.focus.de/gesundheit/neue-studie-frauen-leben-laenger-und-gluecklicher-wenn-sie-ehe-und-kinderlos-bleiben_id_201367960.html
542. https://www.vox.com/future-perfect/2019/6/4/18650969/married-women-miserable-fake-paul-dolan-happiness
543. https://en.wikipedia.org/wiki/Paul_Dolan_(behavioural_scientist)
544. https://www.fitbook.de/mind-body/studie-gluecklich-laenger-leben
545. https://read.dukeupress.edu/demography/article-abstract/27/2/233/171206/Mortality-Differentials-by-Marital-Status-An
546. https://pophealthmetrics.biomedcentral.com/articles/10.1186/s12963-021-00263-2
547. https://www.theguardian.com/lifeandstyle/2024/nov/04/moving-in-with-someone-cuts-chances-of-being-depressed-finds-study
548. https://pubmed.ncbi.nlm.nih.gov/9870051/
549. https://pmc.ncbi.nlm.nih.gov/articles/PMC2891411/
550. https://www.demogr.mpg.de/de/news_events_6123/news_pressemitteilungen_4630/news/gluecklich_und_gesund_im_familiengefuege_13274

551. https://wzb.eu/de/pressemitteilung/kinder-machen-gluecklich-meisten
552. https://www.demogr.mpg.de/de/news_events_6123/news_pressemitteilungen_4630/presse/el
ternschaft_langzeitinvestition_ins_glueck_1863
553. https://www.hu-berlin.de/de/pr/nachrichten/dezember-2024/nr-241218-1
554. https://www.spiegel.de/wissenschaft/mensch/weltweite-umfrage-eltern-sind-nicht-gluecklich
er-als-kinderlose-a-943490.html
555. https://youtu.be/Yt_i98OnTF4?si=mf8z6gwAWhZd0_6g
556. https://journals.sagepub.com/doi/10.1177/19485506241287960
557. https://en.wikipedia.org/wiki/Incel
558. https://cujournal.ie/article/id/26/
559. https://www.crimejusticejournal.com/article/view/2138
560. https://www.adl.org/resources/backgrounder/incels-involuntary-celibates
561. https://en.wikipedia.org/wiki/Elliot_Rodger
562. https://www.bbc.com/news/world-us-canada-43892189
563. https://icct.nl/sites/default/files/2023-01/Mapping-the-Ideological-Landscape-of-Misogyny
%20%282%29.pdf
564. https://youtu.be/tYUCE0uSyrQ?si=nhgTv4B00thN9gHl
565. https://www.frisch.uio.no/publikasjoner/pdf/2020/Formatert/jhr.58.3.1219-10604R1.full.pdf
566. https://www.researchgate.net/publication/363484489_Levels_of_Well-Being_Among_Men_
Who_Are_Incel_Involuntarily_Celibate
567. https://dserver.bundestag.de/btd/20/006/2000624.pdf
568. https://www.praeventionstag.de/nano.cms/news/details/5919
569. https://home-affairs.ec.europa.eu/system/files/2021-08/ran_cn_incel_phenomenon_2021080
3_de.pdf
570. https://www.zdf.de/video/reportagen/die-spur-224/incels-amok-frauenhass-toxisch-100
571. https://www.instagram.com/p/DHduTEjIORw/
572. https://www.instagram.com/p/DHifrNWI7RI/
573. https://www.destatis.de/DE/Themen/Gesellschaft-Umwelt/Gesundheit/Todesursachen/Tabell
en/suizide.html#119324
574. https://en.wikipedia.org/wiki/Spartan_army#Training
575. https://en.wikipedia.org/wiki/Draft_evasion_in_the_Vietnam_War
576. https://repository.law.umich.edu/cgi/viewcontent.cgi?article=1164&context=law_econ_curre
nt
577. https://www.mcgrathtraining.com/post/offenders-and-sentencing-by-gender-are-females-trea
ted-differently
578. https://www.crimejusticejournal.com/article/download/3622/1564
579. https://www.ojp.gov/ncjrs/virtual-library/abstracts/gender-differences-sentencing-felony-offe
nders
580. https://www.spiegel.de/wissenschaft/wann-ist-ein-embryo-ein-mensch-a-e2367d1d-0002-00
01-0000-000040525890
581. https://www.bpb.de/themen/umwelt/bioethik/33779/wann-beginnt-das-recht-auf-leben/
582. https://www.institut-fuer-menschenrechte.de/themen/menschenrechtsbildung/was-sind-mens
chenrechte
583. https://www.bpb.de/themen/umwelt/bioethik/33779/wann-beginnt-das-recht-auf-leben/
584. https://data.worldbank.org/indicator/SP.DYN.TFRT.IN
585. https://data.worldbank.org/indicator/SP.DYN.TFRT.IN?locations=FR

586. https://datacommons.org/place?utm_medium=explore&dcid=country/SWE&mprop=fertility Rate&popt=Person&cpv=gender.Female&hl=en

587. https://www.destatis.de/DE/Themen/Gesellschaft-Umwelt/Verkehrsunfaelle/Publikationen/D ownloads-Verkehrsunfaelle/unfaelle-frauen-maenner-5462407207004.pdf?__blob=publicati onFile

588. https://www.instagram.com/p/DGdDp19zl26/

589. https://www.morganstanley.com/ideas/womens-impact-on-the-economy

590. https://www.instagram.com/p/DI_oIiFsZp3/

591. https://de.statista.com/infografik/25320/verhaeltnis-von-altersrentnern-zu-beitragszahlern-in -der-gesetzlichen-rentenversicherung/

592. https://www.csp-sw.de/news/alarmierende-prognose-deutschland-droht-massiver-fachkraefte mangel-5-millionen-arbeitskraefte-bis-2030-gesucht/

593. https://datacommons.org/place/country/JPN?utm_medium=explore&mprop=fertilityRate&p opt=Person&cpv=gender.Female&hl=en

594. https://www.fr.de/wirtschaft/japan-macht-die-geburtenrate-zur-chefsache-92324022.html

595. https://www.instagram.com/p/DIzlCPkMiek/

596. https://www.stern.de/politik/deutschland/rentensystem--wie-kinderlose-zu-suendenboecken- einer-falschen-politik-gemacht-werden-7351738.html

597. https://www.nzherald.co.nz/lifestyle/south-korean-city-offering-64000-for-people-to-get-mar ried-and-have-children/3FRFCBSL3BC6DH6OGWYJNVUX54/

598. https://www.koreatimes.co.kr/www/nation/2025/03/113_385407.html

599. https://www.watson.ch/international/daten/325131486-japan-mit-staatlicher-dating-app-weg en-des-starken-geburtenrueckgangs

600. https://www.vietnam.vn/de/ke-hoach-nam-2025-cua-nhat-ban-nham-giai-quyet-khung-hoan g-dan-so

601. https://direct.mit.edu/qss/article/3/1/244/108658/Researching-women-and-men-1996-2020-I s